A Study on the Ties and Effects between
Economic Growth and Industrial Structure Change

经济增长与产业结构变动的关系及其效应研究

刘 涛/著

科学出版社
北 京

内 容 简 介

现代经济增长本质上以产业结构变动为核心，经济增长与产业结构具有相互依赖的关系。经济结构状况及其变动对经济增长的影响是至关重要的，要素的流动形成不同产业部门的此消彼长，导致产业结构的转换，产业结构的转换升级已成为现代经济增长的内生变量。本书即是在此研究的基础上，进一步探讨现代经济增长与产业结构演变的关系，分析经济增长和产业结构相互影响、相互制约、相互促进的内在作用机制，并将这一理论运用于实证分析，以山东省为例，分析山东省产业结构变动与经济增长的关系及其效应，提出促进山东省区域经济协调发展的对策和措施。

本书可供区域经济学、经济地理学、城乡规划学等领域的研究人员、管理和决策人员使用，也可供高等院校相关专业师生参考。

图书在版编目(CIP)数据

经济增长与产业结构变动的关系及其效应研究/刘涛著 .—北京：科学出版社，2013

ISBN 978-7-03-037637-4

Ⅰ.①经… Ⅱ.①刘 Ⅲ.①经济增长—关系—产业结构调整—研究 Ⅳ.①F127.52

中国版本图书馆 CIP 数据核字（2013）第 116137 号

责任编辑：王 倩 / 责任校对：宣 慧
责任印制：徐晓晨 / 封面设计：无极书装

科学出版社 出版
北京东黄城根北街 16 号
邮政编码：100717
http://www.sciencep.com

北京九州迅驰传媒文化有限公司 印刷
科学出版社发行 各地新华书店经销

*

2013 年 6 月第 一 版　开本：B5（720×1000）
2017 年 4 月第四次印刷　印张：17
字数：350 000

定价：160.00 元
（如有印装质量问题，我社负责调换）

序

改革开放三十多年来，中国的经济已基本实现了由计划经济向市场经济的转变。从整体上看，我国目前仍处于工业化的中期阶段，20世纪90年代中期以来，中国经济生活中出现了一些新的变化和矛盾，正面临着一个从数量扩张到结构转换、效益提高的关键阶段，实现产业结构优化升级已成为经济发展的基本出路。党的十八大报告中明确指出："以科学发展为主题，以加快转变经济发展方式为主线，是关系我国发展全局的战略抉择；要适应国内外经济形势新变化，加快形成新的经济发展方式；必须以改善需求结构、优化产业结构、促进区域协调发展、推进城镇化为重点，着力解决制约经济持续健康发展的重大结构性问题。"

山东省地处我国东部沿海，是人口大省和经济大省，在中国整体发展中具有举足轻重的地位。凭借优越的自然条件、有利的外部环境，经济获得了快速增长，在全国的地位不断上升，成为东部沿海地区重要的增长地域。但随着经济的快速发展，区域发展中一些问题也相继产生，诸如经济发展速度虽然较快但效益不高，城镇化水平较低和质量不高，区域差异有拉大的趋势，产业结构层次较低等。

因此，在这种时代背景下，探讨山东省产业结构变动与经济增长之间的关系，已经成为山东省经济转型发展、新型城镇化建设所面临的一个具有现实意义和紧迫性的重大问题。

本书作者基于对山东省调研的第一手资料，采用理论与实证分析相结合的研究方法，结合国内外经济增长和产业结构变动理论，对山东省区域经济增长因素的贡献度、产业结构变动的影响因素及其与经济增长的关系，以及区域产业结构变动与经济增长的效应进行了探索性研究，研究的结论符合山东省经济社会发展的实际，一些观点具有超前性。

本书的研究有别于目前常见的有关经济增长和产业结构变动关系研究成果。以往的研究大多停留在对经济增长和产业结构的变动关系的测度上；而本书则在研究二者关系的基础上，从时空两个层面探讨了经济增长与产业结构变动的区域效应。纵观全书，我觉得有以下三个突出特点：

第一，注重经济增长和产业结构变动的多方法测度。本书基于多种分析模型，探讨了山东省经济增长和产业结构变动之间的关系，尤其是在生产函数模型中引入产业结构变动指标，探讨了产业结构变动对经济增长的影响，并与其他研究方法相比较，是一次比较系统的尝试。

第二，注重动态和过程以及区域比较研究。以往研究大多局限于经济增长和产业结构变动的现状评价和诊断，是一种静态研究，并且缺乏区域之间的比较。本书从时空两个层面对30个省（自治区、直辖市）的经济增长要素进行了定量评价；在许多问题上通过与全国、江苏省相比，寻找山东省与全国、江苏省的差异，这在以往的研究中是不多见的。

第三，注重经济增长和产业结构变动的效应研究。本书从四个层面分析了经济增长和产业结构变动的效应，特别是构建了产业结构变动对区域经济差异影响的模型以及探讨了区域经济发展水平和环境污染之间的库兹涅茨环境曲线，为山东区域发展提供了理论指导。

应当说，全书思路清晰、结构合理、论证严密、结论可信，在研究方法上具有一定的创新性，是一本具有理论和应用价值的学术专著。当然，对产业结构与经济增长关系及其优化模型的完善、产业结构变动与经济增长的效应研究深度的拓展还有待进一步深化，我希望也相信作者能在今后的科研实践中继续勤于思考，亲身躬行，笔耕不辍，取得更大成绩，获得丰硕的研究成果。

北京大学副校长
刘　伟
2013年6月于北京

目 录

序

第一章 绪论 ……………………………………………………………… 1
第一节 研究的背景与意义 ………………………………………… 1
第二节 研究思路与研究方法 ……………………………………… 3
第三节 研究内容与基础 …………………………………………… 4

第二章 国内外相关研究进展及其理论基础 …………………………… 6
第一节 相关概念辨析 ……………………………………………… 6
第二节 国内外相关研究进展 ……………………………………… 12

第三章 产业结构变动与经济增长关系的系统分析 …………………… 30
第一节 区域经济增长的机制及其影响因素 ……………………… 30
第二节 产业结构变动的机制及其影响因素 ……………………… 34
第三节 经济增长与产业结构变动关系的概括总结 ……………… 38
第四节 产业结构变动与经济增长的国际、国内比较 …………… 43

第四章 山东省经济增长因素及其特征 ………………………………… 58
第一节 综合要素生产率与经济增长——理论与方法 …………… 58
第二节 基础数据 …………………………………………………… 64
第三节 经济增长因素及其特征 …………………………………… 71
第四节 资本投入对山东省经济增长的贡献分析 ………………… 80
第五节 所有制、产权结构对经济增长贡献的分析 ……………… 95

第五章 山东省产业结构变动及其影响因素 …………………………… 102
第一节 山东省产业结构演进的历史与现状 ……………………… 102
第二节 山东省工业结构演化分析 ………………………………… 116
第三节 山东省产业结构变动影响因素的定量分析 ……………… 130
第四节 山东省产业结构变动能力、速度及其方向 ……………… 141

第六章　山东省产业结构变动与经济增长相互关系 ········· 149
第一节　基于多部门经济模型的产业结构与经济增长关系的分析 ······· 149
第二节　基于生产函数的产业结构变动与经济增长关系分析 ········· 158
第三节　山东省三次产业变动对经济增长贡献的分析 ············ 160
第四节　山东省工业内部结构对工业经济的拉动作用 ············ 177

第七章　经济增长和产业结构变动的效应分析 ··············· 183
第一节　经济周期与产业结构变动分析 ··················· 183
第二节　经济增长和产业结构变动对区域经济差异的影响 ········· 195
第三节　经济增长和产业结构变动的环境效应分析 ············· 203
第四节　产业结构变动与城市化的关系 ··················· 214

第八章　结论、展望及其对策 ·························· 223
第一节　主要研究结论 ···························· 223
第二节　主要创新点和研究展望 ······················ 233
第三节　山东省区域协调发展的对策 ··················· 235

参考文献 ····································· 255

后记 ······································· 262

第一章 绪 论

改革开放30年来，中国的经济体制已基本实现了由计划经济向市场经济的转变。中国必须在开放的条件下，在全球化的视角下，重新审视其区域经济发展战略。开放条件下的区域产业能否真正起到促进区域发展，促进经济持续稳定增长的作用，关键在于这些产业能否在激烈的市场竞争中占据绝对优势。从整体上看，中国目前仍处于工业化的中期阶段，20世纪90年代中期以后，中国经济生活中出现了一些新的变化和矛盾，正进入一个从数量扩张到结构转换、效益提高的关键阶段，实现产业结构优化升级已成为经济发展的基本出路。特别是2008年全球范围的金融危机，需要我们理性思考区域经济的增长方式，区域产业结构的调整，客观地思考如何在全球化条件下最大限度地减少金融危机的影响。因此，在这种时代背景下，探讨产业结构变动与经济增长之间的关系，已经成为当前迎接经济全球化机遇与挑战所面临的一个具有现实意义的、紧迫的重大问题。

第一节 研究的背景与意义

一、研究背景

近年来，中国区域经济发展的国内外环境已经发生了根本性的变化。从20世纪80年代逐步打开国门，吸引外资，开放市场，到21世纪初成功加入世界贸易组织（WTO），中国加入全球经济一体化进程的脚步明显加速，这也意味着中国经济面临着一个完全与国际接轨的全新的竞争环境。

从国际环境看，经济全球化和科技的迅猛发展，使全球产业结构面临重大调整，产业的国际竞争日益激烈；从国内环境看，由改革开放初期的短缺经济到过剩经济，中国的经济发展已经进入了一个转折时期，地区间的竞争更加激烈，产业发展已由数量扩张进入到质量竞争阶段（樊杰，1997）。同时，中国已经加入WTO，地区经济将在更大程度上与国际接轨，参与国际竞争。从目前所处的发展阶段看，中国仍处于工业化中期阶段，产业发展和集聚，特别是制造业的发展，对区域经济的发展仍然起着重要的作用，是带动区域经济增长的引擎。从世界范围看，虽然一些发达国家已经完成了从工业经济到知识经济的过渡，使区域内的产业结构得到了优化，但制造业仍然是其经济的主体。许多发展中国家，尤其是中国，仍然处于工业化阶段，产业发展和集聚在地区产业布局中不仅具有普遍性，而且更是带动区域经济增长的主要力量，因而加快产业发展和集聚，提升产业竞争力，无疑是提升地区经济实力的关键。

二、研究意义

现代经济增长的本质要求是结构调整。如果不去理解和衡量生产结构的变化，经济增长是难以理解的。经济发展过程同时也可以看做是产业结构不断优化、高级化的过程。因此，经济增长和产业结构相互依赖、相互促进。产业结构必须与经济发展的水平相适应，而经济发展必然会打破原有的平衡，导致产业结构发生相应的变化。因此，区域经济增长与产业结构变动历来是经济学、社会学和地理学的主要研究内容。

从上述国际、国内宏观背景出发，结合目前我国所处的发展阶段，选择东部沿海地区经济发展水平较高、产业结构相对完整的山东省进行实证研究，具有十分重要的理论和现实意义。

其一，随着市场经济体制的建立和国际、国内市场一体化进程的加速，区域内产业结构变动与经济增长关系的研究已成为区域经济发展理论研究的一个重要方面，同时也是有待进一步深入探讨的领域。区域经济增长与发展的过程，就是充分利用区域条件，形成合理的产业结构，形成具有竞争优势的产业或产业集群，并取得最佳综合效益的过程。具有竞争力的产业或产业集群的形成是区域经济发展的核心。区域经济发展的实际是实现区域产业结构转变。

其二，20世纪90年代以来，我国社会经济进入了一个重要的转型期。区域发展影响因素也发生了变化，表现为传统影响因素正在下降，经济国际化成为经济高速增长地区发展的主导因素，科学技术发展和创新能力以及生态和环境因素成为区域可持续发展的重要因素等。

其三，之所以以山东省为研究对象，主要是基于以下原因。

一是山东地处我国东部沿海，是全国人口大省和经济大省，凭借优越的自然人文条件、有利的外部环境，经济获得了快速增长，在全国的地位不断上升，成为东部沿海地区重要的增长地域，在中国整体发展中具有举足轻重的地位，其发展水平和发展状态与全国相似，在很大程度上讲，改革开放以来山东经济增长和产业结构变动在全国具有一定的代表性。

二是山东经济区域发展中的一些问题也相继产生，诸如经济增长方式依然粗放，经济发展速度虽然较快但效益不高，产业结构层次依然较低，东西部差异有拉大的趋势，生态环境不容乐观等，需要在理论和实践上加以指导，使其健康发展。

三是研究区域资料相对完整，笔者对山东省区域经济进行了较长时间研究，资料丰富、完整，具有连续性。

因此，把区域经济增长和产业结构变动这一关系到21世纪山东省区域全面、协调、可持续发展的重大战略问题作为选题，是一个符合现实并迫切需要进行系统分析、深入研究的热点问题。

第二节 研究思路与研究方法

一、研究思路

在系统分析经济增长与产业结构变动理论、方法论和前人相关研究的基础上，以山东省为例，实证分析山东省经济高速增长的影响因素、产业结构变动的特点及产业结构变动与经济高速增长的效应，总结山东省经济增长和产业结构变动的演化历程，并对其进行定量比较，剖析产业结构与经济增长之间互动关系，提出山东省经济增长方式转变和产业结构调整的对策，为政府制定区域发展战略，促进山东区域经济协调发展提供决策依据，具有较强的现实和理论意义。

二、研究方法

定性分析与定量分析相结合的研究方法。采用多元数理统计分析方法，对历史资料进行数据统计处理，可以较完整地反映事物运动的全体及其规律性，形成一定的概念和作正确的判断，防止观察问题的片面性、表面性。通过SPSS和Eview软件，运用生产函数模型、主成分分析、结构变动指数等方法对山东省经济增长的因素、产业结构变动的影响因素、产业结构变动能力、产业结构变动对经济增长的影响等进行定量分析，通过定量和定性分析，寻找山东省经济增长和产业结构变动的一般规律。

历史分析和比较分析的研究方法。本书通过1953年以来特别是对改革开放以来山东省经济增长和产业结构变动的分析，系统总结了山东经济增长和产业结构变动的过程及特点；运用比较分析法，分析了国外发达国家产业结构演化规律，将部分研究内容与全国以及江苏省进行了对比分析。

理论分析与实证分析的研究方法。本书在研究方法上既有规范分析又有实证分析，而且以实证分析为主要研究方法，构建了产业结构变动与经济增长影响因素的理论框架，并通过对山东产业结构变动与经济增长关系的实证研究，对区域经济增长的影响、产业结构变动的影响因素进行分析，深入剖析区域经济增长和产业结构之间的关系。

三、研究难点

产业结构变动与经济增长关系研究成果很多，如何结合经济学、地理学等有关学科的理论知识，在理论与方法上创新有一定的难度；建立切实可靠的指标体系，运用反映区域经济增长和产业结构变动关系的科学方法难度较大。

第三节　研究内容与基础

一、研究内容

本书从我国的国情出发，以东部沿海发达省份山东为例，立足于理论界现有的成果，探讨了三个层面的问题：一是产业结构变动和经济增长的理论问题，以古典经济增长理论、新古典增长理论等为依据，遵循产业结构演变的一般规律，分析了产业结构变动和经济增长之间的关系；二是分析了转型期山东经济增长的因素、产业结构变动的影响因素和特点及二者之间的相互关系；三是探讨了经济快速增长和产业结构变动的效应，包括经济波动与产业结构变动关系、产业结构对区域差异影响、产业结构变动和城市化关系以及经济发展中的环境效应。

本书主要包括以下八个部分：

第一章为绪论。主要说明研究背景、选题意义、研究方案及研究内容。

第二章为文献综述。从经济增长、产业结构概念及其内涵、产业结构变动和经济增长相互关系理论及其测度方法等方面进行有关理论和研究方法的综述，回顾总结国内外产业结构变动和经济增长关系的相关研究成果，并对目前的研究进行了评价。

第三章为理论再分析及国内外产业结构演变规律的比较研究。从经济增长、产业结构变动的影响因素入手，进一步分析了二者之间的关系，对产业结构变动与经济增长的关系进行了概括总结，并分析了美国、日本、韩国等国家产业结构演变的经验及其对我国的启示。

第四章为经济增长的特点及其影响因素分析。利用比较成熟的生产函数模型定量测算了新中国成立以来不同时期山东省经济增长主要因素的贡献，并计算全国 30 个省份[①]各因素的贡献率及其演化过程，在此基础上对投资、外商直接投资以及制度变迁等因素对经济增长的影响进行了定量分析。

第五章为产业结构变动及其影响因素。系统分析了新中国成立以来山东省产业结构的演化特点及其现状特征，重点研究了工业结构演进的规律，定量分析了山东产业结构变动的影响因素以及产业结构变动的能力。

第六章为产业结构变动和经济增长关系研究。从两个层面分析了产业结构变动与经济增长的关系：一是用多部门经济模型和改进后的生产函数模型对产业结构变动对经济增长的总体影响进行了分析；二是分析了三次产业结构变化、工业结构变化对经济增长的影响及产业结构与生产规模和生产效率的关系。

第七章为经济增长和产业结构变动的效应分析。采用大量的定量分析方法，分析了产业结构变动和经济波动之间的关系、产业结构变动对山东区域差异的贡献、经济增长和产业结构变动与环境之间的关系及产业结构变动和城市化之间的关系。

第八章是对全书观点的总结陈述和对未来研究的展望，从五个方面探讨了实现山东区域经济协调发展的对策。

二、研究基础

理论方法：国内外对经济增长和产业结构变动研究已经取得丰硕的研究成果，可以借鉴已有的相关文献，获得有关理论的支持和方法论的支持。

数据获取：政府部门的有关统计资料、相关年份的统计年鉴，都为本研究提供丰富的数据。

项目支撑：作者参与并完成的山东省"十一五"规划招标项目"山东省协调空间开秩序及其空间结构调整研究"以及山东省哲学社会科学规划办项目"经济转型期经济增长及其区域协调机制研究"，山东省社会科学"十一五"重大项目"山东省与东部沿海地区比较研究"，在这些研究项目中获取的经验和搜集到的资料为本研究提供知识准备。

---

① 因行政区划变更原因，重庆数据暂并入四川，暂无港、澳、台数据，全书同

第二章 国内外相关研究进展及其理论基础

第一节 相关概念辨析

一、经济增长与经济发展

在中国，虽然经济发展和经济增长经常作为同义词混用，但是早在20世纪70年代，两者之间的联系和区别已经是国际论坛上的一个热门话题。

（一）经济增长

经济增长是指一国或一个区域在一定时期内包括产品和劳务在内的产出的增加，通常用国民生产总值计量。美国经济学家库兹涅茨给经济增长下了一个典型的定义："一个国家的经济增长，可以定义为给居民提供种类繁多的经济产品的能力长期上升。"

经济增长主要受区域内外生产和消费的影响，除了表现为经济指标值的增加外，还表现为就业水平、人口规模、实物资本和人力资本存量的增加，并最终导致区域空间结构和区域经济结构的演变。

推动区域经济增长的因素不仅包括传统的劳动力、资金、人才、土地、资源和市场等，还包括现代的信息资源和技术进步，另外，政治体制、社会体制、法律和意识形态、文化历史传统等对经济增长也产生影响作用。

（二）经济发展

在20世纪70年代之前，经济发展几乎被等同于经济增长，即迅速取得国民生产总值或人均国民生产总值的增长，许多第三世界国家虽然在20世纪60~70年代实现经济的快速增长，但是大部分国民的生活水平依然如故，出现了"有增长无发展"或"没有发展的经济增长"的现象，从而在20世纪70年代引起经济发展在经济增长范围内从减少和消灭贫困、不平等和失业方面被重新解释。

如美国经济学家迈克尔·P. 托达罗（黄卫平，2001）认为："发展必须被视为一个既包括经济增长、缩小不平等和根除贫困，又包括社会结构、国民观念和国家制度等这些主要变化的多元过程"，并列举了可以代表发展的三个核心指标，即满足基本需求的能力（基本生活需要）、人的自我尊重（自尊）和自我选择不受外来支配（自由）。

诺伦（D. Nohlen）等（陈秀山，2003）认为："发展必须消除极其严重的短缺现象，首先要从战胜饥饿和疾病开始"，并建议运用五个指标表示发展的含义，即增长、劳动、平等和公正、参与与不依附、与独立。

斯蒂格利茨（2000）认为："发展代表着社会的变革，它是使各种传统关系、传统思维方式、教育卫生问题的处理以及生产方式等变得更'现代'的一种变革。然而变化本身不是目的，而是实现其他目标的手段。发展带来的变化能够使个人和社会更好地掌握自己的命运。发展能使个人拓宽视野、减少闭塞，从而使人生更丰富，发展能减少疾病、贫困带来的痛苦，从而不仅延长寿命，而且使生命更加充满活力。根据这一发展定义，发展战略应以促进社会变革为目标，找出不利于变革的障碍以及潜在的促进变革的催化剂。

经济发展是指国民经济质态的变化，其中最根本的衡量标准是产业结构的演变，包括产业结构、部门结构、技术结构和就业结构等方面的结构高度演进所达到的水准（刘伟，2005）。

经济发展与经济增长既有联系又有区别。经济增长的内涵较窄，是一个偏重数量的概念。而经济发展，是一个既包括经济数量又包含社会生活质量的概念。经济增长是发展的基础，是一切社会经济活动的基本目的，经济增长则是实现这一目的的手段。通常情况下，没有经济增长就不可能实现经济发展，区域经济实力就得不到增强，政治、经济和社会结构的调整和变迁就不可能实现，发展尽管是长期的，但必须建立在短期增长的积累基础上。经济增长并不一定带来发展，许多发展中国家和不发达地区的经验证明，即使在经济增长速度很快的情况下，这些国家和地区也没有取得社会经济的普遍进步。产出的增长无补于公众福利的改善，而是国民经济的虚耗，增长没带来经济结构和政治社会体制的变动，贫困、失业和收入不平等问题依然突出，反而出现"有增长无发展"或"没有发展的经济增长"。

尽管经济发展不同于经济增长，本书仍沿用区域经济增长这一术语探讨区域经济发展问题。

二、产业与产业结构

在一国国民经济的复杂体系中,经济的运转是由各个行业或者产业带动的,与此同时,各个行业或者产业在国民经济中所占的比重是不同的,对经济增长贡献的程度也是不同的,并且这个比重和贡献度是随着经济的发展而变化的,在经济学的论述中,通常把各个行业或者产业在国民经济中的比例关系称之为产业结构。要想对某一区域的经济情况进行量化分析,就必须对作为宏观国民经济分析基础的产业及产业结构有清晰、准确的了解和认识。

(一) 产业

在经济学的研究和论述中,"产业"这个基本概念是相当模糊的。在产业经济学中,经济学家把"industry"译为产业,而在国内由于研究目的和分类标准的不同,人们对产业的理解往往同"工业"或者"行业"相混淆。那什么是产业?如何定义产业?产业如何在地区经济的发展中发挥着基础性作用?

在马克思主义政治经济学中,产业常常被定义为"国民经济中以社会分工为基础,在产品和劳务的生产和经营上具有相同特征的企业或单位及其活动的集合"(陈征,2001)。这个定义包含了两个方面的内容:第一,产业涵盖了国民经济中各类物质生产部门和提供各种服务的行业;第二,产业是生产力发展的结果,是社会分工的产物,并且随着社会生产力水平和专业化分工程度的提高而不断变化和发展。这个定义涵盖了两个部类的所有行业,并且产业的变化和发展最终是由社会生产力的发展来驱动的,产业的发展同时也会促进生产力水平的不断提高。马克思主义政治经济学中对产业的定义具有高度的抽象性和理论指导性,与实际经济生活还有一段差距。因此,它在实际经济分析中的具体作用很难得到体现。

在西方产业经济学中,对产业的界定和划分主要以为了满足实际经济分析的需要为基准。产业经济学的诞生,从某种意义上讲是在微观经济理论和宏观经济理论某种程度的"失灵"及对现实市场经济现象不能做出解释的情况下,产生的对介于微观和宏观层面之间"产业"的界定和分类。微观经济学信奉市场能够自发调节、资源优化配置的自由主义理论,但缺乏总量分析;而宏观经济学立足于总需求与总供给的分析,主张通过国家政策干预来保持总量均衡的理论,但这种理论缺乏对具体层面原因的分析。正是微观经济学和宏观经济学理论在这方面的缺陷,才导致了对"产业"的定义和划分。因为对"产业"的划分既可以解决微观层面的问题，也有助于解决宏观层面的问题。

在微观层面上，它服从于企业市场关系的分析需要。也就是说，将不同属性、不同行业特征的企业划分为不同的产业，是为了便于分析同一产品市场的组织形式，即判断企业处于从寡头垄断到自由竞争市场这个区间的哪个位置，进而研究企业在该市场结构中的市场行为。

在宏观层面上，它服从于国民经济中对各产业之间中间产品均衡状态分析的需要（杨公朴，2002）。各个产业的发展不仅与整个国民经济发展状态的好坏有直接的联系，而且各个产业之间也通过中间产品的投入产出相互紧密地联系在一起。一个产业的产品除去成为最终产品的部分外，还有一部分作为其他产业生产的中间投入品，对这种产业间通过中间产品相互关联的分析在产业经济学的研究中越来越成为产业结构理论研究所关注的一个重点。因此，西方产业经济学中产业划分的准则是具有"使用相同原材料或相同生产技术、工艺或相同产品用途"的企业的集合。

总而言之，从宏观和微观两个层面的分析论述中，可以得出产业是对微观和宏观层面经济意义上的一种结合，这种结合不仅是经济理论上的贡献，也对现实国民经济活动有着重要的指导作用。通过对"产业"的划分，可以了解到各个产业在社会经济活动中所扮演的角色和作用（也就是产业经济学中的产业结构问题），从而揭示出社会经济总量和经济结构失衡的具体原因，以便政府采取相应的政策和措施。这些政策和措施对于促进社会再生产各环节、各部门的均衡发展，从而保持国民经济总量持续、稳定的增长有着积极的作用；另外通过对产业结构发展变化的分析，可以掌握其演进规律，进而采取相应政策措施，推动产业结构的高度化，加快整个地区经济的和谐发展。

（二）产业结构

一般而言，结构是指在某个系统或整体中各个组成部分的排列状态。与之相对，产业结构就是指在一定地区范围内整体经济系统中各产业之间的比例关系及其相互之间的技术联系。一方面它可以指产业与产业之间的关系，另一方面也可以用来解释产业内部的关系结构，即产业内部各行业发展的比例关系和技术关系。现代产业经济学的研究对产业结构的研究及界定主要从以下两个方面进行。

（1）产业结构是指各产业在其基本经济活动过程中形成的技术经济联系及由此表现出来的一些比例关系（龚仰军，2002）。这种观点主要是指产业之间及产业内部各行业之间在其经济基础活动过程中有着广泛、复杂而密切的技术经济联系，如各产业都需要其他产业为本产业的正常发展提供必要的生产要素供给和中间投入产品，与此同时，各产业的最终产出也必须由其他产业进行消费，这样才能使社会再生产过程的一部分能够继续运行下去。因此，这种由各产业在社会再生产过程中所形成的技术经济联系，成为社会经济发展过程中的一种必然现象。

（2）产业结构是指各种生产要素在各部门之间的配置方式，主要强调各产业之间的构成方式。这种构成方式主要包括产业技术结构、中间要素投入结构和产业固定资产结构。

产业技术结构是观察产业结构的一项数据指标，在投入产出模型中，投入要素产出效率系数的集合实质上就是各产业部门的一种技术结构。中间要素投入结构是产业结构的重要指数，主要是指中间要素（中间产品和劳动要素）在社会各产业部门的配置构成，这种配置构成在短期内是可变的，当这种构成发生变化时，产业部门的生产能力结构也会发生相应的变化（它的初始条件是在各产业技术结构既定的情况下）。

产业固定资产结构主要是指固定资产在各产业部门的配置结构，这种固定资产结构能够反映出各个产业在国民经济结构中长期投资的情况（在技术结构既定的情况下），固定资产结构主要取决于长期的投资结构，即社会投资总量在各产业之间分配量的构成。

随着产业经济学的发展，对产业结构的理解和研究逐渐倾向于产业间的技术经济联系。这种产业间的联系可以从两个角度来考察：一是从"质"的角度来揭示产业间技术经济不断变化发展的趋势，即在地区经济的发展过程中起主导或支柱地位的产业部门不断更替的规律及其相应的"结构"效益，从而形成狭义的产业结构理论；二是从"量"的角度来研究和分析一定时期内产业间相互联系的经济技术数量的比例关系，即产业间"投入"与"产出"之间量的比例关系，从而形成产业关联（蒋昭侠，2005）。产业间的技术经济联系是产业结构研究的核心，是把握和调控整个地区经济协调运作的有效工具。产业结构作为影响地区经济发展快慢的重要因素，相对于其他微观市场结构和宏观总量比例结构而言，有其自身的特点。

第一，系统性。特定区域的经济活动由一个相对完整的社会经济系统构成，而产业结构则是这个社会经济系统中的一个重要子系统。作为一个相对独立而又与其他经济活动有着紧密联系的子系统，其组成的结构要素之间必定存在着某种相互依赖而又相互作用的关系。这种相互依赖而又相互作用的关系体现在产业之间的技术经济联系上。依据这种有机的联系，不同产业之间就组成了一个整体功能要大于各产业功能简单之和的有机系统。

第二，层次性。层次性是产业结构的一个主要特征，在一个有机的经济结构系统内，层次较低的子系统的运转应当始终围绕着整体系统的目标进行。在产业结构这一地区经济系统中，层次性的特征要求各产业的发展应当在地区经济发展的总目标下，不失时机的追求整个产业的合理化和高级化。那种不顾总体目标而追求某一产业"一枝独秀"的发展方式，将带来地区产业结构的严重失衡，延缓地区经济的发展。

第三，有序性。系统的有序性，是指系统内各要素的关联能够积极有效地束缚子系统的运行，使整个系统在总体上呈现一定的规律性。在产业结构这一个子系统中，有序性表现为地区内不同产业的发展和整个区域产业结构的演进应遵循一定的发展规律。如无论何种产业，在其发展过程中，都要经历孕育起步、高速增长、成熟以及衰退等阶段，有着产业发展的自然周期。作为应用经济学的一个重要分支，对产业结构问题的研究，已有半个多世纪。在这段不长也不短的时间里，许多学者在产业活动中发现产业间和产业内部之间存在着许多有规律的现象，这成为观察产业结构问题的主要线索和依据。

世界各国经济发展的实践表明，在地区经济发展过程中，总量增长与结构转换成正比，产业结构转换越快，总量增长也就越快，产业结构的调整和演进已成为地区经济增长的主要动力。因此，对于区域经济的发展来说，产业结构调整即产业结构的合理化和高级化，对于地区经济的发展具有重要的推动作用。

(三) 产业结构划分的方法

从产业发展的历史和研究角度出发，人们对产业进行了不同的分类，产业分类是研究产业发展的基础，是经济发展到一定历史时期产业变化的反映。目前产业结构的分类方法有两大部类分类法、三次产业结构分类法、标准产业分类法、生产结构产业分类法、按要素的集约程度分类法等（臧旭恒，2007）。

产业结构主要的、普遍的量化表达是三次产业的相互关系。英国经济学家阿·费舍尔于20世纪30年代首先提出三次产业概念。他在所著的《安全与进步的冲突》一书中，认为人类的经济活动可分为三次产业，即所谓的第一产业（primary industry）、第二产业（secondary industry）和第三产业（tertiary industry）。其中，第一产业是人类第一个初级生产阶段相对应的农业和畜牧业；第二产业是和工业大规模发展阶段相对应的，以对原材料进行加工并提供物质资料的制造业为主；第三产业是以非物质产品为主要特征的，包括商业在内的服务业。在费舍尔三次产业分类的基础上，英国统计学家科林·克拉克利用三次产业分类方法对经济发展和产业结构变化之间的关系进行了实证研究。这种分类方法首先得到了澳大利亚和新西兰统计学界承认，并正式出现在两国政府的统计手册中。克拉克在

1940年出版的《经济进步的条件》一书中，提出了以经济活动与消费者的关系作为分类标准，第一产业为广义的农业；第二产业也称工业，包括矿业、制造业、建筑业和水电气等工业部门；第三产业也称服务业，包括商业、金融保险业、运输业、政府服务和其他非物质生产部门。克氏的三次产业划分法为越来越多的经济界人士所接受，20世纪50年代后期逐步在许多国家经济统计中被采用。三次产业的划分，是社会分工深化和产业结构演进的要求，因此得到普及和应用，费舍尔和克拉克被公认为三次产业分类法的创始人。

为了统一国民经济的统计口径，联合国于1971年颁布了《全部经济活动的国际标准产业分类索引》，把全部的经济活动分成十大项，每大项又分成若干中项，每个中项下面又有若干小项，每小项又分若干细项，其十大项目是：①农业、狩猎业、林业和渔业；②矿业和采石业；③制造业；④电力、煤气和供水业；⑤建筑业；⑥批发与零售业、餐馆和旅店业；⑦交通业、仓储业和邮电业；⑧金融业、不动产业、保险业和商业性服务业；⑨社会团体、社会及个人服务业；⑩不动产分类的其他活动。

三次产业分类和联合国制定的标准产业分类保持着稳定的关系，三次产业的扩展形式即联合国的标准产业分类形式。

我国目前产业结构是根据国家统计局2003年发布的《三次产业划分规定》划分的，第一产业是指农、林、牧、渔业；第二产业是指采矿业、制造业、电力、燃气及水的生产和供应业、建筑业；第三产业是指除第一、二产业以外的其他行业，具体来说，包括：交通运输、仓储和邮政业、信息传输、计算机服务和软件业、批发和零售业、住宿和餐饮业、金融业、房地产、租赁和商务服务业、科学研究、技术服务和地质勘查业、水利、环境和公共设施管理业、居民服务业和其他服务业、教育、卫生、社会保障和社会福利业、文化、体育和娱乐业、公共管理和社会组织、国际组织。

本书的产业分类主要根据我国现行的产业划分方法，主要是基于统计资料获取的便利。

第二节 国内外相关研究进展

一、产业结构变动和经济增长的理论概述

传统经济增长理论认为经济增长是在竞争均衡的假设条件下资本积累、劳动力增加和技术变化长期作用的结果，如亚当·斯密、李嘉图、穆勒等都曾经仔细

论证过经济增长问题，其基本思路如下：经济增长表现在国民财富的增长上，国民财富的剩余导致资本积累，资本积累引起对劳动力需求的增加，劳动就业人数的增加则带来生产规模扩大和产出量增加，此时剩余将再次出现，新一轮增长又重新开始。这里姑且不论古典增长理论中的收益递减规律、相对成本递增规律等是否正确，但就其模型本身而言，显然没有考虑结构变化与调整经济增长的影响。

20世纪60年代以后，一些经济学家通过对许多国家经济增长与发展情况的统计与历史分析，指出经济结构状况和变动对经济增长的影响至关重要。事实上市场均衡只是经济学研究中的完美假定，经济现实中更多的存在着劳动和资本等生产要素在不同部门之间、同一部门内的不同企业之间生产效率的差别，生产要素从低效率部门流向高效率部门会加速经济增长。即要素的流动形成不同产业部门的此消彼长，导致产业结构的转换，产业结构的升级已成为现代经济增长的内生变量。

（一）关于产业结构与经济增长关系最早的国外研究（17世纪～20世纪40年代）

早在17世纪，英国经济学家威廉·配第第一次发现世界各国的国民收入水平差异和其形成不同的经济发展阶段，关键在于产业结构的不同。从荷兰与英国产业发展实证观察，配第得出结论：比起农业，工业的收入多，而商业的收入又比工业多，即工业比农业、服务业比工业的附加值高（殷醒民，1999）。配第的这一发现为探求产业发展因素的研究指明了方向，确立了各产业劳动生产率提高以及从低生产率向高生产率的产业转移是推进经济发展的根本机制，从而开辟了产业结构研究的重要领域，为经济发展理论奠定了基础。在此基础上，英国经济学家柯林·克拉克重新发展并提出了产业结构演进理论。

克拉克根据英国经济学家费希尔提出的三次产业理论，对产业结构演进趋势进行了考察，并在其1940年出版的《经济进步的储备条件》一书中通过对40多个国家不同时期的三次产业的劳动和总产出的资料的整理与比较，指出随着全社会人均国民收入水平的提高，劳动力首先从第一次产业向第二次产业转移；当人均国民收入水平进一步提高时劳动力便向第三次产业转移。这揭示了产业结构演变的基本趋势，即当社会经济发展以第一次产业为主体时，人均国民收入低并占有绝大多数劳动力；随着经济的发展，第二次产业逐渐取代第一次产业而占主导地位，这时，人均国民收入增加，劳动力从第一产业向第二次产业转移，使第二次产业的劳动力比重迅速提高，第一次产业的劳动力比重相对下降；随着经济进一步发展，第二次产业比重最大，人均国民收入大大提高，同时劳动力从第一次产业主要向第三次产业转移，使第三次产业所占劳动力比重迅速提高而第一产业劳动力比重迅速下降（刘伟，1999）。从这里可以看出，克拉克是用劳动力这一指标来分析产业结构的演变，他通过分析若干国家在一定时间序列中发生的变化，探讨人均国民收入的提高与一国产业结构演进之间的规律。

克拉克认为，他通过统计数据发现的规律只不过是对配第定律的印证。由于这一印证具有更重大的意义，人们将配第定律及其"印证"的结论合称为配第—克拉克定律。这应该是最早的产业结构变动与经济增长之间关系的研究。

德国经济学家霍夫曼（W. G. Hoffmann）（1931年）对工业内部结构的演变规律作了开拓性的研究。他通过对20多个国家18世纪以来工业历史和统计资料进行的经验研究，提出了"霍夫曼定理"，即根据消费资料工业净产值与资本资料工业（以轻、重工业）净产值之比来划分工业化的阶段（刘伟，1995），从而把工业结构特征与工业化过程的阶段划分联系起来。他的这一思想被称为霍夫曼定理，即随着工业化进程的发展，消费资料工业净产值与生产资料净产值之比是不断下降的。霍夫曼定理虽然存在一定的局限性和不足，但对后发国家具有很大影响，是重工业优先发展的理论基础。

（二）关于产业结构和经济增长关系的近期研究（20世纪中叶至今）

克拉克和霍夫曼是现代产业结构理论研究的先驱，开创了产业结构演进和经济增长关系研究的先河。但真正对经济结构（包括产业结构）的全面经验研究和系统计量分析的是诺贝尔经济学奖获得者、美国经济学家——库兹涅茨（Kuznets），他在继承克拉克和霍夫曼研究成果的基础上，仔细地发掘了各国的历史资料，不仅从劳动力结构，而且从部门产值结构等方面，对人均产值与结构变动的关系进行了更为深入的考察，不仅考察了总量增长和结构变化的一般关系，而且分析了结构变动在不同总量增长时点上的状态。从库兹涅茨的主要代表作《现代经济增长》（1966）和《各国经济增长》（1971）等来看，在现代经济增长的分析框架内，研究产业结构变化的趋势是他探讨的一个重点。事实上，即使在总量增长的框架内，库兹涅茨的研究也涉及非常广阔的领域，他曾明确指出（库兹涅茨，1989）："当然，各个国家并不是孤立地生存，而是互相联系的，所以，一个国家的增长会影响到其他国家，反过来，它也受这些国家的影响。因而，经济增长除了可以从总量上和结构上来考察外，还应从国际因素影响的角度来考察。"他已从现代经济增长的历史发展中看到发达国家与发展中国家相互依赖的趋势及在相互依赖中的不同地位，并且初步探讨了国际相互依赖的若干机制。

通过对西方资本主义国家经济长期变化趋势进行详细考察，库兹涅茨进一步分析了克拉克的结论，并得出以下观点：①农业部门无论在 GDP 中所占的份额还是在总劳动力中所占的份额都趋于下降，而在工业部门和服务部门所占的份额却趋于上升；②在工业部门和服务业中，"由于在农业技术相对停滞的条件下，人口对土地的压力增加，导致农业部门按工人平均产值的绝对值下降，以及由于在工业和服务业中的现代成分的增长，导致工业部门和服务部门按工人平均产值的某些上升"（库兹涅兹，1989）；③任何国家的经济结构都是在变化的，产业结构高变换率主要是由于需求结构的变换以及对外贸易和技术革新的高速度及其扩散。由此可见，库兹涅茨在克拉克理论的基础上，更为完备地描述和论证了三次产业结构的演变规律，见表 2-1，从而较恰当地描述了经济结构演变各阶段的特征，以及它们所反映的不同时期的生产力性质，这为我们提供了一种以结构现状来判断一国生产力发展的基本标准，他的理论已成为在经济增长中加入结构因素的重要起点。

表 2-1　不同经济发展阶段的产业结构变化

经济发展阶段	人均收入水平/(美元/人)（1958 年）	农业及农产品加工业占 GNP 的比重/%	采矿及第二产业和部分第三产业占 GNP 的比重/%	服务业占 GNP 的比重/%
工业化前的时期	100	49.8	22.8	27.4
准备时期	100~199	32.7	28.6	38.7
工业化实现时期	200~349	33.7	29.0	37.3
经济高速增长阶段	350~574	15.1	39.4	45.5
工业化后的时期	475~999	14.0	50.9	35.0
稳定增长阶段	1000 以上	/	/	/

资料来源：库兹涅茨.1989.各国经济增长.常勋译.北京：商务印书馆

爱德华·F. 丹尼森把库兹涅茨的相关观点贯彻得更为具体。他在 1974 年的《1929~1969 年美国经济增长的核算》、1976 年的《日本经济怎么增长得这样快》等书中，采用经济统计方法，用知识进步、规模经济、资源配置解释了总要素生产率，并对规模经济、资源配置部分进行了计量分析。更重要的是他将资源配置的改善归结为产业结构的变动，他认为劳动力从农业和手工业向大工业转移是促使资源配置效率提高的最重要因素，并计量了这部分因素对经济增长的作用。

为了对经济结构变化的规律进行精确的定量分析,钱纳里(H. B. Chenery)和塞尔奎因(M. Syrguin)在《发展的模式,1950~1970》(1975)一书中,根据101个国家(地区)20年的统计资料,运用30个变量,对2万多个统计数据进行测算,成功地分析了这些国家在经济增长中共同经历的经济结构的变化格局。为了将分析的结果更广泛地适用于各国和各种经济过程,钱纳里进一步使用了几个基本的回归方程对"发展模式"复合,得出了一个具有一般意义的"标准结构"。根据"标准结构"的描述性结论,结构的变化75%~80%发生在人均GNP为100至1000美元发展,见表2-2。结构的改善往往伴随着资源配置效率的提高。可见,钱纳里的"标准结构"对于揭示总量增长与结构变化之间的关系具有更大的价值。它可以对结构变化过程中大量相互关联的资源转移和分配等各种类型做出连续的描述,并可以依此来识别不同国家发展模式的差异。

表2-2 多国模型的产业结构特征

人均GNP/美元	300	400	600	1000	2000	3000
各产业占GNP的比重/%							
第一产业	30.4	26.7	21.8	18.6	16.3	9.8
第二产业	23.1	25.5	29.0	31.4	33.2	38.9
第三产业	46.5	47.8	49.2	50.0	50.5	51.3
劳动力比重/%							
第一产业	49.9	43.6	34.8	28.6	23.7	8.3
第二产业	20.5	23.4	27.6	30.7	33.2	40.1
第三产业	29.6	33.0	37.6	40.7	43.1	51.6

资料来源:殷醒民.2003.中国工业结构调整的实证分析.太原:山西经济出版社

1981年,帕西内蒂在《结构转变与经济增长》一文中考察了经济增长的三种情况:一是不存在技术进步,经济增长是由人口增长引起的;二是由人口增长和技术进步共同引起的;三是经济增长是由结构变化引起的。在考察了经济增长的这三种情况以后,帕西内蒂认为第三种情况是更一般、更现实的情形。由于不同部门之间的生产率提高速度与需求扩张程度是可以不同的,如需求的扩张比技术进步速度慢,就会发生资本与劳动在不同部门之间的转移。这种变化是保证经济不断增长的条件。即使当个别部门就业机会减少和生产增长速度放慢,只要这些部门的劳动力转移到有相当高的就业增长率和速度扩张较快的部门,整个国民经济仍然能够随着资本和劳动力的充分利用而增长。帕西内蒂的方法与总量增长分析的不同之处在于他把结构变化明显纳入了经济增长的分析中,这是增长理论发展中的一个突破性的进步。

　　1986年，钱纳里及其合作者鲁滨逊和塞尔奎因出版了著名的《工业化和经济增长的比较研究》一书（钱纳里等，1996）。研究结果表明：经济结构转变同经济增长之间具有密切的联系，这不仅表现在一国和不同国家在不同收入水平下，经济结构状况不同，而且表现为经济结构的转变，特别是非均衡条件下的结构转变，能够加速经济增长。同时，钱纳里通过进一步发展"发展模式"的理论、方法，指出：①经济结构不仅受制于内部因素，也受制于外部因素，如收入水平、资源禀赋、人口规模、政府的政策和发展目标以及国际资本、国际先进技术和国际贸易环境等；②对经济结构的外延作补充，经济结构的变化不仅包括生产、需求、贸易、资源作用和人口等方面的结构变化，而且还包括城市化和收入分配等过程的变动。

　　在研究产业结构演变规律的过程中，学者们发现在国民经济的产业部门中存在带头的先导性产业部门，即主导产业。主导产业演变理论可以追溯到熊彼特（1988）对资本主义经济周期进行分析时所提出的创新理论。而对"主导产业理论"进行开拓性研究的是美国经济学家罗斯托，罗斯托把"创新"引入其主导产业理论中，其主导产业理论主要依据以下四个事实：一是任何特定时期，不同部门的增长率存在着较大的差异；二是在特定时期，总的增长率是某些关键部门迅速增长所产生的直接、间接的结果；三是创新是产业发展的主要动力；四是产业部门存在着关联效应。罗斯托认为，主导产业和其他产业比较起来存在某些不同：一是主导产业引入了一种与新技术相关联的新的生产函数；二是主导产业具有大大超过平均增长率的部门增加率；三是主导产业部门的产业效果超过该部门本身，即存在产业的扩散效应和波及效应。

　　各国的主导产业更迭与演进存在技术的、经济的内在逻辑，呈现有序的方向性。罗斯托把纺织工业说成是"起飞"阶段的古典式主导产业部门，钢铁、电力、煤炭、通用机械、化肥工业是成熟阶段的主导产业部门，汽车制造业是高额消费阶段的主导产业部门，生活质量部门则是生活质量阶段的主导产业部门。这种主导产业部门序列不是任意改变的。

　　到此为止，西方经济学家主要利用各国之间的横截面资料或某些国家的时间序列资料，从统计上分析经济增长和产业结构变化之间存在的一般规律。阿瑟·刘易斯、费景汉和拉尼斯等发展经济学家则从研究初始条件及经济制度相似的一组国家来探索经济结构变化和高级化进程。刘易斯对发展中国家经济结构变动进行了开拓性的研究。他认为，发展中国家存在着二元经济，即传统部门与现代部门。发展中国家要实现产业结构高级化，必须实现传统部门向现代部门的转变，这种转变主要是通过现代部门资本积累的增加,具体方式主要有两种:一是保证利润再投资,二是增加货币供给量。这样,就可以在传统部门存在大量剩余劳动力的条件下,实现经济增长和就业量的增加。费景汉和拉尼斯则对刘易斯的二元结构模式作了进一步的补充和发展。他们认为发展中国家有两种不同的工业化实现方式:一种是资本深化的工业方式,另一种是资本浅化的工业方式,并将二元经济的发展划分为若干个阶段。现代工业部门通过从资本浅化到深化的发展,使二元经济结构逐渐消失。

通过以上分析,我们可以看出,西方经济学家在研究产业结构优化升级理论的过程中,首先关注产业结构怎样变动(变动形态),其次是产业结构为什么会发生变动(变动原因),最后是产业结构变动的结果是什么(其中最重要的就是影响经济增长)。西方学者对产业结构变动与经济增长之间的关系研究并非是纯理论性的,而是带有经验总结的性质。虽然大多数的研究结果表明:经济增长与产业结构之间存在密切联系,但是,对产业结构如何转变,它又在多大程度上影响经济增长意见不一。但不管如何,经济学家已普遍达成共识,结构转变是经济发展的基本特征,是解释经济增长速度和模式的本质因素。如果结构转变的频率太慢或无效率、不合理,将会影响资源有效配置并阻碍经济增长;资源配置或优化了产业部门之间相互回报进而提高了产业素质,或促进了规模经济发展,将会强化创造增加值的能力,对增长作出贡献。就结构转变对经济增长的影响而言,最重要也最直接的是产业结构的变化,主要是三次产业结构变动和各个产业的结构升级。因此,经济发展的核心问题就是产业结构转换的问题,产业结构转换的目标是三次产业结构合理化和各个产业高度化。一个地区产业转换能力直接决定了一个地区经济发展能力,决定着一个地区的竞争力。

二、中国学者关于产业结构变动和经济增长关系的研究

尽管国外学者进行了大量的研究,但我国的区域经济增长过程要复杂得多,国外的有些理论并不都适合我国。笔者认为,一个健康的结构和制度的互动才是决定我国区域经济增长的关键。

自20世纪80年代以来,随着改革开放的不断深入,我国学者对我国产业结构的变动与经济增长进行了大量的研究。国内学者对产业结构与区域经济增长的研究与欧美经济学家研究的对象和方法不同,更大程度上的是中西结合,将西方产业结构理论与中国的实际情况紧密联系起来,根据西方发达国家经济发展的一般规律以及产业结构理论提出相应的产业结构调整政策。

第二章 国内外相关研究进展及其理论基础

杨治（1985）在《产业经济学导论》一书中从宏观角度研究了产业结构变动同中国经济增长的关系。他认为通过产业政策的制定和运作来实现产业结构、企业结构、区位结构三位一体的协调发展和国民经济的协调、快速发展。他提出产业结构的变化不仅要考虑振兴什么产业，而且必须反过来考虑应淘汰什么产业，从而更加合理地研究产业结构变动的问题。

孙尚清（1988）以中国产业结构演变的原始数据为样本，研究产业结构演进的一般规律和趋势，揭示了中国产业结构演进与西方发达国家产业结构演变的不同特点，并提出了中国近、中期产业结构的政策。李京文（1998）分析了改革开放以来我国产业结构与经济增长的关系，表明我国的产业结构变动符合产业结构演变的一般规律，三次产业的比例关系有了明显的改善，产业结构正在向合理化方向发展，但与发达国家仍有一定的差别，这与我国所处经济发展阶段、资源禀赋和所处的国际环境有很大的关系。

刘伟（1995）在《工业化进程中的产业结构研究》一书中阐述了人类经济发展史上解决产业结构转换所面临的共同矛盾以及发达国家为完成产业结构转换所采取的措施和一般规律。同时，他认为，产业结构演化的过程和工业化、现代化密切相关，在一定程度上，可以把经济增长的实质归结为工业化，进而理解为产业结构演进。他认为，经济增长的主要动力在于工业制造业，工业制造业的结构性扩张［在国内生产总值（GDP）中的比重上升］无论是对 GDP 的增长还是科技进步，或对资本效率及劳动生产率效应的提升，都具有重要的意义。

郭克莎（2001）在区域经济增长和产业结构变动的理论基础上，对中国的经济增长和产业结构变动进行了研究。并从资源配置效应入手，对我国改革开放以来产业间资源流动和结构变化对生产率增长和经济增长的作用进行了分析，认为要确保地区经济的良性增长，需要创造一个总量供求基本平衡和产业结构关系协调的经济环境。他指出，我国产业结构问题对经济增长的影响主要有两方面：一是瓶颈制约或结构偏差制约；二是结构转变或结构升级缓慢的制约。

周振华（1988）对经济结构特别是产业结构变动对经济增长的效应机理及实现机制进行了一系列分析，指出经济结构尤其是产业结构是决定经济增长的一个重要因素。他采用系统研究的方法，以投入产出模型为基础，不仅考察了产业结构内部关联的结构效应，而且从国民产品运动的角度考察了产业供给结构和需求结构的反应程度，揭示了结构弹性效应。他把产业结构作动态处理，引入新的结构变量，分析产业结构与整个外部环境的关联成长效应和结构开放效应。其研究的用意是分析产业结构变动对经济增长的结构效应及其机理，为制定产业结构政策提供基本的思路，从而能够选择最佳的产业结构变动模式。这也从另一方面反映了产业结构变动对经济增长的作用。

刘元春（2003）运用统计分析方法对我国的经济制度变迁、二元经济转型与经济增长之间的关系进行了计量，详细分析出各种因素对中国经济增长的贡献，证明了中国高速经济增长的核心不仅在于渐进式经济制度改革，而且得益于转轨的"后发优势"。二元经济转型引起的产业结构的升级无论在增长质量的改善还是经济质量的边际贡献上都高于经济制度变迁。他指出我国未来经济改革的核心应当从过去的所有制改革、市场化和开放化转向二元经济转型为主导的产业结构调整上。

蒋振声（2002）运用协整检验、预测方差分解等动态经济计量分析方法，对我国1952~1999年的经济增长和产业结构变动的关系进行了实证分析，结果表明我国存在着某种经济机制使二者之间呈现长期稳定的协同互动关系。我国产业结构变动对实际经济增长具有非常明显的影响，而总量经济增长对产业结构变动的影响不显著。我国经济增长目前受到资源和环境的双重约束，决定了传统产业增长方式的局限性，调整产业结构、转变经济增长方式应当成为我国当前宏观调控政策的重点。

纪玉山（2006）根据协整理论和格兰杰因果关系检验理论，利用1978~2003年的时间序列数据进行实证分析，表明我国的经济增长与产业结构之间存在唯一的动态均衡关系即协整关系。产业结构与经济增长之间短期波动与长期均衡关系存在于根据协整方程建立的向量误差修正模型中，表明我国产业结构的高级化进程并不是由于经济的高速增长带来的。验证了配第—克拉克定律的正确性，却否定了库兹涅茨的收入决定论，至少在我国，产业结构的演进是经济增长的原因而不是相反。

叶依广（2003）运用Caldor模型分析了我国东、中、西工业部门增长效应的差异，他从模型中得出我国工业部门的边际生产率在考察期是非工业部门的4.03倍，东、中、西工业部门的边际生产率分别是相应非工业部门的4.7倍、2.2倍和3.8倍，他的结论是，工业对国民经济有强大的作用，工业部门的生产率高于非工业部门的生产率，因此将更多的资本资源配置到工业部门，有利于提高整个经济的生产率水平，有利于经济持续快速发展。

另外，还有其他学者对产业结构变动与经济增长之间的关系进行了实证研究。郭金龙和张许颖（1998）通过总增长和部门之间增长关系的分析，得出总增长率同部门增长率之间存在一定的关系。他采用钱纳里的回归模型，对我国经济结构变动所带来的整体收益对经济增长的影响进行了分析，发现结构变动以及结构变动伴随的资源配置对经济增长的作用是巨大的。余江（2008）通过计量模型，计算出1986~2003年中国的技术进步和产业结构变动都通过能源消费影响经济增长，其中技术进步对经济增长的推动作用占绝对优势，而结构变动对经济增长的促进作用相对较小。但是从变动趋势看，技术进步对经济增长的影响越来越小，而结构变动的影响越来越大，并且这种趋势在1999年后变得更加明显。

除此之外，国内学者也从外商直接投资对中国经济增长、技术进步和产业结构升级等方面所作出的贡献的角度，提出外商直接投资不仅推动中国经济的持续增长，而且改变着中国经济增长的方式和推进产业结构升级（江小涓，2002）。在分析决定产业结构优化程度的主要因素和影响机制方面，党耀国（2004）提出"最优强度轨道"就是能够使经济系统快速增长的产业结构。国家或地区经济增长过程在一定程度上就是产业结构由无序到有序的过程。

三、产业结构变动和经济增长关系的测度方法及其实证分析

总结现有文献关于产业结构变动对经济增长的主要影响的测度方法主要有以下几个方面。

（一）利用生产函数来进行测算

刘满凤和胡大立（2000）用索洛生产函数刻画产业结构调整以及资源配置不断优化所产生的经济效果，是衡量经济增长质量的一个重要指标。笔者利用该模型进行实证分析。但事实上，实际应用很困难。

曹斌和李国平（2005）采用柯布—道格拉斯生产函数导出增长速度方程并加以适当变形，认为经济系统的总要素生产率增长率可以被分解成三个部分：第一部分为各行业总要素生产率增长率的加权和；第二部分是资本和劳动投入在各行业中比例变化对总要素生产率增长率的影响；第三部分表示各行业产出占总产出比重的变化对总要素生产增长率的影响。这样就可以比较方便地分析结构调整对经济增长的影响。他利用1980~2000年中国农村产出及要素配置结构数据，经过模型的估计与分析得出：农村产业结构的变化对于农村经济活动效率的提高起着非常重要的作用。而要素结构的变化对总要素生产率增长率的作用在初期（1980~1988年）更为突出，而后期（1989~2000年）其相对份额有下降趋势，这表明随着农村生产要素的结构性流动，报酬递减规律开始发生作用。

汪红丽（2002）也采用了规模报酬不变的柯布—道格拉斯生产函数，用第三产业人口比重、基础设施投资占固定资产投资的比重、上海城市居民的恩格尔系数探讨了上海经济结构变化对经济增长的贡献。研究表明，第三产业就业人口

比重每增加1%，资本产出的弹性将上升 1.21×10^{-2} 个百分点，生产规模将扩大 0.92×10^{-2} 个百分点，即第三产业比重的上升将有利于资本效率的提高和生产规模的扩大。

褚保金（2002）年利用索洛"余值法"，在技术进步中性的假设下，计算出劳动、资本和综合要素生产率的贡献率，然后将综合要素生产率贡献率分解为技术进步和产业结构等多种因素来量化产业结构变动对经济增长的贡献，并以江苏为例进行了实证研究。

赵卓等（2003）应用灰色理论建立 GM（1,3）产业灰色模型，其形式上表明的是各次产业 GDP 增长指数与资本、劳动投入的关系，因此将其划入生产函数法。作者应用该模型研究了鸡西市投资与劳动对各次产业经济增长的贡献。由所建立的鸡西市三次产业的 GM（1,3）模型可以看出：第一产业增长指数与资本投入关系最密切，投资对指数增长的贡献比第二、第三产业都大，第一产业的投入应加强。第三产业从业人员所占比例与指数增长的关系比第一、第二产业密切，从业人员所占比例对指数增长的贡献比第一、第二产业都大，鸡西市从业人员流动趋势应面向第三产业领域，所以政府应制定合理有效的产业政策以促进第三产业快速发展。

（二）利用投入产出法来测算

投入产出这种方法是瓦西里·列昂惕夫（Wsassily Leontief）首创的对产业之间在生产、交换、分配上发生的关联进行分析研究的一种方法。这种方法能揭示国民经济部门的比例关系及这种比例关系特征，进而为经济预测和经济计划服务。投入产出法的理论基础是瓦尔拉（L. Walrus）的"一般均衡理论"。有些学者还认为其理论渊源可追溯到魁奈（F. Quesnay）的经济表。

投入产出表是投入产出法的核心，一个投入产出表反映了在一定时期内（如一年），所有的货物和服务在各个部门之间的流量。投入产出模型是在投入产出表的基础上假定产出与投入之间保持固定比例关系而得出的，它一般有两种方程式：物质平衡方程式和价格方程式。一般地说，投入产出表推导出的产业结构调整对经济增长的测算模型，相对于利用生产函数来进行测算是比较准确的并客观反映了产业结构变化所带来的经济增长。它没有所谓的各种假设，只要投入产出表的数据准确、可靠，那么依据该模型计算的结果也就准确可靠。而且，由投入产出表推导出的测算模型，它只需要各部门投入（T_i）和产出（G_i）两种数据，而且投入（T_i）、产出（G_i）都很确定，即总投入＝中间投入+固定资产折旧，总产出＝中间产出+最终产出。这些数据在现成的投入产出表中就可以得到，所以样本数据的可得性好，但这种方法需要研究地区的投入产出表。

刘满凤和胡大立（2000）建立了从投入产出角度测算产业结构变化所带来的经济增长模型。钟学义（1997）从产业关联的角度，用投入产出法来研究产业结构变动与经济增长的关系，但都未进行实证研究。袁建文（2003）利用广东省部分年份的投入产出表计算了1987~1990年、1990~1992年、1992~1995年、1995~1997年和1997~2000年产业结构变动对经济增长的贡献占GDP增长的份额分别为12.67%、8.08%、4.36%、4.33%和3.86%，可以看出1987~1992年产业结构变动对经济增长的贡献率在10%左右，1992~2000年则在4%左右。

（三）灰色系统理论

灰色系统理论是华中理工大学邓聚龙教授于1982年首先提出的。该理论经过20多年的发展完善已经被广泛地应用于经济、社会等各个领域。实证研究一般取某一地区各年GDP为参考序列（母序列），各次产业各年产值为比较序列（子序列），分别计算两者的灰色关联度，研究产业结构对经济增长的影响，灰色系统理论发展较快，是因为灰色系统理论在应用时相对其他理论比较简单，仅套一下公式，不需要过多的理论基础，特别是灰色系统理论中的关联度分析方法，由于对样本量的多少没有过分要求，也不需要典型的分布规律，计算量小，因此应用得更加广泛。

如吴先华等（2001）用灰色关联理论，对武汉市（1978~1999年）进行了实证分析，研究表明：改革开放以来，武汉市的第二产业发展对GDP的增长影响最大，其次为第三产业，最后为第一产业。从几个时间段上的分析结果表明，改革开放以来，随着产业结构的变动，各产业对GDP增长的影响程度也在变化。第一产业对GDP的影响基本不变，第二产业对GDP的影响仍然最大，第三产业对GDP的影响则呈逐步上升趋势。胡燕（2005）、张锦文（2006）和陆远权（2007）等分别采用灰色关联方法对深圳市、我国西部地区和重庆市的产业结构变动与经济增长的关系进行了研究，与吴先华等相比，他们三人都首先利用该方法进行了产业结构变动的关联度分析，然后引入了经济增长的部门分析模型，计算了各次产业对经济增长的贡献率，得到了比较理想的效果。但是，灰色关联度分析还存在一些缺陷，在实际应用时，应谨慎使用，否则容易产生错误的分析判断。

(四) 偏离—份额分析方法

偏离—份额分析法 (Shift-Share-Analysis, 简称 SS 分析法), 是由美国经济学家 D. B. 克雷默于 1942 年首先提出, 后经过 E. S. 邓恩和 A. M. 胡佛发展, 现已成为在国际学术界通用的用于分析区域发展差距变动决定因素的基本方法 (崔功豪, 1999)。其基本思路是将被研究区域的增长与标准区域 (通常指一个国家或一个省) 的增长联系起来比较, 认为区域经济增长的差异可以从产业结构因素和区位因素 (竞争因素) 两个方面进行分解解释。

在产业结构对经济增长影响方面, 由于一个地区经济增长率为地区内各产业部门增长率的加权平均数, 而不同产业部门具有不同的技术特征、供求弹性和生产率增长速度, 因此, 各部门经济增长率存在很大的差异。若一个地区的产业结构以快速增长的部门为主, 则会对该区域经济增长产生重大的推进作用, 并使该地区的增长率快于全国 (省) 的平均水平, 则称该地区的产业结构为 "有利于增长的结构", 反之, 则属于 "不利于增长的结构", 并使该地区在增长的速度上处于劣势。

国内学者采用偏离—份额分析法对产业结构对经济增长的差异进行了大量的实证研究。如张辉鑫 (2001)、吴亚娟 (2001)、叶依广 (2002)、吴文丽 (2002)、徐梦洁 (2003)、和淑萍和吴华安 (2003)、牛美灵 (2004)、罗永乐 (2005)、杨竹莘和韩国商 (2007)、鲁奇 (2008) 等分别对福建、四川、江苏、重庆、江西、黑龙江、湖南、河南等省进行实证研究。大多是以各自省份为参照系, 以各自所辖的地市为研究对象, 即从空间的角度分析各地市的产业结构对各自区域经济增长的影响, 并进行分类。从目前所查阅的资料看只有袁晓虎 (1998) 选取了 1980~1996 年全国及江苏省的有关数据, 将研究时期分为四个阶段: 1980~1985 年、1985~1990 年、1990~1995 年、1995~1996 年, 以期使比较分析具有系统性、客观性, 更加合理。并进一步计算出江苏省各产业的明细偏离—份额分析结果, 详细了解了各产业对区域经济增长的影响。最后得到结论: 江苏经济增长并不是由于产业结构因素的带动, 而主要是区位因素所带来的竞争优势正向作用的结果。1990 年以后, 全省产业结构经过调整与升级, 结构因素对经济增长起到了较大的正向推动作用; 同时区位因素的作用进一步加强, 由此带来的竞争优势得到了很好的发挥。

(五) 从结构本身的变动情况来分析对经济增长的影响

罗默通过对经济增长的计算, 得出 "长期经济增长是由技术进步 (含经济

第二章 | 国内外相关研究进展及其理论基础

制度的变迁）贡献的，而短期经济增长是由资本和劳动等要素投入的增加所贡献的"。刘伟（2002）认为："虽然如此，然而资本、劳动和技术是在一定产业结构中组织在一起进行生产的，对于给定的资本、劳动和技术，不同的产业结构会导致不同的生产。"并根据这一结论推导出产业结构对经济增长的贡献公式，后来被多数学者采用，取得了较好的效果。刘伟（2002）、薛宁（2006）、王耀中（2003）、李继云（2005）、张国红（2004）、张海燕（2005）、刘云峰（2004）、徐宝英（2006）、曾国平（2004）、徐永良（2004）等分别对中国、江苏、湖南、云南、黑龙江、吉林、辽宁、重庆、嘉兴等进行了实证研究，得出的结论不完全一致。刘伟研究表明，在中国经济中最有效地拉动经济增长的产业，除建筑业外几乎全是第三产业部门。而在江苏、辽宁、云南、湖南、重庆、吉林、黑龙江等省市中最有效地拉动经济增长的产业均是第二产业，而安徽、嘉兴则是第一产业。

除此之外，徐衡和计志鸿（1995）提出拉力度指标：某产业的发展对国民经济发展的拉力度（%）＝某产业基期所占的比例（%）×某产业发展的相对离差（%）。

曹斌等（2006）根据我国 1980～1991 年数据，计算各产业增长对国民经济发展的拉力度。结果表明 1980～1991 年我国经济发展中，第二产业发挥了主导作用，其次是第三产业，再次是第一产业。

徐冬林（2004）也从结构本身的角度出发，构建以下模型，用来表示 GDP 的增长率，则 $R = \sum_{i=1}^{n} a_i r_i$，其中，$a_i$ 为 i 产业或部门在总产业或总部门中的构成，r_i 为产业或部门增长率。该式表明总产出（GDP）或总部门增长率的高低取决于两方面：一方面是各产业（或部门）增长率的高低，另一方面是各产业（或部门）产值的构成水平。一般来讲，总产出（GDP）（或总部门）增长越快，则在总产出（GDP）（或总部门）中构成高的产业（或部门）对总产出（GDP）或总部门的拉动作用越大。实证研究中，既可研究按一、二、三产业划分的各产业对经济增长的影响，也可研究按其他标准划分的各产业部门对经济增长的影响，如传统产业、高新产业、工业分行业等。徐冬林（2004）采用上述形式的回归方程对我国 1978～2002 年产业结构变化状况和产业结构变化趋势进行定量分析，研究表明：1978～2002 年期间，我国的经济增长贡献最大的是第二产业，1978～2002 年三次产业结构位次实现了由"二、一、三"向"二、三、一"的转变，三次产业是按照符合规律的方向变动的。王琴英（2001）基于上述模型采用北京地区 1978～1999 年的数据进行回归，得到结论：北京经济增长波动因素中，第二产业的作用力最大,第一产业波动的作用力影响时间最长,第三产业对经济增长的影响作用在增大。

除此之外,学者们采用协整、格兰杰因果检验方法对我国经济周期波动与产业结构变动的关系进行实证研究,得出中国周期波动是产业结构变动的显著原因,而产业结构变动也是经济周期波动的显著原因,二者存在双向影响的Granger因果关系。

四、学者们对山东省产业结构变动与经济增长关系的相关研究

改革开放以来,山东省经济获得快速发展,产业结构不断优化,国内学者进行了大量的相关研究,研究领域主要集中在以下两个方面。

(一) 产业结构演变及其特征研究

黄瑞宝(2004)依据国际通用的工业化进程判断标准,对山东省经济发展阶段进行了研究,目前山东省正处于由工业化加速发展向工业化稳定增长的转型时期。在现阶段山东省工业化存在着城镇化水平低、第三产业不发达、农村剩余劳动力转移困难和工业产业竞争力低下等突出的问题。并提出为加快山东省工业化进程,应不断提升城市规模结构、大力发展第三产业、加大教育投入不断提高劳动者素质,走可持续发展的新型工业化道路。

张玉明(2006)在系统分析山东省产业结构演变分析的基础上,指出山东省产业结构日趋合理,目前还处于"二、三、一"产值结构,第二产业占主导地位。但第一产业仍占较大比重,结构整体协调性差,高新技术比重依然较小,第三产业发展缓慢。

陈秀洁(2002)运用纵向与横向比较方法,从三次产业、农业和农村产业、工业等三个方面,探讨了山东省产业结构现状特点及其演化过程,指出山东省产业结构产值比重处于二产>三产>一产,即典型工业化阶段,演化过程符合产业结构演化的一般规律;目前,山东省农业仍以种植业为主,地区差异较明显,是"东渔西牧"、"东工西农"的农村经济区域格局;并将39个工业部门进行分类,指出山东工业结构既具重型化特点,也存在由轻纺型向重化型和由重化型向深加工型过渡的特点。

任建兰(2001)对1985~1995年山东省工业内部结构变动进行了研究,研究表明:从轻重工业结构变动看,山东省结构变动幅度高于全国同期水平,工业

化进程快于全国,尤其是重工业发展较快,这一现象符合我国沿海地区结构变动过程的区际差异变化。从工业部门增长和效益看,山东省工业内部结构演进还停留在规模效益上,高附加值、技术密集型产业创造的价值还没有占主导地位。

朱孔山(2005)选择了影响力系数、感应度系数、生产率上升率标准、效益比较优势、需求弹性收入系数以及区域发展前景6项指标,采用定量分析方法确定了山东省主导产业,即机械工业、化学工业、电子信息及通信设备制造、汽车制造业、建筑业,并对各主导产业的发展方向进行了分析。由于作者采用的资料较早,得出的结论与现实的山东省主导产业有较大的偏差。

(二) 产业结构变动与经济增长关系的定量研究

从掌握的文献看,对山东省产业结构与经济增长关系的定量研究并不多见。

孙希华(1996)利用1989~1993年数据,计算了第一、第二、第三产业与GDP的以及第一产业内部各产业与第一产业产值之间的灰色关联度,结果表明,三次产业的关联度排序为:第二产业>第三产业>第一产业;而第一产业内部则表现为:种植业>副业>林、牧业>渔业。但从时间序列看,时间较短。

崔玉泉(2000)利用山东省1978~1997年GDP及其各部门产值,用灰色关联度对山东省产业结构变动与经济增长关系进行分析。与孙希华研究相比,崔玉泉将1978~1997年分为三个时间段,分别计算出1978~1984年、1984~1992年、1992~1997年三个时间段三次产业的灰色关联度,第一阶段的灰色关联度为第一产业>第二产业>第三产业,而第二阶段为:第二产业>第一产业>第三产业,第三阶段为:第二产业>第三产业>第一产业,说明随着经济的发展,山东省三次产业对经济增长影响程度也在发生变化。

王慧(2001)利用主成分分析方法,计算了山东省产业结构变动的影响因素,并计算了山东省17地市产业结构变动能力,研究表明山东省产业结构变动的影响因素主要是需求因素、技术水平、经济发展速度、经济效益,其中起决定作用的是需求因素和技术水平。同时,产业结构变动能力与经济发展水平呈正相关;产业结构变动能力存在明显的地域差异,并呈东、中、西梯度递减之势;产业结构变动能力强的地区,目前产业结构较为合理。

徐延东(2003)利用投入产出法,计算了山东省六部门即农业、工业、建筑业、运输邮电业、商业饮食业和其他服务业部门的产业感应、产业影响、产业产出比重、产业直接效应和产业完全效应系数。结果显示,在六部门中,工业的产业产出比重系数最大,一般服务性产业和农业分别居第二、第三位。这一方面说明工业是山东省的支柱产业,工业的稳定增长是山东省经济保持高速发展的主要原因。另一方面也说明山东省是一个农业大省，农业是基础性产业。经济要发展，首先要保证有个稳定的社会环境，而社会要稳定就必须保证人民能吃饱穿暖，正所谓是"无粮不稳"。因此农业较大的总产出量无论是从人们的生理需要，还是从社会心理需要的角度都确保了整个国民经济系统的正常、稳定发展。

李国伟（2008）考虑到传统偏离份额法的局限性，引入时间序列数据分析，运用偏离份额法的动态模型，对山东省 2001~2006 年 17 地市的产业结构与区域经济增长之间的关系进行了实证分析。研究表明，山东省各地市产业结构对经济增长贡献情况的区域差异较大，东部地区产业结构明显优于西部地区。同时也可以看到山东省在缩小区域经济增长差距上所作的努力，西部欠发达地区的竞争力因素均在经济增长中呈现出了较大的推动作用，地区 GDP 增长率高于全省平均增长率，经济呈现出良好态势，这在很大程度上是政策倾斜的效果。但不容忽视的是，产业结构不合理现象依然非常严重，进一步深化产业结构调整仍是当前最迫切的任务。

五、国内研究存在的问题及其展望

经济增长与产业结构变动理论是经济学研究的重要组成部分。西方经济学家们在研究经济增长理论时，不仅注意寻求影响经济增长的因素，还力图测量出各种要素的相对重要性，诸如索洛和丹尼森都明确认为技术变革起着支配作用。斯蒂格里茨在指出引起生产率变化的四个要素时也明确指出，技术变革是生产率增长的源泉。因此，经济增长建立在技术进步基础之上，是集约型经济增长方式的主要特征，也是经济长期稳定增长的可靠保证，这一观点已经被世人所接受。

西方经济学家在研究产业变动与经济增长关系中，首先关注产业结构怎样变动（变动形态），其次是产业结构为什么会变动（变动原因），再次是产业结构变动的结果是什么（其中最重要的就是影响经济增长）。因此西方学者对产业结构变化与经济增长之间关系的研究并非是纯理论性的，而是带有经验总结性质的。虽然大多数学者的研究结果表明：经济增长与产业结构之间存在密切关系，但是对产业结构如何转变，又在多大程度上影响经济增长意见不一。

改革开放以来，中国经济增长的成就举世瞩目，从而也为经济增长理论研究提供了丰富的素材和全新的课题。因此学者们进行了大量的研究，这对我国研究经济增长现实，解释我国经济增长源泉富有启发意义。不难理解，国外的研究大多是针对西方国家特别是工业化国家，我国改革开放已经三十年，但仍处在由计划经济向社会主义市场经济过度的转型时期，经济体制转型和经济高速增长同时并存。因此，我国经济增长仍属于政府推动型的，只不过是经济增长的主体已不是中央政府而是各级地方政府，但各地政府为了缓解本地的就业压力，改善人民生活，增加财政收入，表现干部政绩等目标的实现，往往把高速增长作为自己的唯一目标，从而从给国民经济运行带来了各种矛盾和摩擦，如经济过热、污染环境和地区发展差距过大等，因此学者对我国的经济增长研究的结论与西方学者对西方国家的研究有所不同。研究方法与国外学者的研究方法基本相似，没有更多的创新。

伴随着经济的快速发展，国内学者对产业结构变动与经济增长之间的关系进行了大量的实证研究，得出了一些结论，而且涉及面也较宽。然而，面对经济全球化、贸易投资一体化、知识经济和国际产业转移的这一背景，把中国产业结构变动置于经济开放条件下的研究刚刚起步，在已出版的文献中仍较少见。研究方法大多采用回归分析方法，定量探讨产业结构变动与经济增长关系的新模型尚未多见，因此如何构建合理的模型来分析产业结构变动与经济增长之间的关系，创新原有的研究方法，是下一步研究的重点。

第三章 产业结构变动与经济增长关系的系统分析

第一节 区域经济增长的机制及其影响因素

新古典增长理论、"新"增长理论、结构主义发展理论及其制度变迁理论都对经济增长的源泉及内生机制进行了分析。新古典主义在完全竞争均衡的条件下,把国民生产总值的增长看做是资本积累、劳动力增加和技术进步的长期结果,但没有对技术进步产生的原因做出满意的解释。以研究内生技术进步为核心的"新"增长理论,通过建立以人力资本为核心的技术进步方程,成功地解释了经济增长的内生机制,发现人力资本的规模、生产效率是经济增长的关键因素(Barro and Martin,1995)。结构主义发展理论针对新古典增长理论和"新"增长理论所忽略的结构因素,将需求结构变量以及劳动力结构变量引入多部门模型,发现需求结构、产业结构与经济增长处于相互牵制、相互关联与相互作用的反馈系统中(周振华,1996)。制度学派对经济增长则提出了全新的观点,认为资本积累、技术进步等因素与其说是经济增长的原因,倒不如说是经济增长的本身,经济增长的根本原因是制度的变迁,一种提供适当个人刺激的有效产权制度是促进经济增长的决定因素。

区域经济增长是多种影响因素相互作用的过程。传统的主流经济学主要关注引发区域经济增长的要素,包括资本、劳动力和技术进步,只要有生产要素的投入,一个地区的经济就能够增长,这也是区域经济增长的必要条件。但是,一切与区域经济相关联的条件和环境都可能会影响区域经济的增长。这里,我们将区域经济增长的因素分为四类:一是直接进入生产活动的,即投入的生产要素,包括资本、劳动力、技术进步和资源等;二是区位条件;三是区域的投资环境;四是区域的外部环境。

一、生产要素投入

区域经济增长所需要的投入大致可以分为自然资源和社会经济资源两大类。自然资源包括各种矿产资源、土地资源、水资源等；社会经济资源则包括劳动力、资本投入和技术进步，它们共同构成了区域经济增长的基础。

（一）自然资源

自然资源是区域经济增长的基本条件。区域经济发展的主要活动就是开发和利用区域内的自然资源，自然资源的种类和数量奠定了区域内相关经济活动的规模与效益，区域自然资源的禀赋与区域经济活动的规模和效益密切相关。区域自然资源条件好，组合状况理想，区域就具备经济增长的自然资源优势，增长的潜力也就越大。

（二）劳动力

劳动力对区域经济增长的作用是不言而喻的。劳动力是数量和质量的统一，因此，劳动力这一概念中实际包括劳动力的数量与劳动力的知识、技能和身体素质。一个高素质的劳动力相当于多个低素质的劳动力，劳动力数量的不足可以通过提高劳动力的质量弥补。

（三）资本投入

资本可以分为实物资本和人力资本。实物资本又称为有形资本，指设备、厂房、存货等的存量；人力资本又称为无形资本，指体现在劳动者身上的投资，如劳动者的文化技术、健康状况等。在现代经济增长中，实物资本的增加一般要大于劳动力的增加，从而每个劳动力所拥有的资本量，即人均资本量是增加的。在经济增长的初始阶段，资本量的增加是十分重要的，因此，许多学者都把资本积累占国民收入的10%~15%作为经济起飞的先决条件。而在区域经济增长的后期阶段，资本的相对作用下降了。

（四）技术进步

技术进步体现在生产率的提高上，即相同的生产要素投入能够提供更多的产出。技术进步包括以下几方面的内容：①知识的进展，即知识的增加所产生的发明与创造对增长的作用。②资源的重新配置，劳动力和资本从效率低的部门转移到效率高的部门。③规模经济，扩大地区或企业的经济规模所引发的经济效益，即大规模生产的经济效益。④管理水平的提高，即地方政府和企业管理水平提高所带来的经济效益。如前所述，技术进步是经济增长的必要条件，而且，随着区域经济的发展，技术进步在经济增长中的作用将越来越显著。

二、区位条件

区位是指区域、产业、企业等经济体在地理空间中的位置。由于社会经济活动的相互依存性、资源空间分布的非均匀性和分工与交易的地域性特点，处于各个空间位置的区域具有不同的成本约束、市场约束、资源约束、技术约束，从而具有不同的经济利益，进而影响区域经济增长的可能性和潜力。不同的区域拥有不同的区位条件，其发展条件和潜力也存在差异。另外，区位条件也大致决定了该区域在国家内经济发展格局中的地位。实践证明，区域在全国经济发展格局中所处的位置不同，所得到的外部发展机会也不同，国家对其政策支持和直接投入也会存在差异，因而对区域经济增长的推动作用也不同。

我们也应注意到，区位条件本身也在不断变化之中。一方面，可以充分利用良好的区位条件促进本区域经济增长；另一方面，还可以通过改善交通、通信等基础设施条件，创造良好的投资环境来改善区位条件，使其朝着有利于区域经济增长的方向转变。

三、区域投资环境

区域投资环境包括投资的硬件环境和软件环境，它是影响区域经济增长的重要因素。良好的投资软硬件环境将有利于吸引外部投资，从而促进区域经济增长。投资的硬件环境主要包括交通、通信、电力等基础设施的状况。投资的软件环境主要包括经济体制、政府的宏观调控能力、经济结构以及社会环境四个方面。

（一）经济体制

经济体制决定了区域经济运行的机制，决定了资源配置的方式和效率。

1978年之后，中国区域经济发展的历程表明，经济体制的改革和制度创新对区域经济发展产生了巨大的影响。尤其是东部沿海地区，大胆地进行制度创新，实行体制变革，解放了生产力，促进了本地区经济的快速增长。

(二) 政府的宏观调控能力

中央政府是区域政策的制定者，它可以通过不同的区域政策，调控生产力的空间布局，维护区域经济运行秩序，调整区际经济关系，建立统一的市场体系，从而达到区域发展中公平与效率的统一。因此，中央政府实行不同的区域政策，特别是采取不同的区域发展战略，将深深地影响到资源的空间配置和区域经济增长。我们看到，改革开放之后，中央政府实行了沿海地区优先发展战略，这也为沿海地区的迅速发展提供了催化剂。

(三) 经济结构

经济结构主要包括产业结构和空间结构，决定了区域资源配置的基本模式，经济结构的优劣将影响到区域资源配置的高低。如果一个区域拥有符合经济发展趋势且有优势资源作支撑的主导产业，拥有产业之间紧密联系的产业结构，拥有强大增长中心为空间组织核心，以及各产业合理布局的空间结构，就能够实现本区域经济的快速增长。

(四) 社会环境

社会环境包括社会传统、价值理念、行为方式、文明程度等因素，这些因素对区域经济增长的影响越来越受到重视，实际上它们已成为区域发展的基本要素。这些要素，再加上区域的人力资本和政治经济制度就构成了阿布拉莫维茨所说的"社会能力"。良好的社会环境，将有利于吸纳区外的资源，鼓励制度和技术创新，提高劳动生产率，促进本区域的经济增长。在中国高速发展的地区中，温州独特的文化传统和价值理念对其自身发展曾产生过重大影响。

四、区域外部环境

任何区域都将处于一个开放的经济体系中，其经济增长必然受到外部环境的影响。一般来说，影响区域经济增长的外部环境有以下两个方面：区际经济关系和国际经济背景。

(一) 区际经济关系

区际经济关系对区域经济增长具有较大的影响。具体地说，如果区域之间相互开放市场，积极开展经济合作，实现要素和商品的区际自由流动，区域就能在其他区域的经济交往中获得更多的发展机会,从而实现区域内资源的优化配置,发挥自己的优势,提高自身的经济竞争力,扩大对外商品输出,从而促进区域经济快速增长;如果区际经济关系紧张,摩擦不断,区域经济增长也会因此受到影响。

(二) 国际经济背景

国际经济背景对不同的区域经济增长的影响也不同。一般情况下,对外开放的程度越高、与国际经济联系越紧密的区域,国际经济形势变化对其经济增长的影响越大。由于区域在引进外资和技术、进出口贸易等方面都与国际经济形势紧密联系,因此国际经济形势越好,区域就有可能获得更多的发展机会,就越能促进区域经济的增长;反之,国际经济形势低迷,也会使区域经济发展受到牵连。而对外开放程度低的区域,国际经济形势变动对其影响较小,其从外部得到的发展机会也少。

第二节 产业结构变动的机制及其影响因素

一般而言,在经济增长过程中,引起产业结构变动的因素很多,其中经常的、起着制约作用的因素包括:环境因素、人口因素、技术进步因素、消费结构因素、经济发展因素等。这些影响产业结构变动的诸因素一般都是通过需求和供给发生作用的。例如,资源是典型的供给要素,其充裕程度直接关系到经济增长速度和产业结构变动,人口不仅作为劳动力资源从供给方面影响产业结构变动,而且作为消费者又从需求方面对产业结构变动发生重大影响,技术进步除了直接从供给方面发生重要作用外,又在科技日益进步的条件下不断提高生活质量,从而又间接地从需求方面拉动产业结构变动;经济政策是一个外生因素,它可能间接地调节需求和供给状况,从而从两方面对产业结构变动发生影响,等等。归纳起来,产业结构变动不外乎是需求变化和市场供给条件变动引起的,主要包含下列四个因素。

一、需求的变动

人的需求是无限和多样的,但它总是与一定的收入水平相适应,在一定的收入水平之下,可支配收入总是与有支付能力的需求存在某种函数关系。当收入水平较低时,人们自然将有限的收入先用于解决温饱问题。随着经济发展和收入水平的提高，人们便有可能将增加的收入用来满足更高层次需要，即恩格斯所说的第二层次"享受需要"和第三层次的"发展需要"。因此，现实的需求结构是随着收入水平的提高而不断变化，并且在满足基本生活需要的基础上逐步向更高层次的需求转移的。从这里明显地看到需求结构变化与产业结构变动的关联性。

在工业化刚刚起步的低收入阶段，人们的需要主要是解决温饱问题，对农业和轻纺工业产品需求最大。同时，由于人均产值低，因此也无力发展资本有机构成高的产业。因而当时在产业结构中农业和轻纺工业占较大份额，成为该时期占主导地位的产业，随着工业化的进行，人均产值和收入水平提高，人们的需求在基本解决温饱之后，便向"享受需要"层次过渡，尤其对耐用消费品的需求迅速增长，从而拉动以耐用消费品生产为中心的基础工业和重加工工业发展，推进产业结构从以农业、轻纺工业为重心向以基础工业、重加工工业为重心转换。当然，这种产业结构的重大转换，没有轻工业的充分发展和农业劳动生产率的大幅度提高是不可能的。在实现工业化，进入人均产值和人均收入水平更高的阶段后，由于物产相当丰富，人们的需要又进一步向"发展需要"层次过渡，物质生活和精神生活的要求都大大提高，在满足多样、新颖、高质量物质产品需求的同时，在社会分工日益深化下，现代服务性产业又成为人们需求的重心，以信息咨询业为中心的高科技产业，又逐步取代重加工工业的主导地位，这就实现了产业结构的又一次重大转换。

二、供给结构变动

供给方面的因素，一般指作为生产要素的劳动力、资本和自然资源等状况。它们的供给程度和相结合的效益如何，能否提高劳动生产率和降低成本等，都关系到该产业的发展。因此，供给因素的变动必然导致产业结构的变动。

在一定的需求水平下，供给方面的变化主要是技术进步和市场竞争引起的。技术进步会出现新的生产工具、新的生产工艺和新的材料，以至大幅度提高现有生产的劳动生产率，降低有关资源（资本、劳动力、原料等）的消耗水平，从而导致现有生产相对成本下降。另外，由于技术进步会开发新的产品，形成新兴产业，在市场经济中，相对成本低的产业会有更强的竞争能力，吸引资源向该产业部门流动，使其获得迅速扩大，从而推动产业结构变动。这时，新兴部门由于自身潜力或在政府扶植下，总会在市场上赢得一席之地，这也必然引起产业结构的变动。

三、外贸影响

随着经济全球化的发展，一国经济与世界其他国家的经济交往活动越来越频繁，这种经济交往给该国产业结构带来越来越重要的影响。

（一）进出口贸易

这是来自外部需求和供给两方面影响产业结构变动的因素。一般地说，各国间产品生产相对优势的变化会引起各国进出口结构的变动，从而影响其产业结构的变动。社会分工打破了国家界限，导致国与国在资源、产品、劳务等方面的交换，即产生了进出口贸易。进出口贸易有利于各国发挥自己的比较优势，获得比较利益，同时对产业结构也产生了影响。各国产品生产的相对优势往往是建立在该国生产要素的丰裕赋存的基础上，如某些自然资源、人力资源等。在一定时期内，由于某些生产要素价格和投入费用低，从而能在国际贸易中获得比较利益。这种建立在生产要素赋存优势基础上的国际贸易，必将导致出口国家产业结构变动对需求国家产业结构发生影响。其具体情况可归纳为以下两种。

1. 一般在国内开发的新产品，先是依靠国内市场促其发展并形成规模

国内开发的新产品首先是依靠国内市场并促其发展，一旦国内市场趋于饱和，便尽力向国际市场寻找出路，实行产品出口。国外市场的形成，又进一步推动技术出口和资本输出。当国外生产能力形成之后，又在先进技术的基础上，以更低的价格将产品返销回国内，满足国内需求。因而促使国内该种生产萎缩。这时，该资产便流向其他新产品的开发或国内需求大而生产尚不足的产业。这是当今多数经济发达国家所采取的方式，经过如此周而复始的良性循环，不断地推动国内产业结构的演进。

2. 一般后起的国家开始实行"进口替代"政策

借助进口产品来开拓国内市场，诱发该产业的成长。当该产业发展到一定程度，利用规模经济和依靠本国资源赋存优势（如劳动力资源），可使生产成本显著下降，形成比较利益，开始打入国际市场。随着该产品的国际市场的形成，需求扩大，从而促使国内产业结构变动。

（二）国际技术转移

国际技术转移是指通过各种方式使生产技术、技术诀窍等在各国之间流动和转让。成套设备、自动流水线及先进技术的引进，不仅使进口国相关产业的技术水平有较大的提高，而且可以促进引进国新兴幼稚产业的快速成长，从而影响产业结构的变迁。例如，第二次世界大战后的日本之所以经济能迅速起飞，一个极其重要的成功经验是博采众长，引进了欧美国家的先进技术，并加以消化、创新，从而加速了产业结构高度化演化的进程和工业化步伐。改革开放后的中国也通过对大量先进、实用技术的引进，改造传统产业，促进了一些新型产业的发展，使产业结构向合理化和高度化方向发展。

四、体制安排

现实中，各国产业结构的演进升级过程，不但是其产业结构本身遵循一定规律自发演进的过程，而且是经济体制等外在作用机制因素对其自觉调整的过程。从世界经济发展史的历史经验来看，经济体制和产业政策对推动后起国家的产业结构升级具有非常重要的意义。在市场经济体制下，根据政府制定的中长期社会经济发展计划，在市场调节的基础上，利用经济政策手段进行调控，推动结构合理调整，实现经济快速增长。可见，经济政策是直接和间接引起产业结构变动的一个重要因素。

资源配置方式的核心意义在于价格调节机制对要素转移和重组是否具有充分弹性，资源配置主体如何在动态过程中保证资源配置的微观有效性与宏观有效性的相对一致。完全市场体制下的充分价格弹性把结构变动的微观过程和宏观目标简化为市场变量本身相互传导的过程及客观结果。政策在宏观领域对结构变动的诱导和调节只具有随机性。在价格完全失去弹性的计划体制下，资源配置由中央和地方根据目标和计划参数，以指令性调配和超经济强制方式完成，结构变动和政府的计划调整在时序上高度相关，需求是供给的函数。计划经济体制下资源配置方式及其派生的行为机制，从理论上说是微观变量和宏观变量按计划目标和市场规则的要求反馈式传导，达到经济增长目标与经济发展目标的统一。

在许多有关产业发展的模型中，制度被作为人为因素排除在外，即将制度视为已知的、既定的，或将制度看作"外生变量"，通过各种物质生产要素的变化去分析生产率的变化和产业发展与否（杨公朴，2002）。在新经济制度学家诺思（Douglass C. North）看来，产业革命与主导产业的更替与其说是科技创新的结果，倒不如说是制度创新的结果。制度变迁的成本与收益之比对于促进或推动制度变迁起着关键作用。只有在预期收益大于预期成本的情况下，行为主体才会去推动直至最终实现制度的变迁。例如，日本的产业政策和外向型经济的发展的成功就是由于其制度变迁的收益与成本之比较小，因而其制度的变迁比其他国家更容易进行,并且日本又充分利用了"后发优势",所以产业升级得到了迅速推进。因此制度创新是经济生活中内生变量的核心,经济生活中的一切创新,都要依赖制度创新予以保证和推动。制度创新是区域经济增长和产业结构升级的关键因素(吕晓刚,2003)。

第三节　经济增长与产业结构变动关系的概括总结

地区经济增长是一个非线性的过程,呈现出阶段性的演进,在不同的发展阶段,产业结构将会发生不同程度的变化,产业结构体系的构成是随着经济增长而发生变化的。

经济增长与产业结构变动的互相联系、互相依存,二者之间存在着比较稳定的内在联系。从地区经济层次上看,地区产业结构演变与地区经济增长同是地区经济发展的重要侧面,经济增长从总体规模方面反映了地区经济发展的数量扩张,而结构变化则从部门组成方面反映了地区经济发展的质量演进,其实质是通过结构改善来提高产出和效益水平。二者在地区经济发展过程中密切联系、相互制约,经济增长引起产业结构变化,而产业结构变化进一步推动经济增长,因此,地区产业结构的优劣是一个地区经济发展质量和水平的重要标志,地区产业结构的转换演变决定着地区工业化、现代化的进程。

在经济发展过程中,产业结构转换是伴随总量扩张和水平提高而必然发生的一个经济过程,产业结构的转换是以产业间比较优势得以发挥为前提的、向高度化方向转换是必然趋势,这既是经济发展的结果又是经济发展的条件。

一、经济增长的实质在于产业结构高度的提升

经济增长,可以从量和质两方面来考察(刘伟,2005)。从量的方面来说,经济增长可以扼要地概括为 GDP 的逐年增长,从质的方面来说,经济增长则主要是指产业结构的演变,即产业结构高度的提升。一般来说,没有量的方面的累积,即没有经济持续的数量扩张,就不可能形成产业结构有意义的变化,但深入地看,不同国民经济之间之所以存在显著的 GDP 的差距,最根本的发展原因在于它们之间的结构差异。因为,首先,从经济史上看,经济的发达与落后,特别是对发展中国家来说,经济实质性进展均首先体现在产业结构的变化上,几乎所有表现经济发展不同阶段的范畴,都首先是结构意义上的范畴。其次,单纯的量的增长可以在短期内显著表现出来,如年度之间的高增长率,而质的变化,即结

构高度的提升却不是短期可以显现的，必须经过长期的积累。最后，对于发展中国家来说实现持续发展的真正困难不在于短期的量的扩张，而在于长期才能实现的结构演进。

我国作为经济发展中国家，在现阶段无论是从量上（以人均GDP为据），还是从质态上（以三大产业高度为据），可以说都还只是一个处于下中等收入阶段的发展中国家社会经济。如果从量上看，或许会由于汇率等真实性的问题，难以较准确地反映我国现阶段经济发展已达到的水平，但是，从质态上看，我国三大产业结构高度与当代世界各类水平国家的产业结构高度相比，最为接近的便是下中等收入发展中国家，其中尤以第一次产业就业比重极为相似，尽管结构高度也会由于受不同制度、历史、政策等方面的影响，从而可能形成游离经济发展真实水平的差异，但至少结构的比较不受包括汇率在内的价格信号扭曲的影响，同时结构中农业劳动力比重的变化更可能不受政策等非经济因素的影响，而显示出经济发展水平的真实性。

从比较经济史的角度看，以我国目前三大产业的结构状态与主要发达国家经济史进行比较，无论是结构的相似性系数（S），即结构之间的相同程度，还是从结构变化值（K），即现阶段的三大产业结构演变的速度，也就是说，无论从结构状态的静态上比较，还是从结构变化的动态上比较，我国现阶段的产业结构高度都相当于发达国家工业化加速时期的结构高度，这种经济史的纵向比较所得到的判断与当代各国横向比较所得出的结论是一致的。

我国现阶段作为经济转轨国家，转轨中的重要内容是实现发展上的工业化目标，即实现以工业化为基本内容的现代化，完成从传统经济向现代工业化社会经济的历史转变。在这一转变中，结构变化与经济增长之间有着极为特殊和深刻的联系。

首先，对于发展中国家来说，在工业化进入加速时期之后，结构变化的速度显著加快，其变化值（K）远远超出以往的平均值，因为工业化加速本身就意味着工业发展加速了整个经济结构的变化。从发达国家的经济史来看，他们也是进入工业化加速期后产业结构变化速度才显著提高。

其次，由于在工业化加速时期产业结构变化显著加快，因此使得由此发生的一系列结构性冲突在短期内迅速激化，导致社会矛盾加深，与产业结构急速变化相联系的社会阶层经济地位的急速变化，与产业结构急速变化相联系的社会收入差距的急速扩张，与产业结构急速变化相联系的结构性失业矛盾的加剧，与产业结构急速变化相联系的产业退出成本的急速增大等都会使这一时期的发展充满风险。

最后，工业化加速时期由于结构演变速度加快，因而，结构变化本身成为经济增长的动因，在很大程度上可以从产业结构高度及其变化上得到解释，而不像稳定或较稳定结构下，将结构变化作为长期累积的市场行为结果，假定在短期内不发生显著变化，进而在考察经济总量短期增长时不考虑结构变化的作用。

二、总量增长依赖于结构转换，总量增长必然导致产业结构转换

（一）经济增长在一定程度上取决于产业结构的状态

经济增长主要取决于各种资源如劳动力、资金、技术等的动员及其有效配置，而产业结构却在很大程度上决定了资源配置效果。资源配置合理，如资源配置均衡，适合国内外的需求状况，与技术发展水平相适应，就能促进和保证经济的增长。反之，经济增长必然缓慢或者不能持续稳定。在这里，结构效益特别重要。

（二）经济增长依赖于产业结构转变

经济增长是依靠具有高于平均增长率的新兴产业来支撑的，而新兴产业出现的主要原因则是技术的创新。因此，经济增长依赖于产业结构转换的这种结构效应与经济增长主要依靠技术进步的趋势是一致的。当今世界技术革命所引起的这种连续并不断加速的重大技术创新，正是我们揭示产业结构转换对经济增长的重大影响的关键。

首先，产业结构变动能够使资源得到更有效合理的配置。从社会需求结构的变动来看，当社会需求结构发生变化使供给结构不再与其吻合时，产业结构如能及时得到调整，稀缺资源在社会生产各部门各行业重新进行更有效的配置，提高单位资源的产出效益，从而能促进经济增长。从资源的供给和需求两个方面来看，在社会生产中，各个产业部门之间资源的供给条件不同，由此造成各部门生产增长对资源的依赖程度和所需资源种类也不一样。在这种状态下，如能及时调整产业结构，建立新的产业部门替代生产资源短缺的部门或提高这些部门的资源利用效率，扩大资源供给较为丰裕的产业部门的生产规模，就可以促进经济的增长。由此可见，大量资源的投入虽然是经济增长的必然条件，但其投入的效率往往在很大程度上取决于产业结构的状态。

其次，主导产业的更替是经济增长的主导力量。现代经济增长实质上是部门

的增长过程，经济增长总是先由某一产业部门率先采用先进技术开始的，主导产业部门以及主导产业部门综合体系有一个较高的增长率，并通过多种方式的影响带动整个国民经济的增长。主导产业部门是经济增长的驱动力，但它并不是一成不变的，恰恰相反，它的形成和发展以及被新的主导部门所代替的过程，是与经济增长紧密联系的。新的主导产业取代原来的主导产业，就会以更新的技术和更高的劳动生产率促进国民经济更快的增长。这正是日本数十年来保持经济持续高速增长的主要原因。

最后，社会分工和科学技术的发展引起的产业结构变动是经济增长的根本动力。随着经济的增长，产业部门不断增多，因而社会分工日益细化，产业之间的关联度日益增强，社会分工的专业化和一体化使结构效益上升到重要地位，成为现代经济增长的一个基本支撑点。科学技术的发展为各产业的增长提供了更重要的动力。新技术对产业结构发展的作用是通过两种方式进行的：一是创新技术的发展和使用导致新产业的出现和迅速增长，并向其他产业不断扩散实现经济总量的增长；二是改良技术的使用导致现有产业的改造更新和发展，从而促进资源的更有效配置，提高劳动生产率。这两种方式的合力不仅推动了宏观产业结构的变动，而且也推动了整个经济的迅速增长。

三、工业化加速时期是经济增长速度较快、产业结构和转换率最高的时期

一个国家 GDP 的高增长率，必然带来人均国民收入的高收入率，引起需求结构的高变动率，尤其是处于工业化加速时期，社会的投资将全面增加，技术变革的速度将会大大加快，新产业的成长将会加快和扩大，导致产业结构的高转换率。

在工业化的加速时期，产业结构的变动对经济增长的作用的特点表现在以下三个方面。

（一）工业化加速时期是第一次产业劳动生产率显著提高，同时第一次产业比重迅速下降的时期

从农业劳动生产率提高来看，工业化加速时期的农业劳动生产率与非农产业（如工业制造）劳动生产率的比较，即比较产业劳动生产率，显示出迅速上升的趋势，其比值从显著小于 1 逐渐向 1 接近（直到目前尚未发现有经验证明这一比值超过 1 的现象，即一国农业劳动生产率水平普遍超出工业制造业或第三产业劳

动生产率),从而为农业比重的下降创造了可能性。

从恩格尔定律到微观经济理论对农产品弹性的分析,都可以说明伴随经济发展和人们收入水平的提高,农产品支出的比重在下降,动态地说即用于农产品支出的增加速度低于收入水平提高的速度,在市场经济中相对地说农产品的市场需求比重自然就会下降,从而必然导致农业比重的下降。并且,这种下降在工业化加速的不同阶段呈现明显的加速。

(二)工业化加速时期,第二、第三产业的比重以加速度上升,但上升幅度最大的是第二产业

据库兹涅茨的分析,在工业化加速时期,特别是在人均 GDP 达到 1000 美元的过程中(按 20 世纪 50 年代美元价格),第二产业就业比重上升率为 375%,第三产业就业比重上升率为 277.8%,相差近 100 个百分点;第二产业产值比重上升率为 171%,第三产业产值比重上升率为 46%,相差 125 个百分点(刘伟,2005)。经济发达国家的经济史表明,第三产业比重及增长率超过第二产业必须在经济成长达到一定阶段之后才有可能,在工业化未完成的加速时期,尚不具备这种条件。第二产业比重上升趋势的停滞并转而下降,存在一个经济发展过程的结构变化临界区间,从就业结构上看,世界主要发达国家历史上是在第二产业就业比重达到 37%~50% 之后(英国 1881 年 50%,美国 1958 年 37%,日本 1971 年 37%)才开始陆续出现第二产业就业比重下降的趋势;从产值结构上看,日本是从 1971 年起,美国是自 1889 年起开始下降,但以后又出现波动,直到 1955 年之后才呈现出稳定下降的趋势,英、法则是自 20 世纪初开始,第二产业产值比重出现停滞、下降的迹象,并且下降的速度直到现在也都很低。世界银行的分析资料表明,以人均国民生产总值为标志,在 20 世纪 50 年代以 1000 美元为标志界限值,70 年代以 3000 美元为标志界限值,80 年代以 7000 美元为标志界限值,工业比重才开始呈现出由上升到下降的变化状态。

(三)在工业化加速时期产业结构变化对经济增长的作用上,工业制造业比重的上升对经济增长的作用程度最强

库兹涅茨曾通过分析工业化加速时期(70~1000 美元/20 世纪 50 年代价格)的不同产业部门反应弹性值来考察不同产业部门在一定的增长率下对经济增长的拉动作用程度,部门反应弹性值表示的是与人均国民生产总值增长率变动相联系的某个部门产值变动的百分比,某一部门的反应弹性值越大,表明该部门对整个国民经济增长的作用程度越强。研究发现在工业化加速时期,工业制造业

部门反应弹性值最大,为1.38,服务业次之,为1.11,农业最低,为0.44。在库兹涅茨横截面的比较静态的考察基础上,钱纳里等进一步计算了各产业部门贡献的平均值,并将其引入经济发展的动态过程,得出结构变化的动态模型。分析表明,在经济发展的三个阶段中,第一阶段,经济增长主要是依靠扩大要素投入量,全要素生产率增长的贡献低于投入量的贡献,大量低效率使用的劳动力滞留于农业,资本、技术、劳动力还不可能大规模地向非农产业转移。在第二阶段(人均GDP 400~2100美元/20世纪70年代),经济增长主要由急速扩张的工业制造业拉动,农业的贡献逐渐降低,服务业对经济增长的贡献也逐渐出现停顿并稍趋下降(人均GDP达到560美元之后);在实现经济增长的方式上,全要素生产率投入量增长对经济增长的贡献趋于下降。第三阶段进入后工业化时代,工业制造业对经济增长的贡献由于其产品的需求弹性降低等多种原因而趋于下降,初级产品生产部门的贡献进入相对稳定状态,后工业化时代的新兴产业,尤其是现代第三产业的贡献越来越显著。

第四节 产业结构变动与经济增长的国际、国内比较

由于各国经济发展的时间、内外环境和基础条件的不同,各国产业结构演进的具体过程存在着差异性。以美国为代表的发达市场经济国家产业结构升级的一般规律,以日本、韩国为代表的通过出口导向战略崛起的新兴工业化国家和地区的产业结构升级的不同路径和绩效,为我们提供了有益的启示。

一、美国产业结构演变的一般模式及启示

(一) 美国产业结构的演变过程

美国建国200多年来,产业结构发生多次重大变化。美国的产业结构演变大致经历了以下五个阶段。

1. 农业占主导阶段(或称工业化前期)

这一阶段的时间跨度,大致从美国建国(1776年)到1884年。1776年美利坚合众国的诞生标志着其独立发展道路的开始。当时的美国完全是一个农业国家,1799年的第一产业比重达40%,见表3-1,只有少量家庭手工业,工业品完全依靠从欧洲进口。1812~1814年的第二次独立战争,工业品的进口途径被切断,美国不得不从这时起逐步建立自己的工业,首先是棉纺织业,再逐步发展制

铁业、食品加工业、木材业和机器制造业等。1861~1865年的南北战争以后，美国的工业迅速发展，先后在全国范围内完成了产业革命，由农业国开始向工业国过渡。1884年美国的工业生产比重已超过农业，达到51.95%。

表3-1 美国工业化进程中的三次产业结构变化规律 （单位:%）

年份	第一产业	第二产业	第三产业	年份	第一产业	第二产业	第三产业
1799	40	13	47	1945	8	32	60
1819	34	14	52	1950	7.4	38	54.6
1839	35	15	50	1955	4.9	38.6	56.5
1849	40	18	42	1960	4.1	35.9	60
1859	41	16	43	1970	3	35	62
1869	34	22	44	1980	2.6	33.4	64
1879	30	20	50	1985	2.1	31.1	66.8
1889	26	24	50	1990	2.1	28	69.9
1900	28	25	47	1995	1.5	25.7	72.8
1920	21	32	47	1996	1.7	25.4	72.9
1930	8.2	30.4	61.4	1997	1.7	25	73.3
1935	11	27.7	61.3	2000	1.6	24.4	74
1940	7.2	32.8	60	2001	2	23	75

资料来源：吴敬琏.2005.中国经济增长模式的抉择.上海：远东出版社；中国社会科学院世界经济与政治研究所.1962.主要资本主义国家经济统计集（1848-1960）.北京：世界知识出版社；王斌.2001.国际区域产业结构分析导论.北京：人民出版社；世界银行.1997~2005.世界发展报告

2. 工业化早期阶段

这个时期的时间跨度，大致从19世纪末到20世纪初的第二次产业革命，大约40年的时间。1900年第一产业下降到28%左右，第二产业上到25%左右，第三产业所占比重达47%。

3. 工业化阶段

这个阶段的时间跨度，大致从20世纪20年代到50年代即第三次产业革命期间，时间大约30年。产业技术的飞速发展为政府工业产业发展政策提供了现实基础。1929~1933年的经济危机使美国经济严重倒退，工业受到的打击尤其厉害。1933年以后，罗斯福总统推行新政，采取了一系列积极的工业化政策措施。政府政策和市场机制相结合，共同促进了美国产业结构的调整和经济的增长。1955年第一产业下降到7.4%左右，第二产业为38%左右，第三产业变为主导产业，占54%左右。

4. 工业化后期阶段

从20世纪50年代到70年代。美国开始重点转向技术密集型产业，重点发展半导体、通信、电子计算机等产业，而将钢铁、纺织等传统产业逐步向日本、西德等转移，该阶段第一产业比重不断下降，第二产业比重略有下降，第三产业比重一直呈上升趋势，在20世纪70年代，第三产业在产值份额中就已占65.5%，其中信息业已达50%以上。

5. 非工业化阶段

该阶段从20世纪80年代开始至今。美国的非工业化是一个与生产力发展相伴随的长期过程，突出地表现为第三产业的迅速发展。美国政府制定了一系列的旨在促进服务业发展的产业政策和法律法规。在自由市场经济运行的基础上，政府的政策极大地促进了服务业的发展、产业结构的调整和国民经济的增长。在新技术革命影响下，美国国民经济的重心向非物质生产部门的第三产业继续转移，即所谓非工业化。制造业的重心逐步向高级技术工业转移，并以尖端技术对制造业现有设备进行普遍改造。在这一阶段，第一产业产值和就业比重分别下降到1986年的2.9%和2.2%，第二产业产值和就业比重分别下降到26.6%和26.4%，第三产业产值和比重分别上升到71%和70.7%。

（二）美国产业结构演变的规律及其启示

1. 演变规律

纵观美国产业结构调整的历程，我们可以看到产业结构调整的重心依次是农业、工业、服务业。美国产业结构调整的演变历程从本质上来说，是国内经济内部矛盾运动的结果，反映了在社会生产力发展的过程中，随着经济总量的不断扩大，产业结构呈逐步提高的客观过程。产业结构变动的重心之所以出现由农业向工业，再向服务业转移的趋势是与社会消费或者需求结构的演变紧密相关的。

首先，农业充分发展和生产率大幅度提高，一方面满足国民经济初级阶段的基本社会消费需求；另一方面为工业发展提供大量农业原料和剩余劳动力。其次，随着工业化的不断深入，工业的发展带来了人们收入水平的迅速提高和物质财富的极大丰富，社会消费和需求结构的重心转向第三产业服务产品，这种需求的转变拉动了第三产业的发展。最后，劳动生产率的迅速提高，提供了越来越多的剩余劳动力，又为第三产业的发展创造了可能的条件。因此，美国经济的发展阶段是遵循产业结构调整的客观规律的：产业发展的顺序依次是农业、工业、服务业，随着经济的发展，第三产业在经济结构中的地位和比重越来越大，第一、第二产业在国民经济中所占比重降低。

2. 启示

纵观美国产业结构的调整，大致可以得出两个方面的启示，一个是宏观层面；另一个是微观层面。

在宏观层面上，美国通过一系列的宏观政策和法规一方面来解决市场经济对产业结构的扭曲现象。市场自身具有的缺点依靠其自身的力量是难以修正的，这种潜在的缺陷可以使产业结构的调整扭曲，甚至会带来经济的崩溃。这些市场经济的缺陷只能通过政府力量来解决。另一方面来激活产业结构调整的基本因素——新技术的创新和应用。由于新技术的开发和应用，新兴产业生产效率的提高打破了原来的产业间产业利润，资金和劳动力向产业利润高的行业涌入，大量的生产要素的投入使新兴产业迅速发展成为主导产业和支柱产业，这不仅促进了经济的增长，而且迫使原有的夕阳产业或者进行改造或者退出市场，这样就加快了产业结构的调整和升级。可以说，政府力量引导的技术创新和应用促使产业结构的优化和升级，从而使国民经济增长。

在微观层面上，促进产业结构调整的因素是市场机制的进一步完善和企业经营观念的改变（在经济周期的低谷期，市场机制缺陷就显现出来：过度投资的产业衰退，大量企业破产。这些风险因素会促使企业经营者转变经营观念，如在经历了经济危机后，美国企业转变观念，侧重于对技术、人才的投入）。在经历了对经济发展具有巨大破坏作用的经济危机后，各产业中经济运行的基本单位——企业，了解到经济周期对企业和行业发展的巨大的影响作用。以往以增大固定资产投资的"粗放型"的经营方式会增大企业运行的经济风险。因此，企业经营者改变了经营思路，转向了以增大软资产（这里的"软资产"主要是指相对于物化的固定资产而言的企业的竞争力的一种活性体现，主要是技术的创新、经营理念和企业文化）的投入来带动企业和行业的发展，走上了"集约型"发展的道路。因为软资产是一种不受经济周期波动影响的企业自由因素，它不但可以使企业免受经济周期的影响，而且有利于促进企业的核心竞争力的发展，这就使企业不断完善自身运作机制，提高生产效率，从而促使整个产业健康和快速的发展。

美国产业结构成长模式是欧美等市场经济发达国家竞争型产业结构成长模式的代表，这些国家市场机制十分完善，产业结构的成长主要依赖于结构内部的自我平衡、自我调节过程，外部的政策力量对产业结构成长的影响是间接的，主要通过市场参数，如利率、税收、价格以及货币等进行调节，而且政府的国有资产在市场经济发达国家的经济结构中比重不大，因此，即使在出现垄断的情况下，政府对宏观经济管理的作用，仍然可以通过调节一整套参数体系来实现，并最终影响产业结构的成长。

二、日本产业结构变动与经济增长

1868 年的明治维新，揭开了日本资本主义工业化过程的序幕。经过大约 40 年的发展，到 20 世纪初日本成功地完成了产业革命。其后，日本经济迅速发展，到第二次世界大战前经济已有相当规模，其中工业生产总值已占资本主义世界工业的 4%。从就业结构的长期变动来看，在明治初年，支持日本经济的产业是以农业为中心的第一产业，随着工业的发展，工业结构从以轻工业为主转向以重工业为主。

第二次世界大战后，日本经济的高速发展举世瞩目。1968 年，日本的国民生产总值达到了 1330 亿美元，超过了前联邦德国，成为资本主义世界中仅次于美国的第二位经济大国。

（一）日本产业结构变动的阶段

第二次世界大战后日本经济发展过程与产业结构的转变，大致经历了三个时期。

1. 1945~1950 年，这一阶段主要由以轻工业—农业为主导的产业结构向以重化学工业为主导的产业结构进行调整

这个时期是日本第二次世界大战后的恢复期，以农业为中心，重建产业结构，整个经济恢复到战前那种以轻工业—农业为主导的轻型经济结构，工业生产水平基本恢复到战前或战时最高水平。并且从 20 世纪 50 年代初开始大力推行产业合理化，使日本经济的内部得到充实，逐步使产业结构由轻工业—农业主导型向重化学工业主导型转化，发展出口贸易，大力推进资本积累，同时，积极培育中小企业，为 50 年代中期后开始的重化学工业化时期做准备。在经济恢复时期，日本政府重点抓了农业和轻工业，使农业、轻工业、农业机械工业的发展快于其他重工业和化学工业，从而缓和了粮食和生活必需品的紧张状态，为现代化创造了条件。1946 年日本政府采取了"充分保护农业利益"的方针，开始了"农地改革"，并提出了"重建纤维工业"的三年计划，对纤维工业进行了整顿和扩充，使农业和轻工业恢复很快，增强了积累资本的能力，初步恢复了以轻工业—农业为中心的产业结构。

2. 1951~1970年，这一阶段主要是对重化学工业内部结构进行调整

从20世纪50年代开始，日本产业结构向重化学工业方向发展。1951年后陆续制定了"钢铁第一次合理化计划""汽车合理化三年计划""煤炭合理化三年计划""化肥合理化五年计划""造船合理化计划""电源开发五年计划"等。在贸易、资本自由化方面采取了一系列措施，加强产业国际竞争能力，制定了关于产业结构的长期规划，大力发展重化学工业。通过大规模的向重化学工业投资，有计划地实行企业合并，采取现代科学技术，扩建、改建和新建一系列重化学工业企业，到70年代初，基本上完成了产业结构的重化学工业化过程，见图3-1。

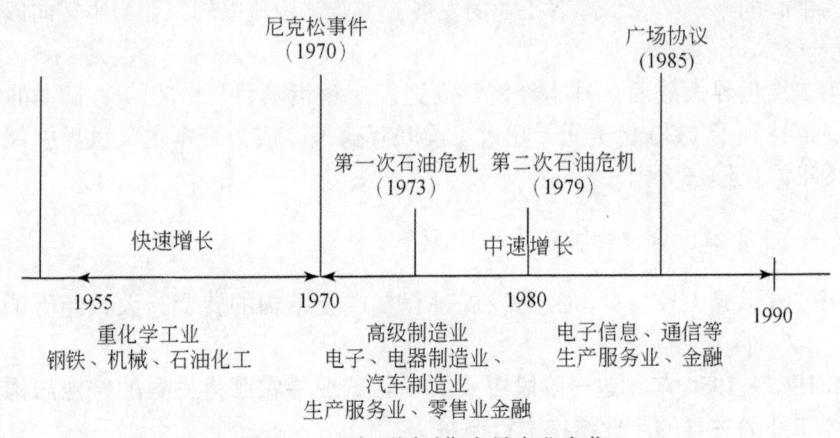

图3-1 日本不同时期主导产业变化

资料来源：Masahisa Fujita, Takatoshi Tabuchi. 1997. Regional growth in postwar Japan. Regional Science and Urban Economics, 27: 643-670

3. 20世纪70年代后向"知识密集型"产业结构的转变

进入20世纪70年代以后，由于石油危机、日元升值，日本经济增长率下降，物价大幅度上涨，日本经济进入稳定增长时期（1973年的石油危机，原油价格大幅度上涨，这使得82.6%的石油依赖从中东进口的日本陷入混乱，日本经济发展趋缓）。在这种产业结构的转型期，日本政府制定了从以工业为主的产业结构向"知识密集型"产业结构调整的政策。日本产业结构审议会在咨询报告中提出了发展知识密集型产业的四个方向：①研究开发工业，如电子计算机、飞机、电气机车、产业机器手、原子能、精密化学、海洋开发等；②高级装配工业，如数控机床、防止公害机器、工业生产住宅、自动仓库、高级成套设备等；③时兴型工业，如高级服装、高级家具、电器音响等；④知识产业，如信息处理

服务、信息提供服务、系统工程、咨询服务等。1986年5月，日本通产省的产业结构审议会在《21世纪产业社会的基本构想》报告中，提出通过国际水平分工和知识融合化来促进日本产业结构的新发展。

（二）第二次世界大战后日本产业结构演变的特点

总体上，在产业结构演进过程中，日本主要通过制定经济发展战略和产业政策来实现产业结构的调整。根据产业结构的演进规律，政府科学地选择优先发展的产业，并制定出相应的扶植政策，从而推动产业结构向高度化演进。

第二次世界大战后，日本产业结构调整过程经历了从以农业—轻工业为主导的产业结构向以重化学工业为主导的产业结构的调整；重化学工业内部结构进行调整；重化学工业为主的产业结构向"知识密集型"产业结构调整三个阶段。依靠政府和市场的双重作用，日本经济实现高速发展。

1. 产业结构的对外依赖性、资源消耗性与公害多发性

第二次世界大战后日本的产业结构经历了恢复时期和重化学工业化时期后，形成了以重化学工业为中心的产业结构的总体框架，进入20世纪70年代后的产业结构的演变都是处在这个框架中。日本产业结构的对外依赖性主要表现在工业资源和市场两个方面；日本的产业结构是大量消费资源的产业结构，见表3-2，这是在第二次世界大战后特定历史条件下形成的。一般说来，重化学工业都是造成公害较大的工业，如钢铁、化工、商业、造船、汽车、重型机械等工业，都是大量排出废气、废水、废物、粉尘和发出震动、噪音较大以及造成地基下沉较严重的工业。并且，在日本的重化学工业中，产生公害较多的化工、钢铁、窑业等部门的比重又比较高，加上日本工业特别是重化学工业的分布过于集中等，使日本的公害格外严重。

表3-2　日本1963~1974年工业结构演变情况　（单位:%）

部门	1963年	1967年	1970年	1974年
冶金	11.1	12.2	12.4	12.2
电力	3.0	2.8	2.4	3.4
煤炭	0.7	0.4	0.5	0.6
石油	1.8	1.8	1.7	2.2
化学	11.0	11.0	10.7	9.9
机械	30.8	33.9	38.4	35.6
建材	3.5	3.5	3.5	3.8

续表

部门	1963年	1967年	1970年	1974年
食品	13.0	11.9	10.2	10.7
纺织	9.8	7.8	6.5	6.0

资料来源：陆大道.1997.区域发展及其空间结构.北京：科学出版社

2. 第二次世界大战后日本产业结构演变的速度空前加快

第二次世界大战后，日本在经济发展迅速的同时，产业结构的转换与演变速度也是惊人的，见图3-2。第一产业产值、就业比重呈快速持续下降的态势，与此相反，第二产业和第三产业产值、就业的比重却逐年上升，见表3-3。

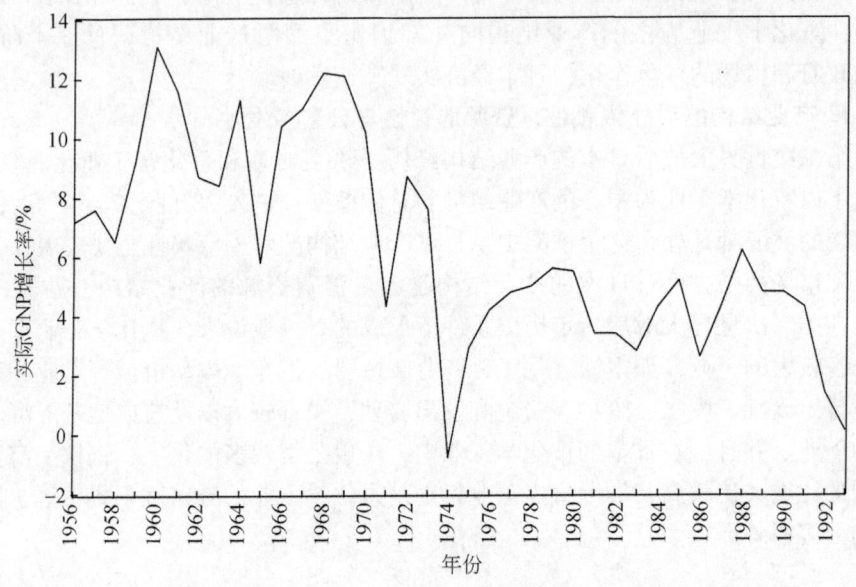

图 3-2　日本实际 GNP 增长率

资料来源：Masahisa Fujita, Takatoshi Tabuchi. 1997. Regional growth in postwar Japan. Regional Science and Urban Economics, 27: 643-670

表 3-3　日本工业化进程中三次产业产值和就业比重变化情况（单位:%）

年份	产值比重			就业比重		
	第一产业	第二产业	第三产业	第一产业	第二产业	第三产业
1950	26	31.8	42.2	48.5	21.8	29.6

续表

年份	产值比重			就业比重		
	第一产业	第二产业	第三产业	第一产业	第二产业	第三产业
1955	19.2	33.7	47	41.1	23.4	35.5
1960	12.8	40.8	46.4	32.7	29.1	38.2
1965	9.5	40.1	50.3	24.7	31.5	43.7
1970	5.9	43.1	50.9	19.3	34	46.6
1975	5.3	38.8	55.9	13.8	34.1	51.8
1980	3.5	36.5	60	10.9	33.6	55.4
1985	3.1	35.1	61.8	9.3	33.1	57.3
1990	2.4	35.7	61.8	7.1	33.3	59
1995	1.8	30.3	67.9	6	31.6	61.8
2000	1.3	28.4	70.2	6	29.5	64.3

资料来源：http://www.stat.gov.jp/English/handbook/c03cont.htm#cha3_1

从三次产业结构演变的长期趋势来看，日本的变动幅度最大。同欧美先进国家相比，日本的工业化迟了50~100年，日本用100年时间完成了欧美发达国家150~200年的发展过程，其发展速度和结构转换的速度是惊人的。

3. 在推动产业结构向现代化转变方面，国家发挥了重要作用

一是针对资源配置中的市场失败，制定合理的产业政策，加强政府的干预。日本的政府干预强调以市场机制的作用作为资源配置的主要途径，政府干预只是针对市场失败而进行的市场修正。二是产业政策制定过程中的利益协调。日本的产业政策以市场机制为基础，本质上是各方利益协调的结果，国家在这里则起利益协调的组织者和主持者的作用。这正是日本的产业政策能够比较顺利地实施并取得预期结果的根本原因。

4. 中小企业群的出现和发展，对产业结构产生了重大影响

在经济恢复时期，由于中小企业具有需要资金少、资金周转快和能够发挥陈旧设备的作用等优点，在资金严重缺乏、物资极端不足的条件下，生产取得了相当快的发展，成为促进日本经济迅速恢复的重要因素。此外，中小企业通过系列化和转包制，加强了与大企业的分工协作，提高了专业化水平，优化了企业的组织结构，为提高产业结构的优化水平、减少结构转换中的摩擦起到了很大的作用。

5. 产业结构演变的地区不平衡性特征

第二次世界大战后，日本重化学工业主要集中在太平洋沿岸的关东、东海和

近畿三个大工业区，随着日本经济的急剧膨胀和重化学工业比重的迅速提高，日本工业地区结构这一特点越来越突出。

（三）日本产业结构演变的启示

与美国政府在产业结构调整中的角色不同，日本政府在本国经济发展及产业结构的调整方面起到了重大的作用。这主要是由于日本产业结构成长的起点较低，其可以支配的资源短缺，因此，单靠市场机制的作用很难在短时期内迅速积累资本，完成产业结构高度化的目标。在这种情况下，就出现有别于竞争性的产业结构调整模式的另一种产业结构调整模式，这就是由政府产业政策引导，以垄断性的大规模企业为骨干的干预性产业结构调整模式。日本产业结构调整模式的成功是在宏观领域和微观领域的一整套正式和非正式制度的安排下实现的。就促进产业结构优化升级的关键性来说，日本政府的产业政策和民间企业以大型企业集团为核心的金字塔系列运作方式及二者的互动关系发挥了积极的作用。其中，日本政府在产业结构调整中的作用主要可以从主动积极和被动谨慎两个方面进行分析。

首先，在推动产业结构向现代化转变方面，政府展现了积极的态度，发挥了重要的作用，如针对资源配置制定合理的产业政策，加强政府的干预。日本政府的干预强调以市场机制的作用作为资源配置的主要途径，政府干预只是针对市场失灵而进行的市场修正，主要通过完善市场、法律制度和制定产业政策来实施。这些法规、制度的推行，对日本各个阶段的产业结构调整起了重要的作用。值得注意的是，日本的产业政策并不是政府意志对经济发展的随意干涉，相反是以市场机制为基础。政府政策在本质上是各方利益协调的结果，政府在这里则起利益协调的组织和主持者的作用，这正是日本的产业政策能顺利地实施并取得预期结果的根本原因。

其次，日本政府在产业结构调整的过程中，并不仅仅是扮演积极的角色，同时也是为了适应国际经济形势的变化和自身内在发展的需求而产生的被动和谨慎的反应。例如，在利用外资方面。第二次世界大战后，虽然日本在经济建设方面急需大量的资金，但由于日本政府担心大量的外资涌入会冲垮本国弱小的中小企业，控制和垄断国内市场，影响日本的经济稳定和政策实施的效果，因此采取了严格的限制性措施（这同世界上大多数国家在经济起飞阶段所采取的吸引外资的政策形成了鲜明的对照）。而在20世纪60年代以后，日本先后加入了国际货币基金组织、关税与贸易总协定、经济合作与发展组织等国际组织，日本政府不得不宣布有步骤地陆续开放资本市场。尽管如此，在开放过程中日本政府和产业界还是十分谨慎，引资方式主要以从国外引进间接投资为主，这样既可以解决国内资本积累不足、国际收支逆差、外汇短缺等问题，又可以避免日本企业被外资控制以及受到外资冲击的危险。日本政府选择对外开放的部门时也显得非常慎重，从多方面规定了选择标准，对外资项目进行严格的审批，使那些具有较强竞争力、开放后受到外资冲击较少的部门最先对外资开放。同时，在日本企业同外资企业的竞争中，积极提升日本企业的技术开发能力和产品创新能力，使日本企业既能适应资本自由化的严峻形势，又能承受外资企业大举进入所带来的冲击。

当然，日本政府在产业结构调整的政策方面也存在经验和教训。20 世纪 50 年代，在国内企业和产业普遍出现资金短缺的情况下，日本政府依然采取保守的政策，坚持关于外资进入的严格限制措施，致使产业结构的调整被推迟了 15 年。20 世纪 90 年代，日本经济飞速发展的过程中，日本政府没有注意到本国经济泡沫成分的严重性，在货币政策上没有采取及时的、有效的政策抑制泡沫经济的进一步扩散，导致了 20 世纪 90 年代经济的滑坡和倒退。但就总体来说，日本政府的积极作用使日本能够通过适当的产业政策来进行产业结构的调整和升级，进而使自身在第二次世界大战后迅速地发展起来。

三、韩国经济增长与产业结构变动

从 20 世纪 60 年代到 90 年代中期的 30 多年来，韩国经济保持持续、稳定、高速的增长，一举成为"中等发达国家和地区"，与新加坡、中国香港和中国台湾并称"亚洲四小龙"（吕婷婷，2003）。韩国根据本国经济发展的需要，不断适时地调整其产业结构，使原本经济落后的农业国发展成为新兴的工业化国家，创造了令人瞩目的"汉江奇迹"，并经受住了 1997 年的亚洲金融危机的考验，迅速走上经济复兴之路。韩国的经验和教训对我国不无启迪。

（一）韩国产业结构调整的历程

韩国的产业结构调整与其经济发展历程大体一致，主要经历了四个阶段。

1. 20 世纪 50 年代中后期，以内向型经济发展为主

第二次世界大战后诞生的韩国，又经历了朝鲜战争，经济一度中断并难以恢复。当时全国 40% 的加工工业企业和 90% 的采掘工业企业倒闭，失业人口约占总就业人口的 40%，完全失业人数高达 240 万人，失业率超过 20%。就是在这样极其艰难的条件下，韩国开始了它的现代经济增长过程。1953~1961 年是韩国经济重建恢复时期。在这一时期，韩国主要依靠美国援助物资来支撑经济，因而只能是内向型的经济发展,即通过销售美援物资积累资金,再大量投入电力、煤炭、水泥、运输、通信等骨干产业部门以带动内需,取得经济复兴的成果。1953~1961年,韩国的国民生产总值年均增长率达到3.9%,轻工业得到迅速发展,部分进口替代产业也相继形成规模,人均收入则从1953年的67美元上升到1961年的81美元。但这一时期,第一产业产值比例依然较高,1960年第一产业产值比重高达43.4%,见表3-4。

表3-4 韩国工业化进程中的三次产业的产值比重 （单位:%）

年份	第一产业	第二产业	第三产业
1960	43.4	20.3	36.3
1965	37.8	24.8	37.4
1970	27.1	29.5	43.4
1975	25	33.5	41.5
1980	16.8	39.9	43.3
1985	12.6	41	46.4
1990	8.5	43.1	48.4
1995	6.2	43.2	50.6
2000	4.7	42.4	52.9
2002	4	40.9	55.1

资料来源:世界银行.2004.世界发展指标

2. 20世纪60年代初期,从进口替代工业化转向出口导向工业化

由于韩国自身缺乏原材料、资金和技术,内向型经济发展所需要的原材料98%依靠进口,再加上当时韩国出口不振,进口已经达到出口总额的10倍,使得国际收支逆差巨大,只能靠外来资金弥补。为了改变这种现状,韩国政府自1958年起,开始从"进口替代"逐步转向"出口导向"的工业化政策,而当时的国际环境也有利于韩国的经济转型,世界性的产业结构调整使美国、日本等发达国家转向发展资本密集型产业的同时,将劳动密集型产业或污染严重的工业向外转移,为韩国加工工业、出口工业的发展提供了较大的销售市场。韩国抓住时机,积极吸引外资和引进技术,通过扩大出口贸易,进一步推动本国经济高速发展。1964年,韩国正式提出"输出立国"的方针,一方面不断优化出口产品结构;另一方面出台了大量政策对出口企业进行扶持。在政府贸易推动政策支持下,韩国首先实现以劳动密集型产品出口推动的经济增长,继而完成了资本密集型原材料工业产品的进口替代,并使资本密集型产品出口逐渐成为推动经济增长的主要动力。

3. 20 世纪 70 年代，大力发展资本密集型重化工业，实现产业结构高度化

由于轻纺工业等上游产业部门的出口和生产规模的扩大，增加了对中间产品和生产资料的需求，加之经济发展带来的收入增加，使得韩国国内的需求弹性和结构发生了变化，1973 年以后，韩国国内迫切需要扩大汽车、船舶、海底石油钻探设备和电视机等产品的生产。另外，从国际环境看，由于美国政府在亚洲的战略改变，韩国政府出于军事抗衡的需要，迫切要求建立自己的国防工业。正是这两方面的原因，韩国的产业政策从鼓励出口转向优先发展重化工业，在发展钢铁、机械、石油化工等产业的同时，大力推进造船、电子、有色金属等产业发展，此外，还重视电子机械、家用电器、汽车等高新产业的形成与进步。这些产业不但为韩国经济的高速、高效发展奠定了坚实基础，而且改变了韩国的工业结构，使其轻工业的比重逐步下降，而重工业的比重明显上升，进入了重化工业结构高级化阶段。

4. 20 世纪 80 年代以后，提出"科技立国"，重点发展技术密集型产业

如果说韩国 20 世纪 70 年代以前实行的产业政策大体能适应其当时的经济条件的话，到了 70 年代末，由于国际国内环境变化，其弊端开始显露。从国内看，随着经济规模的扩大、企业竞争能力和市场条件的完备，政府本应适当减少对经济的干预，同时强化市场机制的作用，但韩国政府在 70 年代后期恰恰在这一问题上犯了错误，既助长了企业对政府的依赖，丧失了改进技术和提高劳动生产率的动力，也使政府财政负担加重。同时，由于 60～70 年代的产业政策着重于外延扩大，在技术上主要依赖引进，忽视了技术开发，使韩国国内技术开发能力比较弱，很难形成自主型产业结构。从国际看，作为韩国经济支柱的出口遇到了三大挑战：一是发达国家的贸易保护主义日益高涨；二是与新兴工业化国家和地区的竞争日趋激烈；三是发展中国家的追赶猛烈，在劳动密集型产品上发起有力竞争。因此，韩国政府清醒地意识到，出路在于通过技术升级提高出口产品的档次，调整目前不合理的产业结构。基于此，韩国首先对那些产业（如纺织、水泥、石化、钢铁、家电、汽车、造船等）进行技术升级，试图提高国产化率与附加值，以形成出口主力产业。其次，对那些在发达国家正处于成长期，而在韩国尚处于引进、吸收阶段的产业（如精密化学、精密仪器、计算机、产业用电子机械、航空航天等），作为本国的"战略产业"，予以重点扶持。最后，对那些在发达国家处于开发阶段，而在韩国则处于萌芽阶段的"新兴产业"（如信息、新材料、生物工程等），作为积极发展的"未来产业"。韩国政府正是这样根据国情的变化，适时地调整产业结构，使其逐渐得到优化，不断扩大经济总量,不断提高国民收入,最终使韩国经济实现了长期稳定的高速增长。

总体上,韩国产业结构调整的演进过程经历了三个阶段,即主要是在优化轻工业出口结构的基础上,大力发展出口主导产业的第一阶段;由轻工出口为主向机械加工制造出口为主的结构调整的第二阶段;由重化工业为主的产业结构向知识、技术密集型产业调整的第三阶段。韩国政府通过对各个阶段国际环境和背景的观察,结合本国经济发展的实际情况,围绕着"出口导向"的经济发展基本方针,制定了不同的产业结构调整政策。这适时地推动了产业结构的优化和经济的发展。

(二) 韩国产业结构演变的动因分析

1. 对外开放是决定和影响韩国产业结构调整的主要因素

韩国经济发展的最大难题是资源缺乏、资金极度紧张与技术落后。在这种情况下,经济发展的唯一出路就是发展外向型经济,通过参与国际分工,借助于国际市场的技术、资金和本国的劳动力资源优势,发展本国工业。因此,韩国的产业结构状况与国际贸易紧密相关,是在不断地适应国际市场需求的变化中调整本国的产业结构。在引进外资的过程中,韩国根据不同时期的产业发展政策把外商直接投资引导到重点发展的产业中,在不同的经济发展阶段,韩国有不同的产业发展重点,外商直接投资的投向也随之发生变化。20世纪60年代,韩国的产业发展重点是农业和劳动密集型的轻纺工业,外商直接投资的投向就被引导到化肥工业、纺织工业和电子工业等行业;70年代,韩国产业发展重点转向重化工业,韩国鼓励外商直接投资的领域也相应集中在化工工业、电子工业和机械工业等行业;从80年代开始,韩国转向发展高新技术产业,外商直接投资也被引导到电子、机械、汽车和通信工业等行业。同时,为了促进韩国出口的发展,韩国积极鼓励以外销为主的外商直接投资,在一些外商投资较多的行业,出口规模非常可观。

2. 国内需求结构的变化对产业结构调整的影响

韩国经济发展是建立在以国际市场需求为主的外向型经济发展基础之上的,因而国际市场的供求状态是决定其产业结构调整的主导动因。但韩国毕竟是从落后的发展中国家开始起步的,因而其工业的发展必然遵循"雁行发展形态说"这一规律,即其产业的发展,首先是从引进产品以打开国内市场开始,经过技术引进、国内生产,再走向出口阶段。因此,在其产业结构调整和转换的几个重要阶段中,国内需求结构的变化起了重要的作用。

3. 技术进步加速了韩国产业结构升级的进程

产业结构升级，意味着通过新技术的普遍推广、应用而改变原有产业结构。在韩国产业结构演进的过程中，技术进步始终是一个重要的影响因素，与美国等发达国家不同的是，韩国的技术进步主要是依靠引进技术获得的，把利用外资和提高技术水平结合起来。因此，韩国的产业结构升级是由引进的先进技术逐步推动的。

4. 政府的产业政策是影响韩国产业结构演进的重要因素

韩国产业结构的演进过程，一方面受市场机制的影响，主要表现在国内外市场需求的变化促进了韩国产业结构的调整；另一方面受政府的干预，尤其是产业政策手段，是促进产业结构演进的又一重要因素。

第四章 山东省经济增长因素及其特征

第一节 综合要素生产率与经济增长——理论与方法

一、综合要素生产率及其研究动态

综合要素生产率,即产出量和投入量的比例,也称全要素生产率(total factor productivity, TFP),是西方经济学中流行的一个重要概念。投入量规定为生产要素的生产服务,包括劳动投入、资本投入和土地三个生产要素在内。由于资本和土地都是"非劳动性生产因素",因而一般将土地并到资本中去,把生产要素简化为劳动和资本两项,将产出量和某一特定的生产要素投入量(如劳动量或资本量)之比,称为"部分生产率"。而部分生产率只能衡量一段时间内某一特定的投入量的节约,但不能表示生产效率的全部变化。因此要衡量全部要素投入量的节约或衡量生产效率的变化,就要把产出量和全部要素投入量联系起来。我们将产出量和全部要素投入量之比称为综合要素生产率。

综合要素生产率是宏观经济学的重要概念,也是分析经济增长源泉的重要工具,尤其是政府制定长期可持续增长政策的重要依据。首先,估算全要素生产率有助于进行经济增长源泉分析,即分析各种要素(投入要素增长、技术进步和能力实现等)对经济增长的贡献,识别经济是投入型增长还是效率型增长,确定经济增长的可持续性。其次,估算综合要素生产率是制定和评价长期可持续增长政策的基础。具体来说,通过综合要素生产率增长对经济增长贡献与要素投入贡献的比较,就可以确定经济政策是应以增加总量需求还是应以调整经济结构、促进经济进步为主。

西方国家经济理论对综合要素生产率的研究已有50多年的历史。目前,这一概念已在经济学文献中广泛应用,以至于一些著名经济学家讲到"生产率"术语时就是指的综合生产要素生产率。

第四章 山东省经济增长因素及其特征

研究要素投入量与产出量之间关系的理论与方法源于美国数学家柯布和道格拉斯对生产函数（C-D）的研究。荷兰学者丁伯根在深化对 C-D 函数研究基础上，最先提出了综合要素生产率，并比较研究了法国、德国、英国和美国 4 个国家 1870~1914 年的实际产出、实际要素投入和要素生产率的变动趋势。在丁伯根提出的综合要素生产率由于语言障碍而被理论界忽略的时间里，美国著名经济学家施蒂格勒（G. J. Stiger）也于 1947 年独立提出了综合要素生产率这一概念，并对其进行了研究。他计算了美国制造业的综合要素生产率，研究结果刊登于经济研究局集刊 1947 年卷上。施蒂格勒研究的基点是用边际产品加权实际资本投入和劳动投入以测度实际要素投入，在此基础上测度综合要素生产率（Stiger，1947）。

20 世纪 50 年代以来，研究综合要素生产率的经济学家越来越多。可以说 50 年代是综合要素生产率理论形成和大发展的年代。许多著名经济学家如索洛（R. M. Solow）、肯德里克（J. W. Kendrick）等在此期间都对综合要素生产率理论的形成做出了重要贡献。并且，在 60 年代，对综合要素生产率的研究从理论转向了实际应用。这从一个方面表明了综合要素生产率理论的成熟。美国经济学家肯德里克 1961 年发表了划时代著作——《美国的生产率趋势》被理论界公认为第一部把综合要素生产率的理论方法应用于实际经济问题的著作（Kendrick，1961）。继肯德里克之后，美国经济学家丹尼森（E. F. Denison）用综合要素生产率对美国经济增长的因素分析也被视为"最有卓见的"。丹尼森从 60 年代初开始根据美国的历史统计资料并进行经济增长因素的分析和估计，于 1962 年出版了《美国经济增长因素和我们面临的选择》一书（Denison，1962），分析比较了 1909~1929 年和 1929~1957 年两段时间内美国经济中综合要素生产率的变化情况，并于 1974 年在《1929~1969 年美国经济增长核算》一书中把这一研究由 1909~1957 年延伸到了 1969 年。

在同一时期，贡献最大的是 1987 年诺贝尔经济学奖获得者索洛（Solow，1956），他在 20 世纪 50 年代从事经济增长理论的研究时，扩展了一般生产函数的概念，使其能够容纳技术进步的作用，从数量上确定了产出增长率、各要素投入增长率和综合要素增长率（索洛本人将其称之为技术进步率，但实际上是综合要素生产率的增长率）的联系，从而产生了著名的索洛增长模型。索洛之后，Jorgenson 将新古典投资理论加入到综合要素生产率分析中，同时将劳动和资本进行分解。Jorgenson 之后，对于综合要素生产率的发展更多的是在测算方法上（李双杰，2008）。

我国学者关于综合要素生产率的定量研究始于 20 世纪 80 年代初，具体可以分为以下两个阶段：第一阶段（1983~1989年），这一阶段主要介绍、分析、评论国外的理论方法，并应用和改进这些理论方法，侧重于综合要素生产率现有理论与方法的评价与思考，以及研究综合要素生产率定量测算方法的规范化问题；第二个阶段为20世纪90年代以后，这一阶段主要进行方法重构以及将综合生产要素生产率研究与其他问题（产业结构、教育发展等）的协调发展进行研究，特别是克鲁格曼（Krugman）提出"东亚无奇迹"论点后，综合要素生产率问题更引起国内学者的普遍关注。一些学者估算了我国不同时期的综合要素生产率增长率，如舒元（1993）曾利用生产函数法估算我国1952~1990年综合要素生产率，得到的结论是，综合要素生产率增长率为0.02%，对产出增长的贡献率为0.3%。王小鲁（2000）同样利用生产函数法估算我国1953~1999年全要素生产率，得到的结论是1953~1978年全要素生产增长率为-0.17%，1979~1999年全要素增长率为1.46%，对经济增长的贡献率为14.9%。郭庆旺（2005）采用多种方法计算了1979~2004年中国全要素生产率，得到的结论是1979~2004年我国全要素生产率平均增长率为0.891%，对经济增长的贡献为9.46%；要素投入对经济增长贡献率高达90.54%，表明我国经济增长主要依靠要素投入增长，是一种较典型的投入型增长方式。杨晓光（2002）等利用丹尼森的结构主义分析方法，以省级行政单位为基本单元对中国20世纪90年代区域经济增长的要素进行了分析，研究表明，资本投入是20世纪90年代末推动中国经济的主要动力，而劳动投入对中国经济增长的推动作用不明显。除此之外，还有一些学者对全要素生产率与经济增长进行了理论思考，如郑玉歆（1999）对全要素生产率的测度和经济增长方式转变阶段性规律进行了详细讨论，但未给出我国全要素生产率的具体估算。易纲等（2003）提出我国经济存在效率提升的四点论证，提出了新兴经济在测算全要素生产率上面临的困难，并给出了新兴经济要素生产率的测算模型，但他们也未给出具体估算。

二、综合要素增长率估算的方法选择

综合要素生产率的估算方法可以归结为两类：一类是增长会计法，另一类是经济计量法。增长会计法是以新古典增长理论为基础，估算过程相对简便，考虑因素较少，但主要缺点是假设约束较强，也较为粗糙（郭庆旺，2005）；而经济计量法利用各种经济计量模型估算全要素生产率，较为全面地考虑了各种因素的估算，但估算过程较为复杂。

(一) 增长会计法

增长会计法 (growth accounting approach) 的基本思路是以新古典增长理论为基础，将经济增长中的要素投入贡献剔除掉，从而得到综合要素生产率增长的估算值，其本质是一种指数方法。按照指数的不同构造方式，可分为代数指数法和几何指数法（也称索洛残差法）。

1. 代数指数法

代数指数法 (arithmetic index number approach, AIN) 最早是艾布拉姆威兹 (Abramvitz, 1956) 提出，其基本思想是把综合要素生产率表示为产出数量指数与所有投入要素加权指数的比率。

代数指数法很直观地体现出综合要素生产率的内涵，但缺陷也十分明显，主要体现在它虽然没有明确确定生产函数，但暗含着资本和劳动力之间完全替代，且边际生产率恒定，这显然缺乏合理性。所以这种方法更多的是一种概念化方法，并不适于具体实证分析 (Caves et al., 1982)。

2. 索洛残差法

索洛残差法最早由索洛在 1957 年提出，基本思路是估算出总量生产函数后，用产出增长率扣除各投入要素增长率后的残差来测算综合要素生产率增长，故也称生产函数法。在规模收益不变和希克斯中性技术假设条件下，综合要素生产率增长就等于技术进步率。

索洛残差法开创了经济增长源泉分析的先河，是新古典经济增长理论的一个重要贡献 (Lucas, 1988)。但它也存在一些明显的缺陷：索洛残差法建立在新古典假设即完全竞争、规模收益不变和希克斯中性技术基础上，这些约束条件很强，往往难以满足；具体计算中，由于资本价格难以准确确定，所以利用资本存量来代替资本服务，忽略了新旧设备生产率效益的差异及实现能力的影响。此外，索洛残差法用所谓的"残差"来度量综合要素生产率，从而无法剔除掉测算误差的影响。上述这些因素都不可避免地导致综合要素生产率的估算偏差。

(二) 经济计量法

由于增长会计法存在着较多的缺陷，后人提出了很多经济计量方法，以期借助各种经济计量模型和计量工具准确地估算出综合要素生产率。本书主要比较两种计量方法，即隐性变量法和潜在产出法。

1. 隐性变量法

隐性变量法（latent variable approach，LV）的基本思路是，将综合要素生产率视为一个隐性变量即未观测变量，从而借助状态空间模型（state space model）利用极大似然估计给出综合要素生产率估算。

具体估算中，为了避免伪回归，需要进行模型设定检验，包括数据平稳性检验和协整检验。根据产出、劳动力和资本存量数据的趋势和资本存量的一阶差分序列来建立回归方程。

隐性变量法的最大优点在于，不再将综合要素生产率视为残差，而是将其视为一个独立的状态变量，这样将综合要素生产率从残差中分离出来，从而剔除掉一些测算误差对综合要素生产率估算的影响。同时，在具体估算时，还充分考虑了数据非平稳性带来的伪回归问题。

2. 潜在产出法

索洛残差法和隐性变量法在估算综合素生产率时，都暗含着一个重要的假设即认为经济资源得到充分利用，此时，综合要素生产率增长就等于技术进步率。换言之，这两种方法在估算综合要素生产率时，都忽略了综合要素生产率增长的另一个重要组成部分——能力实现改善（improvement in capacity realization），即技术效率提升影响。

潜在产出法（potential output approach，PO）也称边界生产函数法（frontier production function）正是基于上述考虑提出的，其基本思路是遵循法雷尔（Farrell，1957）的思想，将经济增长归为要素投入增长、技术进步和能力实现改善（技术效率提升）三部分，综合要素生产率增长就等于技术进步率与能力实现率改善之和；估算出能力实现率和技术进步率，便能给出综合要素生产率增长率。

潜在产出法最大的优点在于，全面考虑了技术进步和能力实现改善对综合要素生产率增长的影响，且借助于这种方法可以更全面地分析经济增长源泉。但它的缺点也很明显，主要体现在它是建立在产出缺口估算基础上的，而无论用何种方法都无法估算产出缺口，从而导致综合要素生产率增长率估算偏差。

三、本书的研究方法的选择

虽然目前对综合要素生产率的研究方法较多，可以说是"仁者见仁、智者见智"，但归纳学者的研究方法看出，索洛残差法仍然是最基本和使用最广泛的方法（徐家杰，2007）。本书之所以采用索洛残差法，主要基于以下几个方面的原因：①虽然目前对综合要素生产率的研究更加精细化，但索洛意义上的综合要素生产率及其增长模型在当代经济学界还是被广泛认可的（左冰，2008），并成为评价经济增长质量和衡量技术进步的最基本的指标；②国内类似的研究如洪银兴（2000）、吴先满（2008）对江苏省的研究得出的结论比较符合江苏的实际；③本章的研究目的主要是分析山东经济增长的影响因素，只是将山东省与全国、其他省份进行比较，而不与国外的地区比较，且该方法相对简单且适用。

本章采用沈坤荣（1999年）提出的模型法。假设一个新古典生产函数：

$$Y = F(K, L, t) \tag{4-1}$$

式中，Y 为产出，K 和 L 为资本投入和劳动投入，t 为时间。在式（4-1）两端求全微分，并简化整理得：

$$\frac{dY/dt}{Y} = \alpha \frac{dK/dt}{K} + \beta \frac{dL/dt}{L} + \frac{\partial F/\partial t}{Y} \tag{4-2}$$

式中，$\alpha = \frac{\partial F}{\partial K} \cdot \frac{K}{Y}$ 为资本产出弹性；$\beta = \frac{\partial F}{\partial L} \cdot \frac{L}{Y}$ 为劳动产出弹性。

设：$GY = \frac{dY/dt}{Y}$，$GK = \frac{dK/dt}{K}$，$GL = \frac{dL/dt}{L}$，$GA = \frac{\partial F/\partial t}{Y}$，则 GY、GK、GL 分别为产出增长率、资本投入增长率和劳动投入增长率，GA 为综合要素生产率的增长率。实际计算中的 GY、GK、GL 采用水平法计算，具体计算公式为：

$$GY = \sqrt[t]{Y_t/Y_0} \times 100 - 100$$

$$GK = \sqrt[t]{K_t/K_0} \times 100 - 100$$

$$GL = \sqrt[t]{L_t/L_0} \times 100 - 100$$

而 GA 则用下式进行计算：

$$GA = GY - \alpha GK - \beta GL \tag{4-3}$$

EA，EK 和 EL 分别为综合要素生产率增长、资本投入增长、劳动力投入增长对产出增长的贡献份额。计算公式为：

$$EA = (GA/GY) \times 100\%$$

$$EK = (\alpha GK/GY) \times 100\%$$

$$EL = (\beta GL/GY) \times 100\%$$

式（4-3）是衡量综合要素生产率的数学模型。它的意义是：产出增长是由生产要素（包括资金与劳动）投入量的增加以及综合要素生产率的提高所带来的，使用式（4-3）研究经济增长因素的方法，有助于我们认识要素投入和综合要素生产率对经济增长的相对重要性。这种方法还能用于说明不同国家经济增长率差异的原因。

需要指出的是,上述数学模型中测算的综合要素生产率是指扣除了资金投入和劳动投入的关系以外其他所有能实现经济增长的因素的总和,这个总和包括了技术进步、产业结构调整、规模经济、资源配置、政策法律、教育进步、随机因素等。一般情况下,由于资料的限制,我们只是对影响经济增长的最基本要素进行分析,如果资料齐全,还可以对综合要素生产率进行分解。

第二节 基础数据

在选定了基本的分析方法后,就涉及基础资料的采集问题。进行计量经济分析应当以一定的经济理论为基础,而这种经济理论也应该把握经济现象的本质。在计量经济模型的建立过程中,还必须依照经济理论的要求选择模型的变量以及表示变量的指标。如果所使用的变量指标不符合经济理论本身的要求,则用它们估计出来的经济参数就与经济理论所赋予的参数的经济意义不一致,从而导致经济参数的估计值与其经济含义都失去原有的意义。选择变量的指标,最基本的要求是口径一致。而口径一致的最基本要求在于,研究对象确定以后,所有有关数据的变量都应当是研究对象本身特定意义下的变量,其范围既不能扩大也不能缩小。

一、产出增长指标

一般而言,衡量国民经济整体产出率增长率的指标应该是按照可比价格计算的 GDP 或国民生产总值(GNP)。本部分的时间段为 1952~2006 年,现有的山东省统计年鉴中有该阶段的当年价格数据,为了减少物价的影响,本部分换算成 1990 年价格。首先以 1990 年的商品零售价格指数为 100,然后换算出 1952~2006 年的零售价格平减指数,分别对 1952~2006 年的 GDP 和固定资产投资数据进行平减,得出模型所用的产出数据,见表 4-1。

二、要素投入指标

(一)资本存量的估计

在进行经济增长因素分析中,资本投入应为直接或间接构成生产能力的资本总存量（简称资本存量），它既包括直接生产和提供各种物质产品与劳务的各种固定资产和流动资产，也包括为生活过程服务的各种服务及福利设施的资产，如住房等。在估算资本存量时所遇到的困难主要是加总问题。作为商品的一种，资本的度量会遇到和其他商品度量类似的问题，即如何将不同规格、有着不同功能的商品汇总，同时又由于它具有与其他商品不同的特征，而遇到其他商品没有的特殊问题。而这正是资本度量的困难所在。应该看到，由于在经济增长的分析中，人们度量资本的目的是要得到资本投入数量指数以便和产出的数量指数进行比较，因而这时资本度量是指对资本数量的度量，而不是对资本所伴随的财富的度量。由于资本的相加只能用价值量进行，因而这些数量指数也只能用价值量单位表示，如经常换算成可比价格。

1. 永续存盘法

许多研究中运用固定资产投资作为资本存量指标，而这仅仅是一个流量指标。估算按可比价格计算的资本存量最常采用的方法是所谓的"永续存盘法"。这种方法的一般步骤为：①通过普查或根据一定的假设估算出某一计算基期的全社会资本存量；②取得各年份产业部门的投资数字，并将按当年价格计算的各年投资额分别换算成按可比价格计算的投资额；③按每年投资额中各类资产的投资构成，以专门调查测算的各类资产的平均使用年限（投入使用到完全报废的时间）为依据，测算出每年资本报废的价值，并予以汇总；④从历年投资额中扣除报废总值，得出各年资本的实际增量；⑤根据上年资本存量加本年资本存量等于本年存量的原理，推算出历年资本存量的数据。

使用永续存盘法主要涉及基期资本数量的计算，折旧率的选择和资本投资平减三个问题。由于统计资料中无法得到固定资产投资价格指数。我们假定山东省每年的 GDP 平减指数与固定资产投资价格指数相似，以 1952 年为基期，用 GDP 平减指数替代固定资产价格指数对山东省每年的固定资产进行平减。运用 Chow（1995）的方法，假设第一期的资本存量是过去投资的总和，选择一个固定的折旧率 5%（孟连，2000）。投资时间序列可近似用下式表示：

$$I(t) = I(0)e^{\lambda t} \tag{4-4}$$

那么，第一期的资本存量可以用下式求出

$$K(1) = \int_{-\infty}^{1} I(t)\mathrm{d}t = \frac{I(0)e^{\lambda}}{\lambda} \tag{4-5}$$

$I(0)$ 和 λ 可以由 1952~2006 年的投资序列的对数值和时间之间的线性方程求出：

$$\ln I(t) = \ln I(0) + \lambda t \qquad t = 1, 2, \cdots, 54 \tag{4-6}$$

用 δ 表示折旧率，则资本存量可以用下式求出

$$K(t) = K(t-1)(1-\delta) + I(t) \quad t = 2, \cdots, 54$$

将 1952~2006 年山东省的固定资产投资进行平减，然后按照式（4-6）构造回归方程，见图 4-1，进而计算出基期的资本存量和各年的资本存量，见表 4-1。

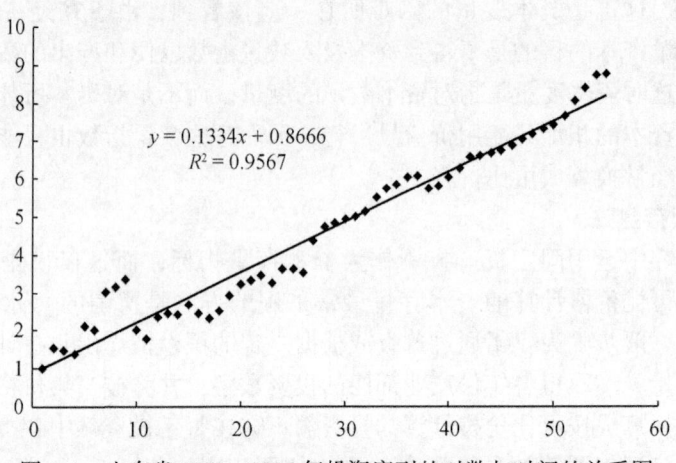

图 4-1 山东省 1952~2006 年投资序列的对数与时间的关系图

表 4-1　1952~2006 年山东省商品零售价格平减指数、平减后产出、资本存量、劳动力数据

年份	商品零售价格平减指数	产出/亿元	资本存量/亿元	劳动力投入/万人	年份	商品零售价格平减指数	产出/亿元	资本存量/亿元	劳动力投入/万人
1952	47.62	92.00	20.37	1897.2	1965	54.81	157.36	123.91	2146
1953	49.43	92.64	24.00	1885.7	1966	54.52	178.97	132.57	2199
1954	50.95	103.98	27.12	1874.7	1967	54.62	182.06	137.48	2219
1955	51.05	113.19	29.68	1959.7	1968	54.62	181.88	140.86	2254
1956	51.43	122.75	36.37	1824	1969	54.38	198.91	146.32	2274
1957	52.29	117.41	42.01	2150.4	1970	53.95	234.11	157.35	2606
1958	52.33	139.43	60.16	2155.3	1971	53.90	259.14	174.16	2752
1959	52.86	143.71	80.23	2033.2	1972	53.71	272.78	193.00	2744
1960	53.14	134.30	104.45	1958.2	1973	53.67	287.57	215.59	2869
1961	56.24	112.73	106.69	1936.1	1974	53.62	243.96	230.73	2894
1962	56.43	114.09	107.21	1981.2	1975	53.67	309.67	257.21	2925
1963	56.90	118.81	112.39	2027.8	1976	53.71	334.32	281.58	2928
1964	56.14	127.64	118.53	2099.8	1977	53.67	385.84	301.42	2942

续表

年份	商品零售价格平减指数	产出/亿元	资本存量/亿元	劳动力投入/万人	年份	商品零售价格平减指数	产出/亿元	资本存量/亿元	劳动力投入/万人
1978	53.90	418.24	364.02	2969.8	1993	122.86	2254.95	3952.64	4379.3
1979	54.76	459.44	457.85	3016	1994	147.81	2600.98	4504.62	4382.1
1980	56.43	517.70	558.95	3117.5	1995	168.81	2934.28	5061.91	5207.4
1981	57.38	603.98	669.73	3192.4	1996	180.43	3261.01	5672.32	5227.4
1982	57.71	685.06	783.52	3270	1997	181.86	3594.62	6374.21	5256
1983	57.00	806.72	913.57	3795.1	1998	176.57	3976.49	7220.45	5287.6
1984	57.62	1009.32	1111.13	3563.7	1999	171.43	4371.41	8155.69	5314.7
1985	62.52	1088.32	1366.38	3561.1	2000	169.05	4932.02	9252.01	5441.8
1986	65.33	1135.79	1639.51	3651.2	2001	169.05	5439.32	10450.36	5475.3
1987	70.76	1260.98	1978.34	3765.7	2002	167.00	6152.99	12029.21	5527
1988	84.19	1327.54	2318.69	3887.1	2003	167.33	7218.02	14612.08	5620.6
1989	98.43	1314.60	2513.17	3940.3	2004	172.05	8731.21	18315.73	5728.1
1990	100.00	1511.19	2723.18	4043.2	2005	173.05	10700.45	23491.84	5840.7
1991	104.90	1725.89	3006.27	4219.3	2006	174.10	12681.20	28713.78	5960
1992	111.38	1972.09	3396.00	4302.6					

资料来源：GDP 1952～2004 年数据采用《新中国 55 年：1949-2004》；2005～2006 年为山东统计年鉴（2007）支出法数据。固定资产 1952～2004 年的数据采用《新中国 55 年：1949-2004》；2005～2006 年数据为山东统计年鉴（2007）按照下文资本存量的计算方法构建而成；劳动力 1952～2004 年的数据采用《新中国 55 年：1949-2004》，2005～2006 年为山东统计年鉴（2007）；商品零售价格指数 1952～2006 年引自山东统计年鉴（2007）

2. 当年投入水平

已有的研究对当年投资指标的选取主要有三种情况：积累、全社会固定资产和固定资本形成总额或资本形成总额。早期经常采用的是积累的概念及相关统计口径，典型的是 Chow（1993），贺菊煌（1992）的研究。然后是采用中国特有的统计口径——全社会固定资产投资，如王小鲁（2003）。大部分近期研究采用的资本形成总额或固定资本形成总额，如刘志彪（2007）。

（二）劳动投入

在经济增长因素分析中，如果严格按照理论的要求，应当是一定时期内要素提供的"服务流量"，它不仅取决于要素投入量，而且还与要素的利用效率、要素的质量等因素有关。就劳动力投入指标而言，它是指生产过程中实际投入的劳动量，用标准劳动强度的劳动时间来衡量。在市场经济国家，劳动的质量、时间和强度一般是与收入水平相联系的，在市场机制的调节下，劳动报酬能够比较合理地反映劳动投入量的变化。而中国由于正处在由计划经济向市场经济过渡时期，收入分配体制不尽合理和市场调节机制不够完善，而且我国目前尚缺乏必要的统计资料，因此，本书采用历年社会劳动者人数作为历年劳动投入量指标。

（三）要素投入的产出弹性

生产要素投入的产出弹性被定义为要素投入增长对经济增长的作用，即要素每投入1%所带来的产出增长的要素增长百分比。从经济增长的要素分析的假定和数量关系的推证看，它们都是以产出的同一口径为前提和基础的。如果产出增长按 GDP 来计算，那么要素投入的产出弹性也必须按照物质和非物质生产领域的增加量值口径范围计算。口径不一致，就将导致综合要素生产率增长推算和经济增长因素分析推算上的较大误差（沈坤荣，1999）。郭克莎（1993）认为，在中国由于缺少必要的统计资料，要全面计算出要素的收入份额几乎是不可能的。而且随着一国资源禀赋状况及技术水平的变化，生产要素的产出弹性也会因时因地而不同。1983 年世界银行经济考察团没有采用定量分析，而分别采用劳动和收入份额为 0.6∶0.4 和 0.4∶0.6，以两个方案来进行增长要素分析。有的学者认为，中国劳动和资本的产出弹性应当设为 0.3∶0.7。也有的学者认为投资和劳动的分割比例以 0.6 和 0.4 来确定它们的收入份额或产出弹性可能比较合理。

从学者近期研究来看，大多是先采用 C-D 生产函数来确定资本和劳动的产出弹性。例如，江苏社会科学院课题组（2008）采用 C-D 函数计算出江苏省 1978～2006 年资本和劳动的产出弹性分别为 0.36 和 0.64；徐向艺（2007）也采用同样的方法计算出中国 1953～2004 年的资本与劳动的产出弹性分别为 0.37 和 0.63；徐家杰（2007）也采用生产函数计算出中国 1978～2006 年的资本与产出弹性分别为 0.49 和 0.51。国家统计局《关于开展经济增长中科技进步作用测算工作的通知》（计科技〔1992〕2525 号文）分别取 0.35 和 0.65。

尽管上述种种估算各有道理，但总体来看都是建立在近似测算的基础上，缺乏相应的客观性。本章首先利用前面估计所得的 GDP 以及劳动投入量，同样采用 C-D 函数对山东省进行测试，以此来确定山东各生产要素的产出弹性。

为了测算的精确，必须考虑到生产要素统计量与实际投入量之间的差异。因为从理论上讲，实际的劳动量指的是在生产过程中实际消耗的活劳动，实际的资本投入量指的是生产过程中实际开动或占用的机器设备、厂房和必要的原材料、在产品以及产成品的库存等固定资产与流动资产的总量。但是在实际测算中，一直无法取得这两种数据（沈坤荣，1999）。对此，曾五一（1988）采用如下方法进行调整：用各期的社会劳动者人数乘以同期的全社会工时利用率来代表实际的劳动投入量，用各期的资本存量乘以同期的全社会综合开工率来代表实际的资本投入量，但山东省缺乏相应的统计资料，因此本章无法采用上述方法。考虑到资料的获取性以及资料的权威性，本章仍然采用历年社会劳动者人数作为历年劳动投入量，资本投入量采用固定资本形成总额作为资本投入量，并通过扣除物价的影响获得实际投资。

假设山东省生产函数为两要素 C-D 生产函数（在对数生产函数进行选择时），本章首先采用的是更接近现实的超越对数生产函数和 CES 生产函数模型，前者 OLS 回归结果拟合度较差，后者 OLS 回归结果拟合度虽高，但不能通过 $\rho = 0$ 约束条件检验，最终本章采用最普遍的 C-D 生产函数作为估计方程：

$$Y_t = A_0 e^{\lambda t} K_t^\alpha L_t^\beta e^\mu \tag{4-7}$$

式中，Y_t，K_t，L_t 分别为 t 时期内的 GDP、资本投入量、劳动投入量；A_0 为初始的技术水平；t 为时间，$t = 0, 1, 2, \cdots, n$；λ 为非物化的外生的技术进步比率；α 为资本投入的产出弹性；β 为劳动投入的产出弹性；e^μ 为误差项。

对 C-D 函数取对数后得到：

$$\ln Y = \ln A_0 + \lambda t + \alpha \ln K + \beta \ln L + \mu \tag{4-8}$$

如果为了避免多重共线性对参数估计的影响，可以假设规模报酬不变，于是 $\alpha + \beta = 1$，由此可得：

$$\ln Y - \ln L = \ln A_0 + \lambda t + \alpha(\ln K - \ln L) + \mu \tag{4-9}$$

或：

$$\ln(Y/L) = \ln A_0 + \lambda t + \alpha \ln(K/L) + \mu \tag{4-10}$$

三、计算结果

从理论上看，计算要素投入弹性 α、β 应采用 1952～2006 年的数值，但由于新中国成立以来特殊的经济发展历程，1952～1978 年间的经济波动较大，影响计算结果，为此本章以 1978～2006 年为样本分析区间，并以 1978 年价格的 GDP 为产出量，资本投入量采取扣除物价影响后的固定资本形成总额，见表 4-2。

表 4-2　1978～2006 年支出法 GDP 和固定资产形成总额（1978 年价格）

年份	GDP/亿元	固定资本形成总额/亿元	劳动力投入/万人
1978	225.45	62.32	2 969.8
1979	247.64	64.42	3 016
1980	279.28	68.17	3 117.5
1981	325.72	77.02	3 192.4
1982	369.17	95.52	3 270
1983	435.45	114.67	3 795.1
1984	544.53	144.06	3 563.7
1985	587.11	168.58	3 561.1
1986	612.76	190.37	3 651.2
1987	680.10	223.63	3 765.7
1988	715.99	214.68	3 887.1
1989	709.01	182.61	3 940.3
1990	815.10	222.54	4 043.2
1991	930.87	285.74	4 219.3
1992	1 063.18	367.03	4 302.6
1993	1 216.14	449.15	4 379.3
1994	1 402.59	447.11	4 382.1
1995	1 582.54	470.87	5 207.4
1996	1 756.88	527.15	5 227.4
1997	1 936.34	600.64	5 256
1998	2 141.96	708.98	5 287.6
1999	2 354.33	827.06	5 314.7
2000	2 656.94	1 006.70	5 441.8
2001	2 930.22	1 121.18	5 475.3
2002	3 314.68	1 352.45	5 527
2003	3 887.40	1 667.46	5 620.6
2004	4 703.14	2 159.07	5 728.1
2005	5 763.11	2 738.50	5 840.7
2006	6 830.87	3 220.56	5 960

资料来源：根据《山东省统计年鉴（2007）》计算整理

无规模约束的生产函数估计式为：

$$\ln(Y) = -4.829 + 0.660\ln K + 0.952\ln L \quad (4\text{-}11)$$
$$(-4.232)\quad(21.699)\quad(6.608)$$
$$R^2 = 0.998 \quad \text{Adyusted } R^2 = 0.998 \quad F = 5735.68 \quad \text{DW} = 1.5439$$

回归结果给出的 DW 等于 1.5439，查 DW 的分布表知，在 5% 显著水平下，样本数为 29，解释变量为 2 时，DW 统计量的下界 $D_L = 1.270$，上界为 $D_U = 1.563$，由于回归方程的 DW = 1.5349 < $D_U = 1.563$，因此原回归模型存在随机干扰项的一阶自正相关。用广义差分的科克伦—奥克特迭代估计过程，继续对方程 (4-11) 进行回归，得下列方程：

$$\ln Y = -3.492 + 0.6862\ln K + 0.7742\ln L + [AR(1) = 0.2543] \quad (4-12)$$
$$(-2.50)\ (19.428)\quad (4.075)\quad\quad (1.251)$$
$$R^2 = 0.998 \quad \text{Adjusted } R^2 = 0.998 \quad F = 5746.98 \quad DW = 1.8099$$

回归结果给出的 DW 等于 1.8099，查 DW 的分布表知，在 5% 显著水平下，样本数为 28，解释变量为 3 时，DW 统计量的下界 $D_L = 1.181$，上界为 $D_U = 1.650$ 由于回归方程的 $4 - D_U = 2.350 > \text{DW} = 1.8099 > D_U = 1.650$，表明用科克伦—奥克特迭代法处理后的回归方程不再存在序列相关性了。

由此可知：

$$\alpha = \frac{\partial \ln Y}{\partial \ln K} = 0.6862$$

$$\beta = \frac{\partial \ln Y}{\partial \ln L} = 0.7742$$

$$\alpha + \beta = 1.4604 > 1$$

归一化处理后得：

$$\bar{\alpha} = \frac{\alpha}{\alpha + \beta} = 0.4698$$

$$\bar{\beta} = \frac{\beta}{\alpha + \beta} = 0.5301$$

从上述计量分析结果看，方程估计的拟合度较高，总体显著性、单个参数的 t 检验值都令人满意，因而估计结果可靠，并且在经济意义上也是合理的，因此本章以 $\alpha = 0.47$，$\beta = 0.53$ 作为山东省要素投入的产出弹性。

第三节　经济增长因素及其特征

一、山东省综合要素生产率的时间序列分析

（一）计算结果

通过前面的论述和基础数据的准备，我们就可以利用经济增长因素的总量分

析模型进行测算，得到山东省各生产要素投入的增长对产出贡献的增长，并算出综合要素生产率提高对产出增长的贡献，分阶段的时间序列分析结果见表4-3。

表4-3 山东省综合要素生产率及增长因素的计量结果 （单位:%）

时间	GY	GK	GL	GA	EA	EK	EL
1953～1957（"一五"）（1）	6.10	15.02	3.34	-2.72	-44.61	115.62	28.99
1958～1962（"二五"）（2）	-4.89	15.54	-2.08	-11.09	226.74	-149.32	22.58
1963～1965（3）	15.09	5.00	2.87	11.21	74.33	15.58	10.09
1966～1970（"三五"）（4）	6.95	4.38	4.34	2.59	37.29	29.62	33.09
1971～1975（"四五"）（5）	4.55	10.24	1.54	-1.07	-23.55	105.67	17.87
1976～1980（"五五"）（6）	11.55	18.70	1.58	1.93	16.68	76.07	7.25
1981～1985（"六五"）（7）	15.86	19.51	2.77	5.22	32.92	57.83	9.26
1986～1990（"七五"）（8）	7.40	13.52	2.58	-0.32	-4.39	85.90	18.49
1991～1995（"八五"）（9）	14.19	13.91	5.40	4.79	33.74	46.09	20.18
1996～2000（"九五"）（10）	10.90	13.01	1.01	4.25	38.97	56.12	4.91
2001～2005（"十五"）（11）	18.43	22.45	1.63	7.02	38.08	57.24	4.68
1952～2006	9.55	14.37	2.16	1.65	17.28	70.72	12.00
1952～1978	6.00	11.73	1.78	-0.46	-7.64	91.91	15.73
1978～1992	11.71	17.29	2.68	2.16	18.47	69.39	12.14
1978～2006	12.96	16.88	2.52	3.69	28.47	61.23	10.30
1992～2006	14.22	16.47	2.35	5.23	36.77	54.46	8.78

（二）结果分析

从表4-3中的结果可以看出，1952～2006年，山东省经济增长的年平均速度为9.55%，其中资本投入的贡献率为70.72%，劳动投入的贡献率为11.98%，要素投入贡献度总计达到82.70%。可见山东省54年来的经济增长主要靠资本投入的增加，综合要素生产率增长的贡献份额十分有限，不到四分之一，说明山东省经济增长属于典型的要素驱动型生产方式。

如果将1952～2006年划分为两个阶段：改革开放以前（1952～1978年）、改革开放以后（1978～2006年），从分阶段来看，差异比较明显。

1952～1978年山东省经济增长的年平均速度为6%，其中资本投入的贡献率为91.88%，劳动投入的贡献率为15.72%，而此时的综合要素生产率的贡献份额为负值。

1978～2006年山东省经济增长的年平均速度为12.96%，其中资本投入的贡献率为61.25%，劳动投入的贡献率为10.30%，这一阶段的综合要素生产率的贡献率为28.45%，与改革开放前相比明显提高。

如果再将1978～2006年划分为两个阶段，即1978～1992年和1992～2006年。1978～1992年山东省经济增长的年平均速度为11.71%，其中资本投入的贡献率为69.39%，劳动投入的贡献率为12.14%，综合要素生产率的贡献为18.42%；1992～2006年山东省经济增长的年平均速度为14.22%。其中资本投入的贡献率为54.46%，劳动投入的贡献率为8.78%，综合要素生产率的36.77%。

为了进一步说明不同阶段山东省经济增长要素贡献率的差异，我们按照我国国民经济五年计划计算出每个五年计划的数值，根据数值分布大致可以分为四个阶段，见图4-2。

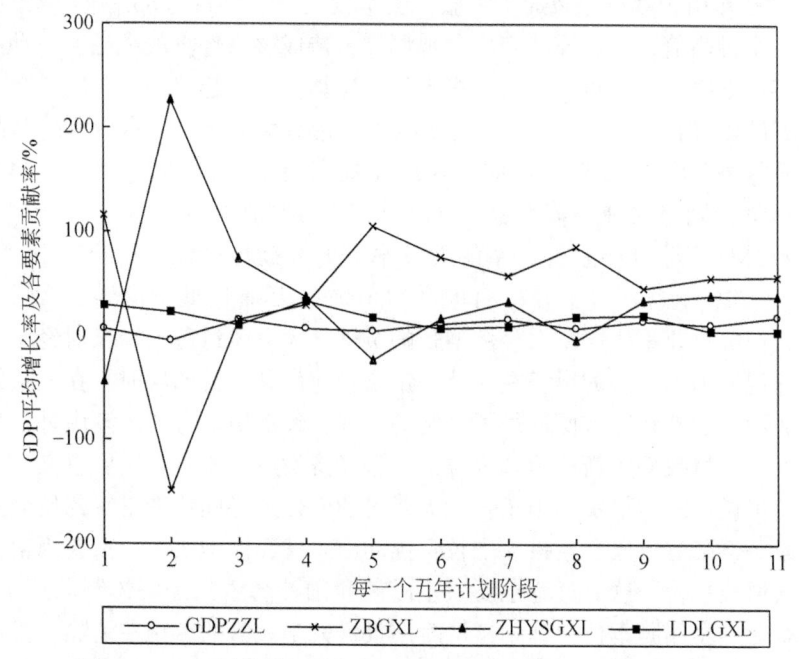

图4-2 GDP平均增长率及各因素对经济增长的贡献率的变动图

注：GDPZZL是GDP的增长率，ZHYSGXL是综合要素年均贡献率，ZBGXL是资本投入年均贡献率，LDLGXL为劳动投入年均贡献率，本书以后的图例均为图例名称各自的第一个字母

第一阶段（1953~1962年），三要素对经济增长的贡献率处于较大起伏阶段，这和新中国成立后由乱转治、社会主义改造完成及前两个五年计划实施（这中间还有1957~1958年大跃进、1960~1962年三年自然灾害）有关，资本投资存量、人力资源投入波动较大，综合要素生产率由于同它们之间的线性关系，贡献率波动过大，应该说这一时期大幅度的增减变动并不能说明科技、知识创新有某种趋势的变化。劳动投入贡献率较高，两个五年计划的劳动贡献率都在20%以上。

第二阶段（1963~1980年），三要素处于相对稳定时期，但结果显示综合要素生产率贡献过大，但超过1的贡献率难以令人信服，毕竟整个过程处于经济调整和"文化大革命"时期。在这三个五年计划中，资本投入的贡献率波动较大，而劳动投入则呈下降趋势。

第三阶段（1981~1990年），三要素处于又一波动期。随着"文化大革命"的结束和党的第十一届三中全会的召开，山东的经济迅速摆脱混乱局面，但1986~1990年由于冒进导致通货膨胀，资本投入贡献率高达85.90%，是历个阶段的第三个最高值，国家连续两次宏观调控，造成整个经济的大幅度波动。在这两个五年计划中，资本投入、劳动投入贡献率均呈上升趋势。

第四阶段（1991~2005年），三要素处于相对稳定期，资本投入的贡献率依然呈上升趋势，由"八五"期间的46.09%提高到"十五"期间的57.24%；劳动投入贡献率则呈快速下降状态，由"八五"期间的20.18%下降到"十五"期间的4.68%；综合要素生产率的贡献率呈上升趋势且保持稳定，由"八五"期间的33.74%上升到"十五"期间的38.08%，尽管还低于世界发达国家的平均水平，但综合要素生产率对经济增长的贡献已大大超过劳动增长对经济增长的贡献。这说明山东经济的增长在保持一定增长速度和效益的同时，在实现经济增长由粗放到集约的转变方面取得了一定的进展，经济增长方式逐渐由外延型向内涵型转变，这对我们重新认识和定位山东省经济发展战略具有重要意义。

总的来说，本章揭示的山东省三大要素的变化趋势同钱纳里等的研究基本吻合。在第一、第三阶段资本投入增长是推动山东省经济增长的最重要因素，第四阶段投入增长平稳，这一过程也反映出随着我国社会主义经济体制的逐步确立，政府、企业逐步回归本位，计划经济时期投资大起大落的影响在消除，投资增长对经济的贡献率保持稳定，劳动力投入贡献率呈现不断下降趋势，第四阶段更加明显。第四阶段以来，综合要素生产率对经济增长的贡献率持续稳定地上升，对经济增长的贡献率不断上升。

二、经济增长影响因素的国内比较

前面对山东省经济增长在改革开放后不同阶段的特点进行了比较分析,下面从国内各省市的比较对中国经济增长的区域差异进行进一步探索,计算方法同上,但GDP和资本存量的数据以1978年价格计算,本部分采用的 $\alpha = 0.4$, $\beta = 0.6$(沈坤荣,2000年),计算结果见表4-4。

表4-4 中国地区经济增长源泉的计算(1978~2005年) (单位:%)

地区	GY	GA	GK	GL	EA	EK	EL
北京	10.57	3.57	13.39	2.74	33.77	50.70	15.53
天津	9.16	3.04	11.19	2.74	33.19	48.89	17.93
河北	10.01	3.72	12.92	1.86	37.23	51.63	11.14
山西	9.40	3.73	11.78	1.59	39.74	50.14	10.13
内蒙古	10.81	3.85	14.79	1.74	35.62	54.70	9.68
辽宁	8.16	1.30	14.59	1.70	15.99	71.49	12.52
吉林	9.10	2.73	12.27	2.44	29.96	53.93	16.11
黑龙江	7.75	2.42	10.64	1.79	31.26	54.88	13.86
上海	8.00	2.18	13.42	0.76	27.25	67.08	5.67
江苏	11.18	2.73	18.40	1.81	24.43	65.84	9.72
浙江	12.80	4.76	16.84	2.17	37.21	52.63	10.16
安徽	9.37	1.88	15.22	2.33	20.11	65.00	14.89
福建	12.41	4.92	14.78	2.64	39.62	47.62	12.76
江西	9.32	1.51	16.64	1.94	16.15	71.36	12.49
山东	11.64	3.57	16.37	2.54	30.67	56.25	13.07
河南	10.68	3.18	14.78	2.63	29.81	55.39	14.80
湖北	9.01	3.04	11.52	2.28	33.71	51.11	15.18
湖南	9.12	2.63	13.56	1.77	28.88	59.50	11.63
广东	13.23	5.02	16.45	2.72	37.94	49.71	12.35
广西	9.90	2.62	14.72	2.32	26.45	59.49	14.05
海南	9.96	3.65	12.78	2.00	36.66	51.31	12.03
四川	8.71	2.05	14.41	1.49	23.49	66.23	10.28

续表

地区	GY	GA	GK	GL	EA	EK	EL
贵州	8.94	2.44	12.08	2.79	27.25	54.02	18.72
云南	9.63	2.96	13.16	2.35	30.70	54.64	14.66
西藏	8.48	2.61	12.37	1.53	30.77	58.37	10.86
陕西	9.21	3.11	12.12	2.09	33.75	52.65	13.60
甘肃	7.54	0.88	12.18	2.97	11.72	64.64	23.64
青海	8.17	2.98	9.54	2.30	36.39	46.70	16.91
宁夏	9.32	2.49	12.61	2.98	26.73	54.10	19.17
新疆	10.78	4.75	12.59	1.65	44.09	46.73	9.19
全国	9.64	3.15	12.66	2.38	32.65	52.52	14.82

资料来源：GDP、资本存量、劳动力1978～2004年数据来自《新中国55年：1949～2004》（2005年）；2005年数据来自中国统计年鉴（2006年），计算整理

1978～2005年，我国的GDP在消除价格因素后实际增长率为9.64%，资本投入年均增长率为12.66%，劳动投入年均增长率为2.38%，年均综合要素生产率增长率为3.15%，综合要素生产率增长率与要素投入增长速度相比较为缓慢。从贡献度看，综合要素增长对经济增长的贡献度为32.65%，资本和劳动力对经济增长的贡献率分别为52.52%和14.82%。

（一）资本投入的增长仍然是推动中国大部分地区经济增长的主要因素

从表4-4中可以看出，1978～2005年影响经济增长的几个要素中，资本投入对GDP的贡献在各个省（自治区、直辖市）中都是最大的，大多数省（自治区、直辖市）的贡献率都在50%以上，高于全国平均水平的有20个省（自治区、直辖市），其中辽宁、江西、上海、四川、江苏、安徽、甘肃、湖南、广西、西藏、山东和河南都在55%以上。上海、江苏、山东、四川一直是我国投资增长最快的地区，而辽宁由于振兴东北国家战略的实施，近年来投资速度明显加快。江西、安徽、湖南、河南均位于中部地区，导致它们投资贡献率较高的原因有两点：一是原有的基数相对较小；二是中部崛起战略的实施，投资大增。甘肃和西藏主要是1978年的基数相对较低，相应的增长就快。同时，1978～2005年各地区的GDP的增长率与资本投入的增长率具有良好的正相关性，见图4-3，二者的相关系数达0.6543。说明，资本投资增长较快的地区，其经济增长速度也较快。

第四章 山东省经济增长因素及其特征

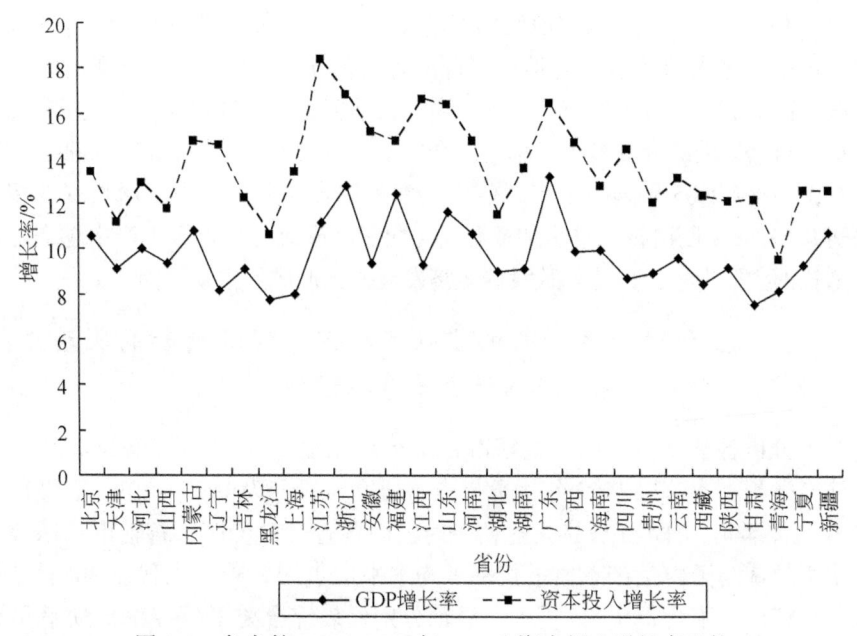

图 4-3　各省份 1978~2005 年 GDP 和资本投入增长率比较
资料来源：《新中国 55 年：1949-2004》和《中国统计年鉴（2007）》年计算整理

从表 4-4 中可以看出，1978~2005 年，山东省 GDP 的平均增长速度为 11.64%，仅次于广东、福建、浙江，居全国第 4 位；资本投入对经济增长的贡献率为 56.25%，在全国排第 11 位；劳动投入对经济增长的贡献率为 13.07%，在全国居第 15 位，低于全国平均水平 1.85 个百分点；综合要素增长对经济的贡献率为 30.67%，在全国排第 17 位，低于全国平均水平 1.98 个百分点。

（二）综合要素生产率对地区 GDP 的贡献一般都在 40% 以下，相对水平较低

从表 4-4 中可以看出，1978~2005 年全国各省（自治区、直辖市）的综合要素生产率对 GDP 的贡献一般都在 40% 以下，只有新疆高于 40%。胡鞍钢（2002）研究认为，中国经济增长速度之所以高于改革开放前，关键在于综合要素生产率的大幅度提高，他认为，综合要素生产率的差异性明显高于其他要素投入的差异性，同时，各地区 GDP 的增长率与综合要素生产率的增长率具有较好的相关性。

1978~2005 年，全国平均综合要素生产率的增长率为 3.15%，广东、福建、浙江、新疆、内蒙古、山西等省（自治区、直辖市）的综合要素生产率的增长

率较高。但并不完全表明这些地区的经济增长是靠技术进步获得的，各地区综合要素生产率的差异性反映了各地区资源配置的差异性，资源部门间更有效的配置将带来更高的综合要素生产率，各省、市、自治区之间市场化改革步伐不一致，各省、市、自治区的综合要素生产率也就会以不同的速度增长（World Bank，1997）。据计算，1978~2005年国内生产总值增长率和综合要素生产率的增长率的相关系数高达0.811，说明由技术进步和资源优化配置所形成的全要素生产率越来越成为经济增长的主要力量，也是导致我国经济发展差异形成的主要原因。

（三）三要素对经济增长的贡献不稳定，经济增长的驱动力差异明显，没有一个地区完全进入综合要素推动型

为了分析各省（自治区、直辖市）综合要素生产率对经济增长贡献变化差异的演变过程，本节以1992年为分界点将研究时段分为1978~1992年和1992~2005年。图4-4、图4-5分别是这两个时段内各省（自治区、直辖市）综合要素生产率贡献率与国内生产总值增长率平均水平散点图。菱形点代表30个省（自治区、直辖市，不含重庆），横轴、纵轴分别代表综合要素生产率贡献率和GDP

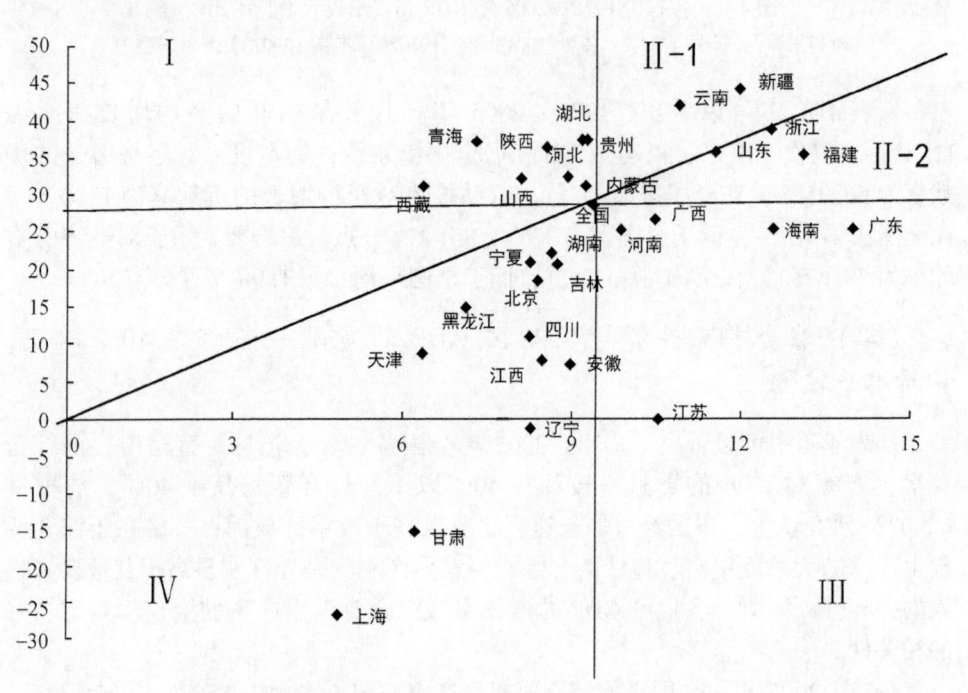

图4-4　1978~1992年中国各省综合要素生产率贡献率与国内生产总值增长率联合变动图

增长率。横、纵坐标轴相交于全国平均点，将平面划分为四个象限。根据各象限内综合要素生产率贡献率和GDP增长率的不同特征，可以将各省经济增长方式分为4种不同的类型。

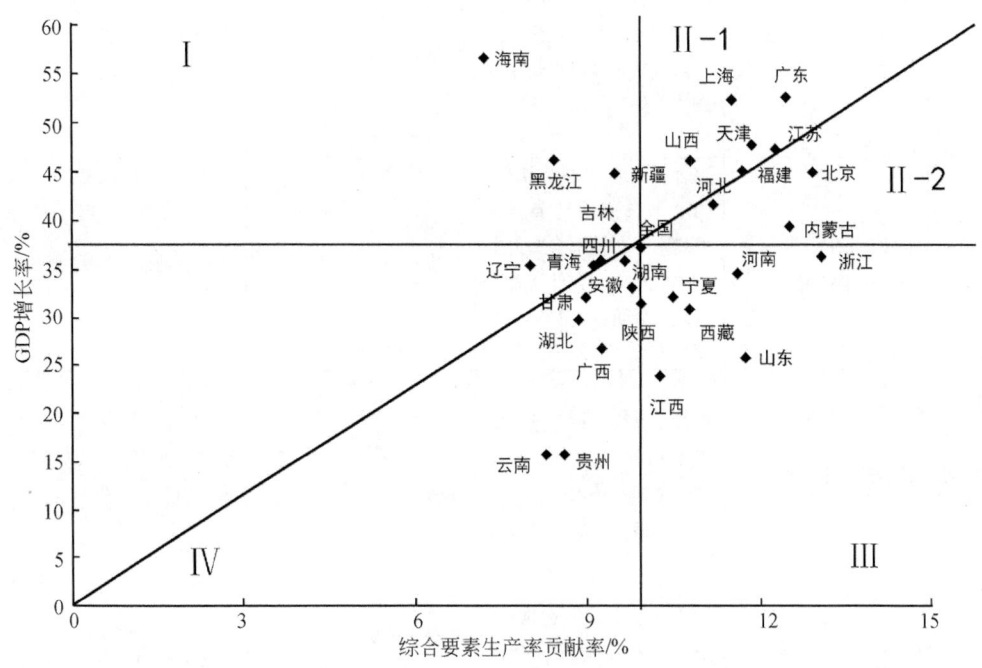

图4-5 1992~2005年中国各省综合要素生产率贡献率与GDP增长率联合变动图

图4-4、图4-5中，直线L是穿越坐标原点以及全国平均水平点的一条直线，代表着综合要素生产率对经济增长的平均贡献度，从而进一步将Ⅱ、Ⅳ象限细分为四个象限，不同象限内经济增长方式［本书对各省（自治区、直辖市）经济增长方式的划分以全国平均水平为界，因此只具有相对意义，并非指的是绝对水平］及其所对应的地理区域见表4-5。

表4-5 中国各省（自治区、直辖市）经济增长方式的演变与特征

象限（增长方式）		经济增长特征	省份（1978~1992年）	省份（1992~2005年）
Ⅰ	三要素相对均衡型	GDP增长率小于全国平均水平，但综合要素生产率高于全国平均水平，但不具备较强竞争力	青海、陕西、湖北、河北、贵州、西藏、内蒙古、山西	海南、黑龙江、吉林、四川

续表

象限（增长方式）		经济增长特征	省份（1978~1992年）	省份（1992~2005年）
II	II-1 综合要素主导推动型	综合要素生产率贡献率、GDP增长率均高于全国平均水平，经济增长速度较快，处于快速成长阶段	云南、新疆	上海、广东、山西、天津、江苏、福建
	II-2 综合要素与资本并重推动型	综合要素生产率贡献率、GDP增长率均高于全国平均水平，但综合要素生产率的贡献率较低，处于快速发展阶段，发展潜力较大	福建、山东、浙江	北京、河北、内蒙古
III	资本投入主导推动型	综合要素生产率贡献率低于全国平均水平，GDP高于全国平均水平，属要素推动型，发展速度较快	广东、海南、广西、海南	浙江、河南、宁夏、西藏、山东、江西
IV	综合要素推动较弱型	综合要素生产率贡献率、GDP增长率均低于全国平均水平，GDP的增长主要靠综合要素生产率的贡献	湖南、宁夏、吉林、北京、四川、安徽、江西、黑龙江、江西、天津、辽宁、甘肃、上海	安徽、湖南、甘肃、陕西、湖北、广西、云南、贵州、辽宁、青海

从不同增长类型区域的地理分布看，全国30个省（自治区、直辖市）在这两个阶段的增长模式与经济发展水平并不具有明显的相关关系，没有一个地区在两个阶段表现出完全相同的增长模式，即使是在东部沿海发达地区也没有一个在真正意义上是依靠综合要素生产率的提高推动经济发展的省份。说明现阶段，我国经济增长模式受多种因素的影响，经济发展受外部影响较大，资本投入推动经济增长是我国大多数地区经济发展的主动力。

第四节 资本投入对山东省经济增长的贡献分析

如前所述，资本投入是山东省经济高速增长的第一推动力。1978年山东省全社会固定资产投资额为 41.87 亿元（1978 年价格，本部分未注明的均为 1978 年价格），2006 年增加到 2567.4 亿元，占全国的比重由 1978 年的 4.95% 增加到 2006 年的 10.12%，见图 4-6。1978~2006 年山东省全社会固定资产累计完成 16 272.99 亿元，占全国同期（186 266 亿元）的 8.74%。其中 1992~2006 年的全社会固定资产投资累计完成 14 398 亿元，占山东省 1978~2006 年全社会固定资产投资总数 88.47%。

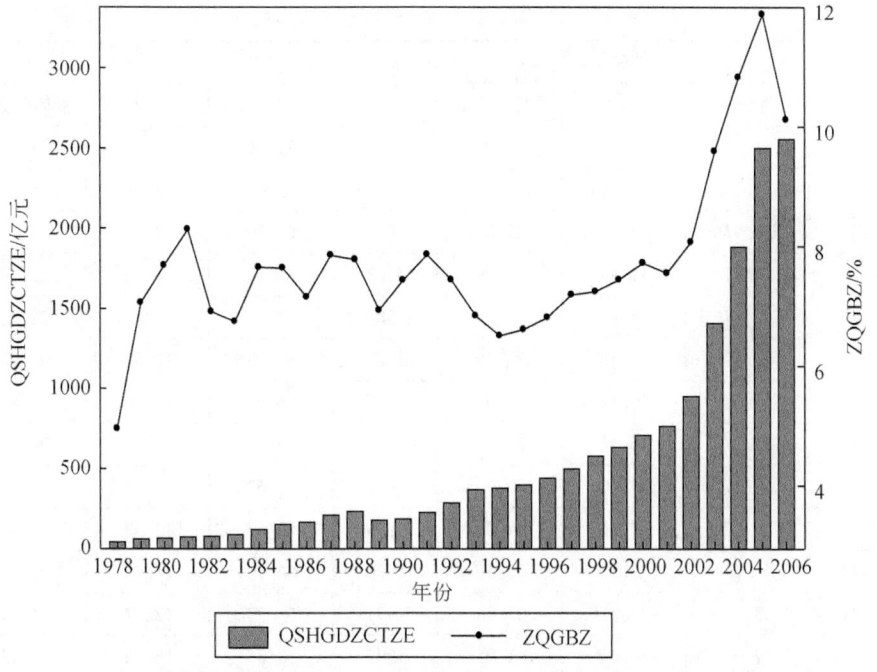

图 4-6　山东省 1978~2006 年全社会固定资产投资及其占全国比重的变化
注：根据《山东省统计年鉴（2007）》《中国统计年鉴（2007）》绘制而成

一、投资结构变化

改革开放以来，我国投资主体和所有制方面发生了很大的变化，由过去的以各级政府和国有经济为主转变为国有经济、集体经济、个体经济和外商等多元化为主体。从表 4-6 中可以看出，1993 年以前国有经济、集体经济和其他经济在全社会固定资产投资中所占的比重一直相当稳定，分别为 53%、27%、25% 左右，与全国 66%、14% 和 21% 左右相比（袁志刚，2006），山东省的集体经济、个体和其他经济投资比重相对较高。但从 1993 开始，国有经济的投资比重显著下降，个体、外资等其他经济持续上升。到 2004 年，国有经济投资比重已经下降到 23.10%，比全国平均水平低 12.43 个百分点，集体投资比重虽有所下降，但仍高达 32.19%，比全国平均水平高 18.04 个百分点，而个体和其他经济所占比重上升到 44.71%。这种投资结构中的"国退民进"从一个侧面反映了国民经济中各所有制成分的重新布局，进而也影响到山东经济增长和产业结构变动。

表 4-6　山东省、全国各主体的投资比重变化　　（单位:%）

年份	山东省			年份	全国		
	国有	集体	个体与其他		国有	集体	个体与其他
1980	51.21	31.79	17.01	1980	81.89	5.05	13.06
1981	37.22	40.30	22.47	1981	69.46	11.99	18.55
1982	50.93	27.51	21.56	1982	68.70	14.17	17.13
1983	50.91	19.89	29.19	1983	66.57	10.93	22.50
1984	47.87	18.04	34.08	1984	64.66	13.02	22.31
1985	51.67	15.55	32.78	1985	66.08	12.88	21.04
1986	54.67	19.32	26.02	1986	66.63	12.56	20.81
1987	52.27	26.45	21.28	1987	64.58	14.43	20.99
1988	51.97	27.30	20.73	1988	65.63	14.97	21.50
1989	53.12	22.81	24.08	1989	63.67	12.92	23.41
1990	55.25	21.30	23.45	1990	66.11	11.72	22.17
1991	53.21	23.81	22.98	1991	66.38	12.47	21.14
1992	57.05	30.99	11.95	1992	68.05	16.82	15.12
1993	53.36	27.55	19.08	1993	60.63	17.73	21.64
1994	48.52	28.74	22.74	1994	56.42	16.19	27.39
1995	46.32	29.07	24.61	1995	49.49	14.94	26.48
1996	44.40	31.12	24.48	1996	52.40	15.94	31.67
1997	43.15	31.79	25.07	1997	52.49	15.44	32.07
1998	45.64	29.66	24.70	1998	54.11	14.76	31.14
1999	46.94	28.60	24.46	1999	53.42	14.53	32.05
2000	45.37	26.72	27.90	2000	50.14	14.59	35.28

续表

年份	山东省			年份	全国		
	国有	集体	个体与其他		国有	集体	个体与其他
2001	41.22	24.52	34.25	2001	47.31	14.18	38.50
2002	35.25	23.16	41.59	2002	43.40	13.76	42.84
2003	30.32	22.09	47.59	2003	38.98	14.41	46.60
2004	23.10	32.19	44.71	2004	35.53	14.15	50.37

注：表中的其他经济类型包括联营经济、股份制经济、外商投资经济和港澳台商经济等国有、集体和个体经济以外的经济成分

资料来源：中国的数据来自《新中国55年统计资料汇编》（1949~2004）；山东的数据来自《山东省统计年鉴（2007）》

二、投入弹性系数

投入弹性系数（投入要素增长与经济增长率之比）是描述经济增长方式的主要指标。分别计算出山东省和全国1978~2006年的投入弹性系数，见表4-7。

表4-7 1979~2006年山东省投入弹性系数与全国对比

年份	山东省	全国	年份	山东省	全国
1979	5.35	-0.11	1993	3.03	2.90
1980	0.83	0.14	1994	0.19	0.62
1981	0.70	0.61	1995	0.36	0.30
1982	0.49	3.13	1996	0.93	0.75
1983	0.82	1.38	1997	1.41	0.78
1984	1.87	1.46	1998	1.89	1.90
1985	4.20	1.92	1999	1.16	0.85
1986	2.32	1.94	2000	1.34	0.96
1987	1.88	1.34	2001	1.02	1.30
1988	0.92	1.05	2002	2.19	1.78
1989	-3.59	-3.58	2003	3.29	2.45
1990	0.37	-0.83	2004	2.08	1.85
1991	1.87	1.73	2005	1.78	2.01
1992	2.18	2.35	2006	0.15	1.81

注：一般来说$K \geq 1$，经济增长完全是粗放型的；$K \leq 0$，经济增长完全是集约型的；$0<K<1$，经济增长是粗放集约结合型增长，其中$K>0.5$为粗放型为主的增长，$K<0.5$则为集约型为主的增长

资料来源：根据《山东省统计年鉴（2007）》和《中国统计年鉴（2007）》计算而得

从表4-7和图4-7可以看出，山东省投入弹性系数的变化与全国变动趋势基本一致，在所研究的28个年份中，只有11个年份的投入弹性系数小于1，17个年份的投入弹性系数大于1，说明山东省经济的增长对投资的增长具有较大的依赖性，这与国家宏观经济政策有很大关系。这种侧重资本要素投入的经济增长，随着投资扩张制约因素的强化和国内外市场竞争的加剧，势必遇到越来越多的困难，甚至难以为继。近几年经济增长的态势告诉我们，我国经济已经由供给约束型转为需求约束型，城乡居民消费已由数量型转变为质量型，靠原有的供给结构和经济增长方式，难以支撑和引导未来经济增长。我国已经加入WTO，但不容置疑，经济全球化将在很大程度上形成以发达国家为核心，它们充分利用全球资源进行全球性经济扩张，尽管经济全球化也会给我们带来发展的机遇，但过分指望扩大外需或将部分不旺的内需转为外需，将困难重重。2008年全球性的金融危机，我国的部分外贸出口产品受到了严重的影响，就是一个很好的例证，如2009年2月11日，海关总署公布了1月中国外贸进出口的最新统计数据：进出口总值1418亿美元，比去年同期下降29%；其中出口下降了17.5%，进口下降了43.1%。如此前预计的一样，中国2009年1月进出口首现十余年来创纪录的两位数跌幅，连续三个月出口负增长（滕晓萌，2009）。归根到底，不要像过去那样付出很高的代价去追求高速度，而要把提高经济增长质量摆在首位，以质量

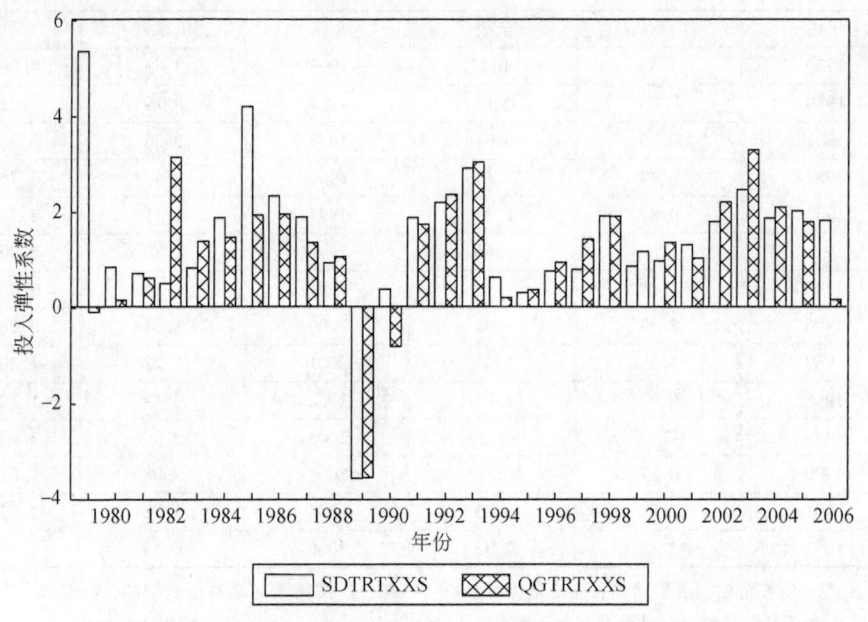

图4-7　1979～2006年山东省与全国投入弹性系数对比

求速度，切实使适度增长与提高质量结合起来。

三、山东省投资对经济增长的贡献分析

(一) 分析模型

为了考察投资规模对经济增长的作用，本节利用 1978～2006 年的数据对山东省、江苏省与全国的固定资产投资额（TZ）（包括外商直接投资，外商对经济发展的影响下面将有详细论述）和 GDP 进行回归分析，模型如下：

$$\ln GDP(0) = C1 + C2 \times \ln(TZ(0)) + C3 \times \ln((TZ(-1)) + C4 \times \ln(TZ(-2))$$
(4-13)

考虑到固定资产见效的延迟性，式中 GDP (0) 为当年 GDP；TZ (0)、TZ (-1)、TZ (-2) 分别为当年与前一年、前二年的全社会固定资产总额。

(二) 计算结果分析

采用 EView5.0，利用 1978 年价格的 GDP 和全社会固定资产投资，分别计算出山东省、江苏省和全国的模型，计算结果见表 4-8。

表 4-8　山东省投资对经济增长影响的回归结果及其与江苏和全国的比较

地区	山东	江苏	全国
$C1$	2.1482（36.1819***）	2.6872（18.059***）	3.0541（33.419***）
$C2$	0.6849（5.7112***）	0.7200（3.866***）	0.5585（4.920***）
$C3$	-0.2335（-1.1677）	-0.128（-0.4206）	-0.2882（-1.4999）
$C4$	0.3914（3.2082***）	0.162（0.8958）	0.5159（4.563***）
R^2	0.9969	0.9799	0.9955
Adjusted R^2	0.9965	0.9773	0.9950
Std. error of estimation	0.0536	0.1373	0.0529
F value	2458.052	375.07	1727.57
Sig. of F	0.00000	0.00000	0.00000
DW	0.8294	0.4698	0.8675

注：括号内系数值为该系数的 t 值

*** 表示在 $\alpha = 0.01$ 水平上显著

由表 4-8 可以看出，三个方程的判决系数 R^2 和调整后的判决系数 R^2 都接近

1，拟合性较好，F 值大大超过了临界值，说明方程整体非常显著。但可以看出山东省、全国的滞后一年的系数没有能够通过 t 检验；江苏省的滞后一年、两年的系数也没有能够通过 t 检验，并且山东、江苏和全国滞后一年的系数为负值，无法通过现实经济检验，同时三个方程的 DW 都较小，故原回归模型存在随机干扰项的一阶自正相关。为解决此问题，本节应用广义差分的科克伦—奥克特迭代估计过程，首先假设自相关类型为一阶自回归形式，对各相关变量进行回归，见表4-9。

表4-9 一阶自回归结果

地区	山东	江苏	全国
C1	2.2946（12.835***）	2.1656（14.097***）	15.897（4.903***）
C2	0.5575（5.763***）	0.4656（8.483***）	0.1697（1.669）
C3	−0.0113（−0.0895）	0.1834（2.9218***）	0.0599（1.584）
C4	0.2743（2.9643***）	0.1901（3.358***）	0.0668（1.972**）
AR（1）	0.6840（3.9552***）	0.6462（10.916***）	0.994（148.3***）
R^2	0.9981	0.9984	0.9996
Adjusted R^2	0.9977	0.9981	0.9995
Std. error of estimation	0.0416	0.0381	0.01488
F value	2712.092	3348.064	14732.31
Sig. of F	0.00000	0.00000	0.00000
DW	1.234	1.0453	1.5443

注：括号内系数值为该系数的 t 值
*** 表示在 $\alpha=0.01$、** 表示 $\alpha=0.05$ 水平上显著

从表4-9可以看出，三个方程的判决系数 R^2 和调整后的判决系数 R^2 都接近1，拟合性较好，F 值大大超过了临界值，说明方程整体非常显著。山东省的滞后一年的系数为负值没有通过现实经济检验，江苏省的所有系数都在 $\alpha=0.01$ 通过了检验，而全国的当年、滞后一年的系数在 $\alpha=0.05$ 水平上通过检验。并且三个方程的 DW 的数值依然未接近2，故原回归模型依然存在随机干扰项的自正相关，为解决此问题，本节继续用广义差分的科克伦—奥克特迭代估计过程，首先假设自相关类型为二阶自回归形式，对各相关变量进行回归，见表4-10。

从表4-10可以看出，三个方程的判决系数 R^2 和调整后的判决系数 R^2 都接近1，拟合性较好，F 值大大超过了临界值，说明方程整体非常显著。山东省的滞后二年的系数通过了 $\alpha=0.05$ 检验，江苏省的所有系数都在 $\alpha=0.01$ 通过了检验，而全国的当年、滞后一年的系数在 $\alpha=0.05$ 水平上通过检验，且在经济上也是合理的，

表 4-10　二阶自回归结果

地区	山东	江苏	全国
C1	2.120 (23.774***)	2.414 (9.878***)	13.664 (2.308***)
C2	0.505 (6.198***)	0.424 (8.651***)	0.1587 (4.660***)
C3	0.144 (1.722**)	0.237 (6.238***)	0.0613 (1.772**)
C4	0.198 (2.384***)	0.142 (3.283***)	0.0503 (2.309**)
AR (1)	1.108 (6.232***)	1.289 (6.213***)	1.2198 (5.695***)
AR (2)	−0.599 (−3.500)	−0.474 (−3.328)	−0.2272 (−1.066)
R^2	0.9987	0.9989	0.9996
Adjusted R^2	0.9983	0.9986	0.9995
Std. error of estimation	0.0342	0.0314	0.0147
F value	2860.311	3528.454	10631.66
Sig. of F	0.00000	0.00000	0.00000
DW	1.6310	1.908	1.897

注：括号内系数值为该系数的 t 值

*** 表示在 $\alpha=0.01$，** 表示 $\alpha=0.05$ 水平上显著

并且三个方程的 DW 的数值接近 2，故原回归模型不再存在随机干扰项的自正相关。因此，可以说明当年固定资产投资每增加 1%，可使山东省、江苏省和全国的 GDP 分别增加 0.505%、0.424% 和 0.159%；滞后一年固定资产每增加 1%，山东省、江苏省和全国的 GDP 可相应的增加 0.144%、0.237% 和 0.0613%。滞后两年固定资产每增加 1%，山东省、江苏省和全国的 GDP 将分别增加 0.198%、0.142% 和 0.053%。由此可见，目前山东省与江苏省、全国一样经济增长还处在投资带动阶段，投资越多，经济增长越明显，这也验证了前面的分析。

然而投资水平反映的不仅是规模，还有效率。以投资产出弹性 Ie（GDP 年增长率与投资年增长率之比）和投资产出系数 Ic（GDP 增量与投资之比）来衡量投资效率。用投资产出弹性和产出系数分别与各年经济增长率 GY 进行回归分析，结果如下：

山东：GY = 30.03 − 5.18Ic，$R^2 = 0.4993$；GY = 16.72 + 1.63Ie，$R^2 = 0.028$

江苏：GY = 32.38 − 5.84Ic，$R^2 = 0.4591$；GY = 11.27 + 8.53Ie，$R^2 = 0.2215$

全国：GY = 28.94 − 4.76Ic，$R^2 = 0.5178$；GY = 16.43 − 0.32Ie，$R^2 = 0.0020$

上述六个方程都是不显著的，这一结果表明投资效率对 GDP 增长的解释程

度相当低，山东分别只有49%和2.8%；江苏分别只有46%和22%；全国分别只有52%和0.2%。由此可得出：相对投资规模而言，投资效率对经济增长的贡献不显著。因此，我国目前发达地区经济发展快并不是因为投资效率高，而主要是因为投资规模大，而一些地区经济发展缓慢，主要应归咎于投资规模小，这一结论与宁越敏（1998）对长江三角洲地区的研究结论一致。

四、外商直接投资对山东省经济增长的影响

（一）分析模型

多数关于外商投资对经济增长的经验研究，均以综合产出是生产要素（劳动力、资本和技术）的函数为理论依据构造模型。与仅选取外资作为解释变量的模型相比（方勇，2002），该模型可更为客观地度量外资相对于其他变量的影响程度。资本可分为国内投资和外资。考虑到发展中国家由农业向第二、三产业的资源转换对产出的影响以及出口是增长的"引擎"的理论，Wang在对中国和匈牙利的分析中增加了结构变化和出口两变量。基于前人经验，并考虑投资对产出的滞后影响，本节采用李小建（2000）分析模型中的指标，首先采用灰色关联度分析方法，判断所选指标的重要性，然后对外商直接投资对山东经济增长的贡献进行定量分析。

1. 灰色关联度方法

探讨因变量和自变量之间的关系，可以用多元统计回归分析，通过模拟因子与样本之间的回归方程获得，但是多元统计方法要求：①研究样本足够多才能满足精度要求；②样本之间要求有典型的概率分布规律。在这种条件下，灰色关联法可以较好地满足研究需要，因为这种分析方法不要求知道变量的分布，也不要求变量之间相互独立，它通过灰色关联度来直接表征两组事物的几何贴近程度，直接可靠，计算方便。它是一个介于0~1的抽象数值，数值越大表明对经济增长的影响力越大，反之亦然。

计算步骤如下：

（1）进行数据平均值标准化

$$x'_0(k) = \frac{x_0(k)}{\frac{1}{n}\sum_{n=1}^{n} x_0(k)} \qquad x'_i(k) = \frac{x_i(k)}{\frac{1}{n}\sum_{n=1}^{n} x_i(k)} \qquad (4\text{-}14)$$

(2) 计算母系列 x_0 和子系列 x_i 在各点的绝对值。
(3) 令分辨率系数 $p = 0.5$，求关联系数 $\zeta_i(k)$，

$$\zeta_i(k) = \frac{\min\limits_i \min\limits_k |x_0(k) - x_i(k)| + p \max\limits_i \max\limits_k |x_0(k) - x_i(k)|}{|x_0(k) - x_i(k)| + p \max\limits_i \max\limits_k |x_0(k) - x_i(k)|} \quad (4-15)$$

(4) 计算灰色关联度 f，

$$f = \frac{1}{n} \sum_{i=1}^{n} \zeta_i(k) \quad (4-16)$$

2. 指标体系

母序列：GY 为 GDP 年增长率，单位:%。

子系列：L 为劳动力因素，取从业人员数，单位：万人；RT 为资源转换因素，取第二、三产业增加值，单位：亿元；FCI 为外国投资变量，取实际利用外资额，单位：亿元；FCI（-1）为滞后一年的外国投资变量，单位：亿元；DCI 为国内投资变量，取扣除外资的全社会固定资产投资总额，单位：亿元；DCI（-1）为滞后一年的国内投资变量：单位，亿元；X 为出口变量，取出口额，单位：亿元。

本章采用山东省 1984~2006 年 23 年的数据，见表 4-11。由于时间序列相对较短，该样本容量不易再增加变量个数，故实际利用外资不再分解为外国直接投资（FDI）、对外借贷和其他外商投资。实际上，实际利用外资中，外商直接投资占有的份额较大；用实际利用外资数据主要反映的是外商直接投资的影响。

表 4-11 山东省经济增速度及其影响变量 (1985~2006)

年份	母系列	子系列						
	GY	L	RT	FCI	FCI（-1）	DCI	DCI（-1）	X
1985	7.82	3563.7	383.52	0.14	0.01	168.44	144.05	59.45
1986	4.37	3561.1	404.06	0.55	0.14	189.82	168.44	54.72
1987	10.99	3651.2	461.11	0.68	0.55	222.95	189.82	82.25
1988	5.28	3765.7	503.34	0.93	0.68	213.75	222.95	73.86
1989	-0.97	3887.1	512.22	2.71	0.93	179.90	213.75	67.47
1990	14.96	3940.3	585.71	3.89	2.71	218.65	179.90	88.16
1991	14.20	4043.2	662.57	4.91	3.89	280.83	218.65	102.70
1992	14.21	4219.3	804.41	25.98	4.91	341.05	280.83	115.78

续表

年份	母系列	子系列						
	GY	L	RT	FCI	FCI（-1）	DCI	DCI（-1）	X
1993	14.39	4302.6	954.23	46.62	25.98	402.53	341.05	106.33
1994	15.33	4379.3	1119.84	79.73	46.62	367.38	402.53	184.58
1995	12.83	4382.1	1259.81	69.56	79.73	401.31	367.38	217.74
1996	11.02	5207.4	1398.51	64.31	69.56	462.84	401.31	227.98
1997	10.21	5227.4	1582.37	61.40	64.31	539.24	462.84	266.64
1998	10.62	5256	1771.06	56.14	61.40	652.84	539.24	261.33
1999	9.91	5287.6	1970.73	64.21	56.14	762.85	652.84	301.15
2000	12.85	5314.7	2252.68	78.38	64.21	928.32	762.85	409.67
2001	10.29	5441.8	2496.98	95.51	78.38	1025.67	928.32	478.18
2002	13.12	5475.3	2866.29	149.15	95.51	1203.30	1025.67	563.77
2003	17.28	5527	3410.84	188.98	149.15	1478.48	1203.30	707.90
2004	20.98	5620.6	4146.33	225.46	188.98	1933.61	1478.48	929.59
2005	22.54	5728.1	5163.09	228.71	225.46	2509.79	1933.61	1179.20
2006	18.53	5840.7	6169.08	246.67	228.71	2973.89	2509.79	1446.55

注：经济增长速度为1978年价格计算的；第二、第三产业产值为1978年价格；国内投资为1978年价格；国外投资、出口额是按汇率转换成人民币价格，然后换算成1978年价格

资料来源：《山东省统计年鉴（2007）》

3. 结果分析

利用SPSS11.5计算出经济增长率和各指标的灰色关联度，结果见表4-12。

表4-12 各变量与经济增长速度的关联度

年份	L	RT	FCI	FCI（-1）	DCI	DCI（-1）	X
1985	0.8772	0.8765	0.8765	0.8765	0.8765	0.7746	0.7077
1986	0.9221	0.9266	0.9238	0.9227	0.9334	0.8044	0.6620
1987	0.8602	0.8529	0.8404	0.8407	0.8627	0.7678	0.7556
1988	0.9699	0.9362	0.9129	0.9129	0.9333	0.8170	0.6734
1989	0.9040	0.9700	0.9900	0.9974	0.9957	0.8824	0.6018

续表

年份	L	RT	FCI	FCI (-1)	DCI	DCI (-1)	X
1990	0.884 3	0.830 0	0.807 3	0.805 3	0.815 2	0.737 1	0.825 6
1991	0.922 5	0.852 9	0.818 8	0.818 0	0.850 3	0.758 4	0.811 2
1992	0.975 3	0.880 5	0.895 9	0.821 9	0.877 8	0.771 9	0.811 4
1993	0.999 7	0.909 5	0.984 2	0.911 9	0.905 5	0.760 4	0.814 6
1994	0.995 6	0.933 0	0.886 2	0.997 1	0.876 2	0.839 3	0.832 7
1995	0.955 9	1.000 0	0.894 1	0.808 5	0.926 2	0.915 9	0.786 4
1996	0.739 9	0.938 5	0.891 6	0.828 4	0.987 9	0.957 6	0.756 0
1997	0.729 2	0.887 6	0.892 5	0.840 6	0.959 4	0.968 7	0.743 3
1998	0.727 7	0.855 3	0.919 5	0.857 6	0.904 6	0.984 0	0.749 6
1999	0.716 2	0.811 3	0.877 7	0.871 9	0.844 2	0.910 4	0.738 6
2000	0.736 7	0.794 9	0.860 5	0.872 6	0.807 7	0.804 5	0.786 9
2001	0.693 6	0.733 3	0.775 5	0.787 0	0.746 3	0.710 9	0.744 4
2002	0.710 9	0.707 5	0.661 8	0.755 2	0.712 9	0.661 2	0.791 6
2003	0.737 4	0.672 3	0.609 0	0.637 3	0.665 0	0.588 1	0.872 7
2004	0.753 2	0.617 9	0.567 0	0.574 4	0.580 5	0.491 7	0.960 5
2005	0.747 7	0.538 3	0.569 9	0.518 5	0.487 5	0.407 9	1.002 7
2006	0.694 2	0.457 7	0.523 6	0.496 8	0.416 4	0.334 2	0.900 4
平均	0.859 4	0.881 7	0.885 1	0.868 9	0.888 4	0.833 3	0.753 0
排序	5	3	2	4	1	6	7

从表 4-12 中可以看出，在所选的 7 个指标中，国内投资对 1985~2006 年山东省经济增长的贡献居第 1 位，国外投资对经济增长的贡献居第 2 位，产业结构变动对经济增长的贡献居第 3 位。

（二）外商直接投资对山东省经济增长的短期和长期效应分析

1. 研究方法

为了更好地计量分析外商直接投资与山东经济发展之间的关系，本节借鉴徐晓虹（2007）的研究方法，对山东省 1985~2006 年的外商直接投资对山东经济增长进行定量分析，由于时间序列较短，本书不再进行分时段研究。采用总量指标，用方程：

$$\ln(GDP) = \alpha\ln(FDI) + b \qquad (4-17)$$

来检验。利用 OLS 分析方法进行短期效应和长期效应分析。短期效应回归分析考察外商直接投资的即期效应对山东省 GDP 的需求拉动作用；长期效应回归分析考察外商直接投资对山东省 GDP 的长期供给创造及溢出作用。由于进行长期效应回归时，采用 FDI_{t-1}、FDI_{t-2}，GDP 的时间序列滞后外商直接投资两年，其实际的有效样本数比短期效应回归分析有效样本减少 2 年。

对时间序列的回归，要求经济时间序列变量必须是平稳的，因此在回归之前必须进行检验。笔者曾经用单位根、协整分析以及格兰杰检验等方法，对外商直接投资对山东经济增长进行了定量分析，结果表明在整个样本区间（1986～2002 年）不存在双向因果关系，外商直接投资和经济增长之间的双向有效驱动机制目前尚不存在，但外商直接投资是 GDP 增长的原因。在 1986～1991 年，外商直接投资对 GDP 的影响不大，说明在这一时期山东省 GDP 的增长主要是靠国内投资拉动的。在 1992～2002 年存在双向关系，从趋势上看，外商直接投资对山东省经济增长的促进作用和山东经济增长对外商直接投资的吸引力逐渐增强（刘涛，2005）。因此，本节不再进行检验。

2. 短期效应回归分析

山东省 ln（FDI）与 ln（GDP）具有显著的相关性，该方程的判决系数 R^2 和调整后的判决系数 R^2 较大，拟合性较好，F 值大大超过了临界值，说明方程整体非常显著，各位系数均在 $\alpha = 0.001$ 水平上，通过显著性检验，整个方程具有很强的解释功能，见表 4-13。

表 4-13 山东省外商直接投资与 GDP 短期效应回归结果与江苏省对比

	山东	江苏
Constant	6.697（55.808***）	6.484（55.133***）
ln（FDI）	0.243 8（7.859***）	0.265 3（9.659***）
R^2	0.746	0.816
Adjusted R^2	0.734	0.807
Std. error of estimation	0.084	0.080
F value	61.77	93.31
Sig. of F	0.0000	0.0000

注：括号内数值为该系数的 t 值
*** 表示 $\alpha = 0.001$ 水平上显著
资料来源：根据《山东省统计年鉴（2007）》和《江苏省统计年鉴（2007）》计算整理

由短期效应回归分析可以看出，外商直接投资对山东省 GDP 的贡献率较大。

1984~2006年，外商直接投资每增加1%，山东省GDP增加0.2438%，可以说从短期看，外商直接投资对当年山东经济的需求拉动作用明显，但低于江苏省的0.2653%。

3. 长期效应回归分析

由于外商直接投资具有明显的资本、技术、人才信息的集聚溢出效应，即可通过外商直接投资在国内经过1~2年造成新供给来推动经济发展。所以本书考察山东省外商直接投资对山东省GDP的长期效应回归分析分两步：第一步假定山东省GDP和外商直接投资存在下述关系：

$$\ln(GDP_t) = \alpha\ln(FDI_t) + \alpha_1\ln(FDI_{t-1}) + \alpha_2\ln(FDI_{t-2}) + \beta \quad (4-18)$$

式中，$\ln(FDI_{t-1})$表示对于t年山东省GDP而言超前1年的外商直接投资的自然对数值；$\ln(FDI_{t-2})$表示相对于t年山东省GDP而言超前2年的外商直接投资的自然对数值；α、α_1、α_2、β是回归系数，利用方程对1984~2006年数据，可以得到外商直接投资对山东省GDP长期效应回归结果，见表4-14。

表4-14　山东省外商直接投资对山东省GDP长期效应回归结果一

地区	山东
Constant	6.498（28.64***）
Ln（FDI_t）	0.0857（2.56*）
Ln（FDI_{t-1}）	−0.018（0.1363）
Ln（FDI_{t-2}）	0.1864（5.287***）
R^2	0.8213
Adjusted R^2	0.7898
Std. error of estimation	0.041
F value	26.05
Sig. of F	0.0000

注：括号内数值为该系数的t值

***表示$\alpha=0.001$水平上显著，**表示$\alpha=0.01$水平上显著，*$\alpha=0.10$水平上显著

资料来源：根据《山东省统计年鉴（2007）》和《江苏省统计年鉴（2007）》计算整理而得

由表4-14可知，该方程的判决系数R^2和调整后的判决系数R^2较大，拟合性较好，F值大大超过了临界值。但是可以看出，$\ln(FDI_{t-1})$的系数没有通过t检验，并且系数为负值，且无法通过现实经济检验，表明超前1年的外商直接投资对山东经济增长的长期效应不明显。同时，可以看出$\ln(FDI_t)$和$\ln(FDI_{t-2})$的系数是显著的。

超过1年的外商直接投资对当年山东省GDP作用并不明显。这可能因为外商直接投资进入山东省通过其所提供的需求拉动对当年山东省GDP贡献后,进入初步发展阶段,其作用没有发挥出来。经过两年的发展,其供给效应开始发挥作用,超前2年的外商直接投资对当年的GDP作用相当显著,超前2年的外商直接投资每增增长1%,1986~2006年的GDP增长0.1864%。

第二步基于以上回归方程的回归结果,方程调整为

$$\ln(GDP_t) = \alpha\ln(FDI_t) + \alpha_2\ln(FDI_{t-2}) + \beta \qquad (4-19)$$

方程(4-19)反映的是 t 年山东 GDP 与 t 年外商直接投资、$t-2$ 年的外商直接投资之间的关系,其中 α、α_2、β 是回归系数。利用方程4-19对山东省1986~2006年数据进行回归分析见表4-15。

表4-15 山东省外商直接投资对山东省GDP长期效应回归结果二

	山东
Constant	6.515(34.838***)
ln(FDI$_t$)	0.091(3.453**)
ln(FDI$_{t-2}$)	0.2175(8.726***)
R^2	0.821
Adjusted R^2	0.801
Std. error of estimation	0.041
F value	42.32
Sig. of F	0.0000

注:括号内数值为该系数的 t 值
*** 表示 $\alpha=0.001$ 水平上显著,** 表示 $\alpha=0.01$ 水平上显著,* $\alpha=0.10$ 水平上显著
资料来源:根据《山东省统计年鉴(2007)》和《江苏省统计年鉴(2007)》计算整理

该方程的判决系数 R^2 和调整后的判决系数 R^2 较大,拟合性较好,F 值大大超过了临界值,方程整体显著,具有较强的解释功能。回归分析 ln(FDI$_t$)和 ln(FDI$_{t-2}$)的系数是显著的,即当年山东省外商直接投资和超前2年的外商直接投资对当年国内生产总值的影响是显著的。在长期效应回归分析中,山东省的 ln(FDI$_t$) 和 ln(FDI$_{t-2}$) 与 ln(GDP$_t$) 具有显著的线性相关。

由上述分析可知,当年外商直接投资、超前2年的外商直接投资对山东省GDP的影响显著,当年外商直接投资每增长1%,1986~2006年当年山东省GDP增长0.091%;超前2年的外商直接投资每增长1%,1986~2006年当年GDP增长0.2175%。

对山东省 1984～2006 年进行短期效应和长期效应回归分析表明，当年外商直接投资和超前 2 年的外商直接投资对山东省经济的发展均具有显著的促进作用，超前 2 年的外商直接投资对山东省经济发展的长期供给溢出效应作用大于当年外商直接投资对山东省经济发展的短期需求拉动作用。这个结论有助于我们充分利用外商直接投资对 GDP 的短期需求拉动作用，以及外商直接投资的长期供给创造和溢出效应。

第五节 所有制、产权结构对经济增长贡献的分析

一、所有制、产权改革的基本路径

由中国特殊的经济条件所决定的，所有制、产权改革的基本路径是一个从宏观到微观不断民营化的过程。在宏观层次上，由单一的公有制经济发展为以公有制为主体，多种经济相互并存、共同发展的基本格局；在企业层次上，多种经济成分之间相互渗透、相互融合，股权多元化的混合所有制企业正逐步创设和推行。

1. 所有制、产权改革的基本路径之一——国有企业的战略性重组

所有制、产权改革能否健康发展，不仅需要个体私营经济的发展和外商投资经济快速进入，更为重要的是必须加快国有企业的战略性重组，主动收缩国有经济过长的战线，退出一般性竞争部门，向国有经济需要发挥控制力的战略部门集中。国有企业的战略性重组与私营经济和外商投资经济的逐步深入，是中国民营化过程的继续，也是中国所有制、产权发展水平的提升。国有经济的战略重组迫切需要新的经济主体介入，以实现资产的整体流动和优化重组，为国有经济和私营经济的重新布局和有机结合提供现实的契机。随着我国市场经济的逐步建立和不断完善，国有经济已经不再是一般的经济形式，而是特殊的经济形式，即只在公共性、自然垄断性、命脉性等领域存在的一种所有制形式。在市场经济中，交换应是不同产权主体之间生产要素的让渡与转移，没有多元的产权主体，就不可能有真正的交换关系，因而就不可能形成真正的市场。单一公有制内部的产权分离和调整，无法塑造出市场必要的产权基础。两权分离，各种形式的承包制、租赁制、企业兼并和产权转让，以及现在普遍推广的股份制，向人们展示出全民所有制在商品经济条件下的多种形式、多重性质、多条途径。随着横向经济联合的发展，企业兼并的发生，产权的兴起和产权的分享出现了，从而引起了产权演化。

2. 所有制、产权改革的基本路径之二——非公有制经济的发展

非公有制与市场经济有着天然的联系，能够提供市场机制发挥作用的基础。中国的民营化首先是从农村开始的。通过改革，我国农村集体所有制经济内部已经形成了一种以集体所有制为主、个体所有制为补充的混合所有制关系。乡镇企业的兴起以及后来的制度变迁是我国非公有制经济发展的重要推动力。乡镇企业按其所有制性质分，有乡办、村办、联办、个体和私营等多种经济成分，乡镇企业是混合所有制经济，它有自己特有的投资方式、分配方式和经营管理方式。从私营经济看，它们经营方式灵活，生产效率高，成本较低，但规模小，资金力量薄弱，技术水平低。从国有经济看，它们规模大，技术水平高，产品质量好，又有国家银行的大力支持，但经营机制僵化，机构庞大，办事效率低，成本不断上升，与市场经济不相适应。事实上，私营经济与国有经济已经从原材料供应和产品销售、科技创新、资金融通、人才培训、零部件和半成品生产等方面的外生型混合经济发展到合资、合股等内生型混合产权。这种内生型混合经济实现了投资主体的多元化，有利于从根本上改革传统的国有企业，有利于建立法人财权和法人治理机构，实现所有权和经营权的分离，形成企业内部的制衡机制和科学的决策机制，从而迅速提高企业整体的内部水平、管理水平和核心竞争力。随着我国股票证券市场的日益成熟，国有企业和私营企业一方面通过互持股份来巩固双方的合作；另一方面通过集中社会闲散资金来扩大再生产。

各种所有制成分之间在功能上具有互补性，相互之间无法完全替代。因此，在经济转轨时期，各种所有制形式并存和共同发展可以充分发挥市场机制的协调作用，促使公有制经济注意提高经营效率和经济效益，促使私有制经济注意处理各方面的利益关系。党的十六届三中全会《关于完善社会主义市场经济体制若干问题的决定》提出：要适应经济市场化不断发展趋势，进一步增加公有制经济的活力，大力发展国有资本、集体资本和非公有资本等参股的混合所有制经济。混合所有制经济的发展对于我国社会主义市场经济体制的完善无疑起着显著的推动作用。

二、所有制、经济结构的变迁对经济增长贡献的计量分析

（一）分析模型

根据目前的研究成果，要对一个区域经济增长的因素作实证分析并对各项因素进行精确和详细的分解尚有一定的困难，因为这不仅涉及理论问题，而且也面

临统计数据的可靠性和可获得性等问题。本部分在吸收已有研究成果的基础上，通过一些指标换算，依然运用生产函数方程对山东经济增长进行分解，并就山东省经济增长的制度变迁因素进行经济计量检验。

本部分采用的模型是在 C-D 生产函数基础上加上制度因素，且假定技术进步为希克斯中性的，即包括资本、劳动投入、制度和排除制度因素在外的综合要素生产率的，具体的函数方程为：

$$Y_t = A_0 F(K_t, L_t, I_t) = A_0 e^{\lambda t} K_t^\alpha L_t^\beta I_t^\varphi \tag{4-20}$$

式 (4-20) 中除了 I 为制度，φ 为制度因素的弹性外，其他变量的指标与前边方程的含义一样。

对式 (4-20) 两边取对数，可得

$$Y_t = \ln A_0 + \lambda t + \alpha \ln K_t + \beta \ln L_t + \varphi \ln I_t \tag{4-21}$$

对式 (4-21) 两边求导得：

$$dY_t/Y_t = \lambda + \alpha dK_t/K_t + \beta dL_t/L_t + \varphi dI_t/I_t \tag{4-22}$$

式 (4-22) 中，dY_t/Y_t 表示 t 时间的经济增长速度；$\alpha dK_t/K_t$ 表示资本投入对经济增长的贡献；$\beta dL_t/L_t$ 表示劳动投入对经济增长的贡献；$\varphi dI_t/I_t$ 表示制度因素对经济增长的贡献。

（二）分析数据

GDP、资本投入和劳动力数据依然利用表 4-2 中的数据，制度变迁的量化测度采用金玉国（2001）的研究成果并考虑数据的可得性，引入四个制度变量分别对制度变迁的几个方面进行描述。

1. 制度变迁量化指标

（1）非国有化率（FGYH），反映经济成分多元化的过程，转型期经济成分多元化在宏观层面上主要表现为非国有化，由于经济成分的非国有化改革集中在工业领域，因此非公有化率可以用工业总产值（或增加值）中非国有工业的总产值（或增加值）来代表。

FGYH＝非国有工业总产值（或增加值）/全部工业总产值（或增加值）×100%

（2）市场化程度（SCH），用来反映资源配置经济决策市场化的广度和深度。因为我国经济运行的市场化程度及其变化特征可从生产要素（资金、劳动力、技术水平等）配置的市场化和经济参数（价格、汇率、利率等）决定的市场化反映出来，所以市场化指数是上述两个方面按其重要性不同加权合成的一个指数。然而由于资料的制约，我们仅使用生产要素市场化指数来表示市场化程度。

SCH = 生产要素市场化指数

生产要素市场化指数是用投资的市场化来代表的，它是全社会固定资产投资中"利用外资、自筹投资、其他投资"三项指标的比重，因为这三项指标的规模基本上是由市场决定、投资者具体决策的，其比重大小大致可以反映投资领域的市场化程度。

(3) 地方财政收入占GDP的比重（CZSR），即

CZSR = 地方财政收入/当年GDP×100%

这一指标主要反映经济利益分配中国家分配份额的大小。

(4) 对外开放度（DWKF），对外开放包括出口各个方面，因此采用包括国际贸易、国际金融、国际投资三方面的内容的对外开放指数（这三方面指标占GDP比重的加权平均数）来代表对外开放的程度才能比较全面地反映对外开放的程度。考虑到资料的制约，本书仅采用进出口值和实际利用外资这两项指标占GDP比重的加权平均数来代表对外开放程度。

DWKF =（进出口总值/GDP×0.4+外商直接投资/GDP×0.6）×100%

根据上述公式，利用《山东省统计年鉴》各年的相应指标计算出1984~2006年上述4项指标，见表4-16。

表4-16 1984-2006年山东省经济制度变量

年份	非国有化率（FGYH）	市场化程度（SCH）	财政收入比重（CZSR）	对外开放程度（DWKF）	制度变迁综合指数
1984	9.69	34.08	9.22	5.63	0.4086
1985	11.74	32.78	9.92	7.17	0.4485
1986	17.13	26.02	8.38	7.18	0.4164
1987	20.20	21.28	8.16	5.99	0.3901
1988	24.17	20.73	7.40	7.72	0.4140
1989	26.61	24.08	7.80	7.40	0.4369
1990	29.02	23.45	7.22	5.71	0.4070
1991	30.62	22.98	7.10	6.00	0.4132
1992	26.33	11.95	6.34	9.28	0.3964
1993	37.11	19.08	7.02	8.36	0.4581
1994	45.53	22.74	3.50	12.05	0.4880

续表

年份	非国有化率 （FGYH）	市场化程度 （SCH）	财政收入比重 （CZSR）	对外开放程度 （DWKF）	制度变迁 综合指数
1995	50.13	24.61	3.61	12.04	0.5130
1996	47.36	24.48	4.11	11.33	0.5013
1997	49.67	25.07	4.66	10.80	0.5142
1998	58.56	24.70	5.02	9.41	0.5315
1999	61.79	24.46	5.40	9.71	0.5543
2000	61.08	27.90	5.56	11.70	0.5959
2001	75.13	34.25	6.23	12.38	0.6910
2002	76.10	41.59	5.94	13.64	0.7314
2003	79.84	47.59	5.91	15.16	0.7868
2004	81.34	44.71	5.51	16.27	0.7920
2005	88.00	72.53	5.80	15.99	0.9078
2006	89.12	73.79	6.14	15.93	0.9218

资料来源：1984～2004年数据来自《新中国55年：1949～2004》；2005、2006年数据来自《山东省统计年鉴》（2006）、（2007）。

2. 制度变迁综合指数

依据表4-16，我们应用综合得分法对制度变迁进行量化测度，求出制度变迁综合指数。

计算公式为：

$$C_i = \sum_{j=1}^{m} W_j * X'_{ij} \tag{4-23}$$

式中，C_i 为第 i 个年份的制度变迁综合指数；W_j 为第 j 个指标的权重；X'_{ij} 为第 i 个年份第 j 个指标标准化后的数值（$i=1, 2, \cdots n; j=1, 2, \cdots m$）。

1）原始数据的标准化处理

对样本点按某一具体年份统计年鉴的数据为基础，采用极大值标准化方法，即

$$X'_{ij} = \frac{X_{ij}}{X_{j\max}} \tag{4-24}$$

式中，X_{ij} 为第 i 个年份第 j 个指标的数值；$X_{j\max}$ 为第 j 个指标在各年份中的最大值，其所得数值 X'_{ij} 即为标准化后的数据。

2) 确定指标的权重

本节采用客观赋权的方法，在均方差权数决策基础上确定各指标权重。其计算步骤如下：

第一步，求随机变量的均值：

$$\bar{X}'_{ij} = \frac{1}{n}\sum_{i=1}^{n} X'_{ij} \qquad (4-25)$$

第二步，求均方差：

$$S_{ij} = \sqrt{\sum_{i=1}^{n}(X'_{ij} - \bar{X}'_{ij})^2} \qquad (4-26)$$

第三步，求权重：

$$W_j = \frac{S_{ij}}{\sum_{j=1}^{m} S_{ij}} \qquad (4-27)$$

计算结果见表4-16。

(三) 计算结果

应用Eview5.0，采用1984~2006年数据，进行回归分析。依据前面分析，我们首先假设 $\alpha + \beta = 1$，则式 (4-22) 变为

$$\ln(Y_t/L_t) = \ln A_0 + \lambda t + \alpha\ln(K_t/L_t) + \varphi\ln I_t \qquad (4-28)$$

这样可以得到如下方程：

$$\ln(Y/L) = \underset{(-3.83)}{-0.962} + \underset{(6.94)}{0.033t} + \underset{(5.98)}{0.3731\ln(K/L)} + \underset{(3.51)}{0.5798\ln I} \qquad (4-29)$$

$R^2 = 0.9971$，Ajusted $R^2 = 0.9967$，DW = 1.037，F = 2241.93

该回归方程的判决系数和调整后的判决系数接近1，F值也很大，DW较小，这说明在回归方程中存在自相关。应用广义差分的科克伦—奥克特迭代估计过程，首先假设自相关类型为一阶自回归形式，对各相关变量进行回归，得到如下方程：

$$\ln(Y/L) = \underset{(-3.59)}{-0.856} + \underset{(5.34)}{0.037t} + \underset{(6.54)}{0.3999\ln(K/L)} + \underset{(2.23)}{0.405\ln I} + \underset{(2.25)}{[AR(1) = 0.5003]} \qquad (4-30)$$

$R^2 = 0.9979$，Ajusted $R^2 = 0.9974$，DW = 1.8657，F = 20 044.945

该回归方程的判决系数和调整后的判决系数接近1，F值也很大，回归方程拟合很好，DW接近2，这说明在回归方程中不存在自相关。

由于 $\alpha + \beta = 1$，且 $\alpha = 0.4$，故 $\beta = 0.6$
故回归方程最终可变为：
$$\ln Y = -0.856 + 0.40\ln K + 0.6\ln L + 0.404\ln I + [AR(1) = 0.5003]$$
(4-31)

由前边可知，制度变迁对经济增长的贡献率为：$0.405GI/GY \times 100\%$。

则山东省 1984~2006 年的制度变迁对经济增长的贡献率为：$(0.405 \times 3.77)/12.18 \times 100\% = 12.53\%$，反映出制度变迁对山东省经济增长的作用较大。这一结论与傅晓霞（2002）的制度变迁对中国经济增长的贡献率 35.77% 还有很大的差距，说明山东省仍然有较大的制度创新空间。

第五章　山东省产业结构变动及其影响因素

新中国成立后，特别是改革开放以来，随着经济技术的进步，我国产业结构不断地演化与发展，由于经济基础、自然资源、政策导向等的不同，各地区的产业结构演变过程各有特点。山东省作为改革开放的前沿地区，借助政策、地理、区位和人文优势，在经济获得快速发展的同时，产业结构发生了很大的变化。山东省产业结构变动过程能够较完整地反映我国经济体制改革、对外开放、技术进步等对产业结构调整升级的影响，与东部沿海地区发达省份的产业结构演变特点有较高程度的相似性，对经济发展相对落后的省份也有一定的指导作用。

第一节　山东省产业结构演进的历史与现状

一个地区的经济增长过程，既是该地区经济总量增长的过程，同时又是该地区经济质量即经济结构的转换过程。

世界各国产业成长的规律表明，产业结构的成长是一个不断修正优化的动态过程，其总的演变趋势是逐步走向合理化和高度化。但是在这个过程中，尤其是工业化的初中期，产业结构的不合理以及不协调难以避免（闫小培，1999）。

新中国成立以来，特别是改革开放以来，山东省产业结构转化基本上朝着高附加值方向发展，具体表现为产业结构正在向非农化、新型化和高加工度化转化，经济地域结构正在形成有利于区际联系、集聚与扩散并存的格局。进入20世纪90年代以来，构成山东省经济发展的总体环境和基本动因都有了重大的变化。因此，认清新时期山东省产业发展及变化的新趋势，并使高速增长下的产业结构变动同国内外发展环境结合起来，实现产业结构的合理化与高度化，在很大程度上决定了今后山东省经济的持续发展。

第五章 山东省产业结构变动及其影响因素

一、山东省产业结构演进的历史分析

山东省产业结构的演进经历了曲折的过程,总体来看,新中国成立以来山东省产业结构演变以 1978 年为界,经历了前后关联的两个阶段。

(一)第一阶段(1952~1978 年)

新中国成立初期至 1978 年。据历史资料(周一星,2004),1949 年全省工农业总产值为 32.5 亿元,其中,农业和手工业占 85%,现代工业仅占 15%。纺织和食品工业是工业的主体,重工业基础非常薄弱。1949 年工业总产值 9.15 亿元,其中纺织工业占 46%,食品工业占 24%,两大行业占了全省工业总产值的 70%。重工业只占全省工业总产值的 13.3%。

1952 年全国开始实施第一个五年计划,山东省社会主义经济增长过程也正式开始。1953 年山东省三次产业结构结构比例为 61.7∶20.3∶18.0,第一产业占有极其重要的地位,是全省国民经济的支柱产业见图 5-1;第二产业极其薄弱,表现出手工业特征,第三产业相对于当时的生产发展的低水平阶段来说还不大落后,但主要以商业为主。这一时期是山东省工业化发展的最快时期。根据国家在过渡时期的总任务和国家给山东省规定的五年计划,"一五"时期山东省从人力、物力、财力等方面,进行了大规模的有计划的投资建设,建立起了一大批工业企业。到 1957 年,三次产业结构的比例变为 52.1∶28.7∶19.2。此后,进入"大跃进"时期,三年"跃进"及随后的三年自然灾害导致全省国民经济和产业结构严重失调与长达五年的产业结构和体制及社会经济关系全面调整。这一时期,全省经济发展受到重创,三次结构比例也由 1959 年的 37.8∶36.6∶26.6 再次上升到 1963 年的 49.5∶28.2∶22.3,第一产业比重再次提高。从图 5-1 中可以看出,1960 年第一产业比重下降到 1952~1978 年的最低点,这并不是自然的产业结构变化,而是由自然灾害所致。1965~1978 年,同全国一样,山东省国民经济发展经历了"十年动乱"和结束动乱后的徘徊,这一时期国家投资明显向内地倾斜,山东省经济发展受到影响。直到"文化大革命"后期,随着国家重点工程的建设,山东省经济也获得了较快的发展,为山东省工业发展奠定了一定基础。

纵观新中国成立前 30 年山东省产业结构演变历程,它是与计划经济体制下国家产业结构政策和经济发展政策相对应的。这种产业结构存在明显的问题:一是产业结构低度化。表现为重视第二产业发展,忽视第一产业和第三产业的发展,造成第一产业发展停滞,第三产业发展缓慢,到 1978 年山东省产业结构比

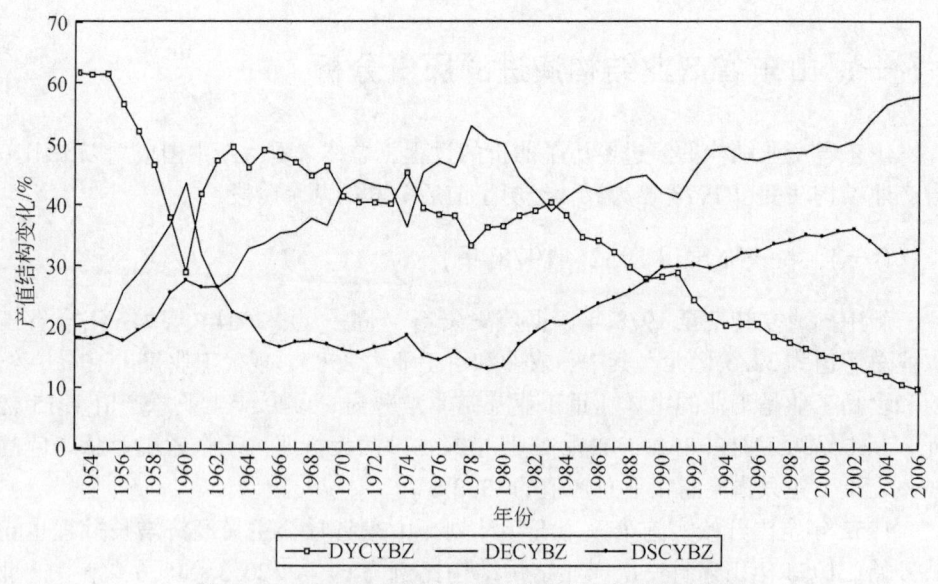

图 5-1 1953~2006 年山东省三次产业产值结构变化图

资料来源：根据《山东省统计年鉴（2007）》计算而得

例为 33.3∶52.9∶13.8，表现为"二、一、三"的格局。二是忽视各产业内部结构的协调发展和调整。在工业内部，轻重工业比例不协调，见图 5-1。在农业经济方面，过分强调"以粮为纲"，片面注重种植业发展，忽视甚至禁止农副工业的发展。在种植业内部忽视棉花、油料等经济作物的发展，导致农业经济结构单一。三是积累率过高，影响了产业结构的合理化和经济的健康成长（张玉明，2006）。

（二）第二阶段（1979~2006 年）

1979 年以来，以党的十一届三中全会召开为标志，山东省的国民经济发展进入新的阶段，国家在产业结构方面制定了有利于产业结构合理化的经济政策，山东的产业结构也发生了明显的变化。这一阶段也可以分为三个时期。

1979~1984 年。拨乱反正和农村改革是推动山东经济发展和产业结构变动的主要动力。通过全面推行以实行家庭联产承包为主的责任制，建立统分结合的双层经营体制，调动了农民的生产积极性。农村发展突破了"以粮为纲"的单一结构，实现了粮食作物与经济作物并重，农业经济效益大幅度提高的局面。在城市，主要是进行企业改革试点，扩大企业自主权。同时，1984 年青岛、烟台作为首批沿海开放城市对外开放。青岛、烟台抓住机遇，充分发挥区位、资源、

第五章 山东省产业结构变动及其影响因素

经济、政策等多种优势,发展外向型经济,实现了经济的腾飞。此阶段第三产业得到快速发展。这一阶段与产业结构演变的规律不一致,第一、第三产值比重上升,第二产值比重下降。三次产业产值比例由 1979 年的 36.2∶50.7∶13.1 变为 1984 年 40.4∶38.8∶20.8。在这一阶段,三次产业就业的比重由 1978 年的 79.2∶12.3∶8.5 变为 1984 年的 70.4∶14.8∶14.8,第一产业就业比重虽然下降,但依然较高,见图 5-2,产业结构的偏离度较高,见表 5-1,1984 年的结构偏离度①高达 64.41%,高于全国平均水平,其中第二产业的结构偏离度为 -26.34%。

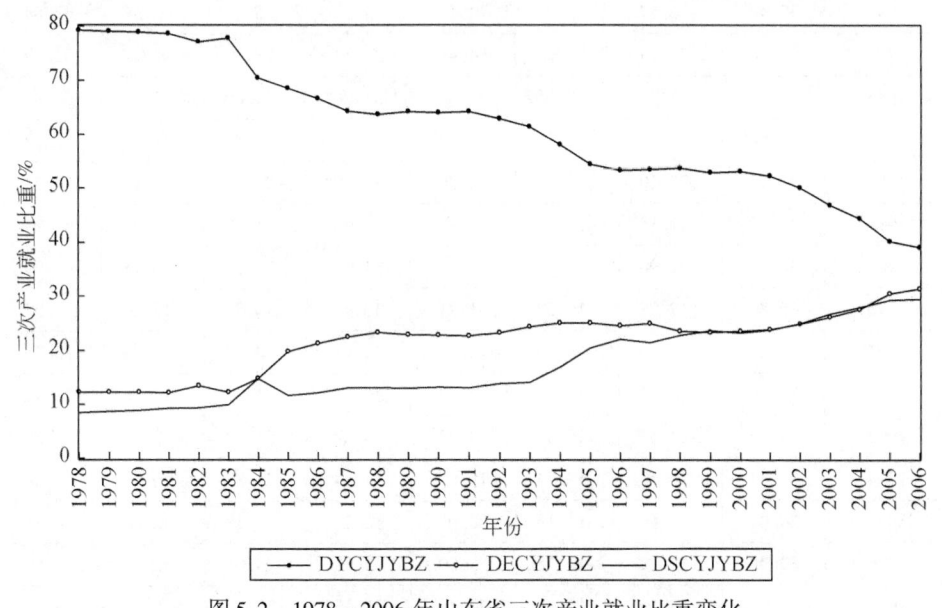

图 5-2 1978~2006 年山东省三次产业就业比重变化
资料来源:根据山东省统计年鉴(2007)年计算整理

表 5-1 1978~2006 年山东省三次产业的结构偏离度　　　(单位:%)

年份	山东				全国			
	一产	二产	三产	全部	一产	二产	三产	全部
1978	45.91	-40.64	-5.27	91.81	42.31	-30.58	-11.74	84.62

---

① 产业结构偏离度是用某产业的就业结构减去该产业的产值比重,将三次产业的偏离度取绝对值相加得出总的产业结构偏离度

续表

年份	山东				全国			
	一产	二产	三产	全部	一产	二产	三产	全部
1979	42.78	-38.45	-4.34	85.57	38.53	-29.50	-9.03	77.07
1980	42.47	-37.72	-4.65	84.84	38.53	-30.02	-8.50	77.05
1981	40.45	-32.64	-7.71	80.80	36.22	-27.81	-8.41	72.44
1982	38.13	-28.50	-9.63	76.26	34.71	-26.37	-8.35	69.42
1983	37.44	-26.57	-10.77	74.79	33.92	-25.68	-8.24	67.84
1984	32.20	-26.34	-5.86	64.41	31.87	-23.19	-8.68	63.74
1985	33.82	-23.27	-10.55	67.65	33.96	-22.09	-11.87	67.91
1986	32.54	-20.91	-11.53	64.98	33.76	-21.82	-11.94	67.52
1987	32.10	-20.60	-11.60	64.30	33.19	-21.35	-11.84	66.38
1988	34.00	-21.18	-12.72	67.90	33.60	-21.39	-12.21	67.21
1989	36.44	-21.90	-14.45	72.79	34.99	-21.23	-13.76	69.99
1990	35.86	-19.28	-16.57	71.71	32.98	-19.94	-13.04	65.97
1991	35.38	-18.50	-16.88	70.75	35.17	-20.39	-14.79	70.35
1992	38.56	-22.19	-16.27	77.02	36.71	-21.75	-14.96	73.42
1993	39.86	-24.54	-15.43	79.83	36.69	-24.17	-12.52	73.38
1994	37.84	-24.10	-13.74	75.68	34.44	-23.87	-10.57	68.88
1995	34.01	-22.46	-11.55	68.01	32.24	-24.18	-8.06	64.48
1996	32.90	-22.72	-10.18	65.80	30.81	-24.04	-6.77	61.62
1997	35.22	-23.15	-12.07	70.44	31.61	-23.84	-7.77	63.23
1998	36.38	-24.94	-11.35	72.67	32.24	-22.71	-9.53	64.49
1999	36.61	-25.23	-11.38	73.21	33.63	-22.76	-10.87	67.26
2000	37.88	-26.35	-11.54	75.77	34.94	-23.42	-11.52	69.87
2001	37.51	-25.65	-11.87	75.03	35.61	-22.85	-12.76	71.22
2002	36.57	-25.56	-11.01	73.15	36.26	-23.39	-12.87	72.51
2003	34.64	-27.49	-7.25	69.38	36.30	-24.37	-11.93	72.61
2004	32.56	-28.84	-3.72	65.12	33.51	-23.73	-9.78	67.01
2005	29.79	-26.90	-2.89	59.58	32.25	-23.71	-8.54	64.51
2006	29.41	-26.36	-3.05	58.82	30.87	-23.72	-7.15	61.74

资料来源：根据《山东省统计年鉴（2007）》《中国统计年鉴（2007）》计算整理

第五章 山东省产业结构变动及其影响因素

1984~1991年。以1984年中共十二届三中全会通过的《中共中央关于经济体制改革的决定》为标志,中国进入了以城市为重点的经济体制改革时期。对外开放和乡镇企业的发展是推动山东经济发展和产业结构变化的主要动力,此阶段山东的对外开放范围进一步扩大。这一时期重点是调整政府和企业的关系,鼓励乡镇企业、个体私营经济和外商投资经济的发展。20世纪80年代末期,山东省经济进入快速发展的轨道。1989年我国实行治理整顿,各地区给经济过热降温,经济发展的速度也放慢,山东省对外开放的步伐反而加快,经济增长速度明显快于全国,1989~1992年,全国平均增长速度为9%,而山东省为12%,正是经过这一时期的发展,山东省经济脱颖而出,产业结构也发生了变化。三次产业产值结构由1985年的34.7:43.1:22.2变为1991年的28.8:41.2:30,这一时期的产业结构变化与产业结构演变规律依然不一致,表现为第一、第二产业产值比重下降,三产产值比重上升。1990年第三产业产值比重首次超过第一产业产值比重,比全国(1985年)晚5年时间,产业结构呈现出"二、三、一"的格局。此阶段,三次产业就业比重由1985年的68.5:19.8:11.7变化为64.2:22.7:13.1,三次产业就业比重变化不大,从而导致此间产业结构的偏离度增加,由1985年的67.65%,增加到1992年的77.02%,提高幅度高出全国同期5.41个百分点。

1992年至今。在邓小平南方谈话精神的鼓舞下,山东省经济进入了快速发展阶段。这一阶段,利用外资成为山东省特别是山东半岛城市群地区经济发展和产业结构变动的最主要动力,二、三产业的共同发展是这一时期产业结构变化的最主要特征。工业开始向乡村扩散,城乡一体化发展的趋势开始出现。在这一时期,第一产业产值比重继续呈下降趋势,由1992年的24.3%下降到2006年的9.7%;第二产业、第三产业整体上呈上升趋势,但也存在波动,进入21世纪以来,第二产业产值比重一直呈上升趋势;2002年的第三产业产值比重达36%,但2006年又下降到32.6%。这一阶段三次产业产值结构依然呈"二、三、一"的格局,距离经济发达国家产业结构特征"三、二、一"的结构还有相当的差距,还需要长时间的质的飞跃。此时三次产业的就业比重发生了明显的变化,由1992年的62.9:23.3:13.9变为2006年的39.1:31.4:29.5,但产业结构的偏离度依然较高,虽然偏离度低于全国平均水平,但第一产业的偏离度为29.41%,第二产业的偏离度高达-26.36%,这也说明工业化没能有效地吸收就业人口,而是将人口强制地滞留在农村,虽然第三产业结构偏离度处于收敛状态,但按照国际规律,第三产业吸纳劳动力的能力是最强的。

新中国成立以来,山东省三次产业结构变动表现出以下特点:①第一产业产值的稳步下降和第二、第三产业产值比重稳步上升,与发达国家和新兴工业化国家（地区）产业结构演进的规律一致，即随着人均 GDP 的上升，第一产业比重持续下降，表明尽管农业的基础性地位很重要，但不能靠农业富民强国；在工业化进程中，第二产业和第三产业比重稳步提高，并且第二、第三产业在相当长的一段时间内保持相对稳定的关系，即在工业化进程中第二、第三产业呈现平行发展时期。例如，美国在 1799～1955 年共 156 年、英国在 1831～1935 年长达 104 年、日本在 1950～1990 年长达 40 年，第二产业和第三产业比重整体上呈上升态势。②第一产业就业比重呈快速下降和第二、第三产业就业比重稳步上升，但未呈现出第二产业就业比重下降的特点。③虽然目前第二产业产值比重高达 57.7%，第三产业快速发展，但从总体发展态势看，产业结构没有经历"二、三、一"向"三、二、一"的重大转型，而且目前这种格局将延续相当长时间。综上所述，山东省第二产业总体上位居首位的产值比例表明其仍处于工业化进程中，第一产业的演变趋势总体上与产业演进的一般路径吻合，第二产业和第三产业的演替也与产业结构演替规律基本吻合。

二、山东省产业结构现状特征及其比较

如前文所述，山东省产业结构经过近 60 年的演变，逐步得到了优化。但与周边发达地区相比，山东的产业结构与合理化和高级化的标准还有较大的距离。

（一）产业结构日趋合理，但与沿海发达省份相比差距依然明显

改革开放以来，山东省的产业结构变动开始明显加速，产业结构经历了一个明显的非农化过程，产业结构逐步合理。

第一产业因增长缓慢而比重下降，占 GDP 的比重由 1980 年的 36.4% 下降到 1990 年的 28.1%，十年间下降了 8.3 个百分点。20 世纪 90 年代以来，非农化趋势更加明显，第一产业占 GDP 的比重下降至 1999 年的 15.9%。2006 年第一产业占 GDP 的比重为 9.7%。

第二产业占 GDP 比重变化不大。由 1980 年 50% 下降到 1990 年 42.1%，90 年代略有上升，维持在 48% 左右。2006 年第二产业占 GDP 的比重为 57.7%。

第三产业占 GDP 的比重增加幅度较大，由 1980 年的 13.6% 增加到 1990 年的 29.8%，1999 年的 35.0%，2006 年下降至 32.6%。

虽然改革开放以来山东省的产业结构发生了很大的变化，但与东部沿海发达省份相比，差距依然十分明显，见表 5-2。从表 5-2 中可以看出，与东部沿海省份相比，山东省的第一产业比重虽然下降幅度较大，但比重仍然偏高，2006 年

仍高出浙江、江苏和广东3.8个百分点、2.6个百分点和3.7个百分点。第三产业在所比较的省市中最低,甚至低于全国平均水平6.8个百分点。

表5-2 山东省三次产业产值结构与东部沿海省份的比较 （单位:%）

地区	产业	1979年	1984年	1989年	1994年	1999年	2006年
山东	一产	36.2	38.2	27.8	20.0	15.9	9.7
	二产	50.7	41.1	44.8	49.1	48.4	57.7
	三产	13.1	20.7	27.4	30.9	35.7	32.6
北京	一产	4.3	6.9	8.5	6.9	4.1	1.3
	二产	70.9	60.3	55.3	46.1	38.6	27.8
	三产	24.8	32.8	36.2	47.0	57.3	70.9
天津	一产	7.1	7.1	9.5	6.4	4.9	2.7
	二产	69.6	69.6	62.1	55.7	49.1	57.1
	三产	23.3	23.3	28.4	37.9	46.0	40.2
辽宁	一产	16.9	18.3	14.1	13.0	12.5	10.6
	二产	69.0	61.3	54.3	51.1	48.0	51.1
	三产	14.1	20.4	31.5	35.9	39.5	38.3
上海	一产	4.0	4.4	4.3	2.5	2.0	0.9
	二产	77.2	70.5	66.9	58.0	48.4	48.5
	三产	18.8	25.1	28.8	39.5	49.6	50.6
江苏	一产	34.8	34.5	24.5	16.6	13.0	7.1
	二产	47.3	48.3	49.7	53.9	50.9	56.6
	三产	17.9	17.2	25.8	29.5	36.1	36.3
浙江	一产	42.9	32.4	25.0	16.6	11.8	5.9
	二产	40.6	43.9	45.8	52.1	54.1	54.0
	三产	16.5	23.7	29.2	31.3	34.1	40.1
福建	一产	37.7	35.5	29.6	21.7	17.7	11.8
	二产	42.3	35.9	35.7	44.1	42.5	49.1
	三产	20.0	28.6	34.7	34.2	39.8	39.1
广东	一产	31.8	31.7	25.5	15.4	12.0	6.0
	二产	43.8	40.9	40.1	49.6	50.4	51.3
	三产	24.4	27.4	34.4	35.0	37.6	42.7

续表

地区	产业	1979年	1984年	1989年	1994年	1999年	2006年
全国	一产	31.3	32.1	25.1	19.8	16.5	11.7
	二产	48.1	43.1	42.8	46.6	45.8	48.9
	三产	21.6	24.8	32.1	33.6	37.7	39.4

资料来源：根据《新中国55年：1949~2004》和《中国统计年鉴》(2000)、(2007) 计算整理

（二）资源导向型的产业结构依然十分突出，一些产品在全国占有重要地位

山东省资源丰富且组合良好，为山东省发展以资源开发为基础的、相对完整的产业体系提供了得天独厚的支撑条件，也为近代山东省经济的发展作出了巨大的贡献。目前以资源、资源加工为主的传统工业部门所占比重依然较高。2006年山东省39个工业行业所占比重排前10位的大多是资源或以资源加工为主的行业，见图5-3，与江苏省、全国相比差别比较大，见图5-4和图5-5。

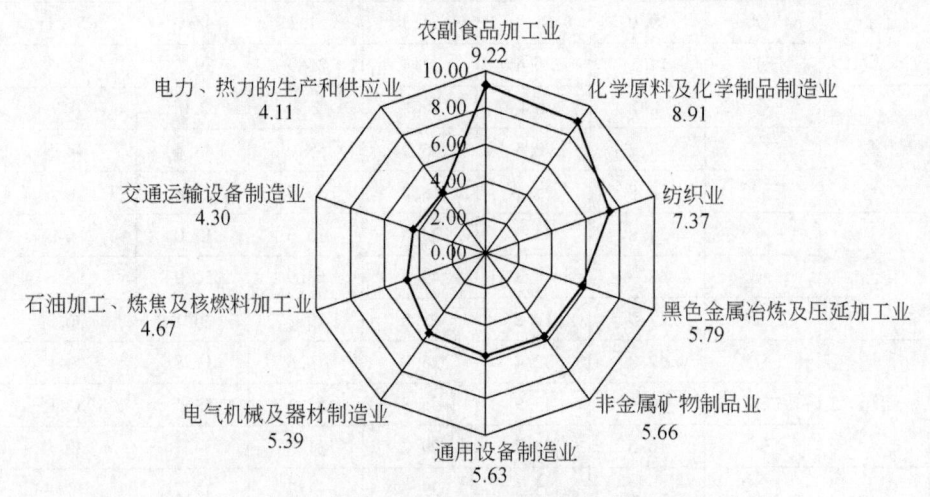

图5-3 2006年山东省比重排前10位的工业部门
资料来源：根据《山东省统计年鉴(2007)》计算绘制

从图5-3~图5-5中可以看出，在前10位的行业中，资源密集型的行业较多，共有7个部门，而现代制造业的只有3个部门，虽然全国、江苏的现代制造业部门也只有4个，但山东省现代制造业的比重仅为15.32%，而全国、江苏分别为26.29%和32.81%。

第五章 | 山东省产业结构变动及其影响因素

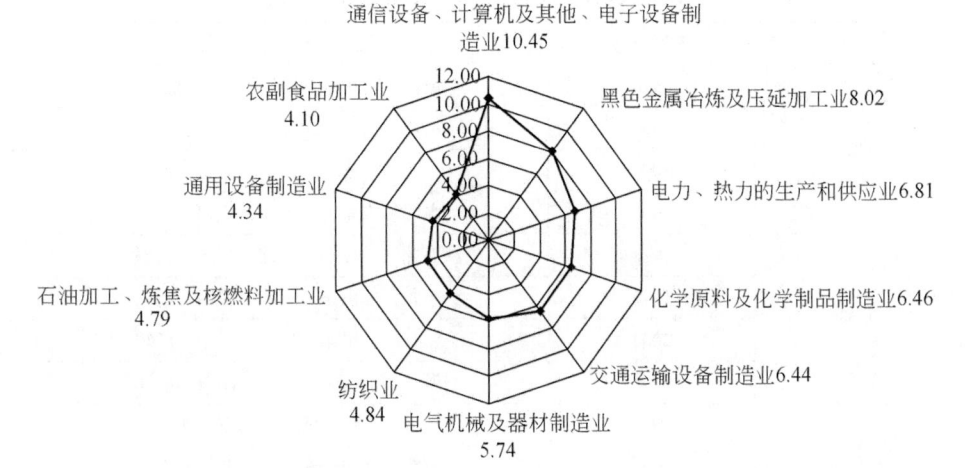

图 5-4 2006 年中国比重排前 10 位的工业部门
资料来源：根据《中国统计年鉴（2007）》计算绘制

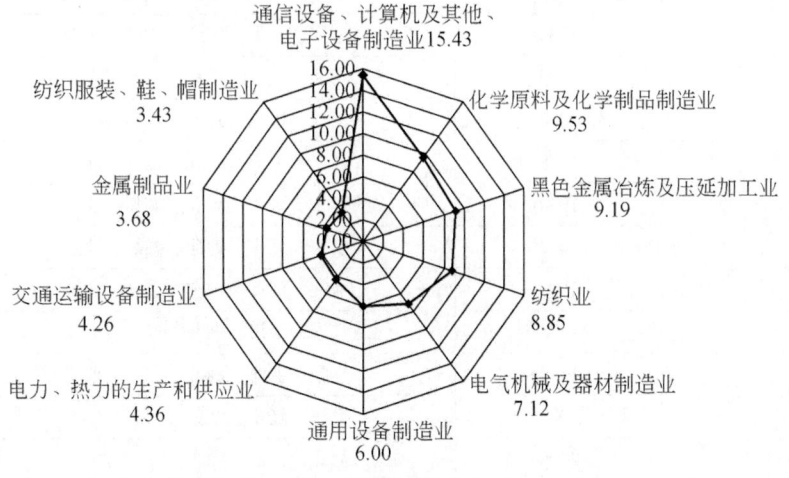

图 5-5 2006 年江苏省比重排前 10 位的工业部门
资料来源：根据《江苏省统计年鉴（2007）》计算绘制

改革开放以来，我国各省区都具有一定规模的生产能力，一些工业大省和市都建立起了较完善的工业生产体系，但总体趋势是日益体现地区工业发展优势，主要工业品的空间集中程度明显提高。作为我国的经济大省，山东省的一些产品的产量在全国居前列，见表 5-3。

表 5-3 改革开放以来我国主要年份主要工业产品的集中程度

产品	年份	产量前五强省份（从大到小）
原煤	1978	山西、河南、河北、辽宁、山东
	1990	山西、河南、黑龙江、四川、河北
	2000	山西、山东、河南、内蒙古、河北
	2006	山西、内蒙古、河南、陕西、山东
原油	1978	黑龙江、山东、河北、辽宁、新疆
	1990	黑龙江、山东、河北、河南、新疆
	2000	黑龙江、山东、新疆、辽宁、广东
	2006	黑龙江、山东、新疆、陕西、天津
发电量	1978	辽宁、上海、河北、山东、四川
	1990	山东、辽宁、江苏、河北、河南
	2000	广东、山东、江苏、河北、河南
	2006	江苏、广东、山东、浙江、河南
生铁	1978	辽宁、湖北、北京、四川、河北
	1990	辽宁、上海、河北、湖北、山西
	2000	河北、辽宁、上海、山西、湖北
	2006	河北、山东、辽宁、江西、江苏
钢	1978	辽宁、上海、湖北、四川、北京
	1990	辽宁、上海、湖北、四川、北京
	2000	上海、辽宁、河北、湖北、北京
	2006	河北、江苏、山东、辽宁、山西
成品钢材	1978	辽宁、上海、湖北、四川、天津
	1990	辽宁、上海、湖北、北京、四川
	2000	上海、辽宁、江苏、河北、湖北
	2006	河北、江苏、山东、辽宁、上海
家用电冰箱	1986	北京、浙江、江苏、上海、辽宁
	1990	广东、上海、江苏、安徽、浙江
	2000	广东、山东、安徽、江苏、河南
	2006	山东、安徽、江苏、浙江、广东
彩色电视机	2000	广东、四川、辽宁、江苏、山东
	2006	广东、山东、四川、福建、安徽

续表

产品	年份	产量前五强省份（从大到小）
水泥	1978	辽宁、山东、河北、四川、江苏
	1990	广东、山东、江苏、四川、浙江
	2000	山东、广东、河北、江苏、浙江
	2006	山东、江苏、浙江、广东、河北
平板玻璃	1990	河北、辽宁、河南、上海、广东
	2000	河南、河北、江苏、山东、辽宁
	2006	河北、江苏、山东、广东、河南
化学纤维	1978	上海、辽宁、北京、江苏、福建
	1990	江苏、上海、辽宁、广东、黑龙江
	2000	江苏、浙江、上海、广东、福建
	2006	浙江、江苏、福建、山东、上海

资料来源：龙开元．2003．改革开放以来中国工业布局变化及其影响因素分析．北京：中国科学院研究生院博士论文及相关年份中国统计年鉴整理

（三）服务业发展水平速度较快，但结构层次较低

服务业是国民经济的重要组成部分，是推动经济发展、缓解就业压力的有效途径，也是衡量市场经济发育程度和经济发展水平的重要指标，更是实现产业结构优化的重要产业。

改革开放以来，山东省服务业发展进入了一个新阶段。总体上看，服务业总量不断扩大，产业服务功能不断增强，结构日趋合理，对扩大就业的拉动作用日益明显，对全省经济的贡献不断提高。经过近30年的努力，山东省服务业发展呈现出以下特点：一是规模不断扩大，所占比重不断提升，由1978年的13.0%增加到2006年的32.6%，对全省经济的贡献日益提高，对GDP的拉动作用逐年提高，由1980年的2.6个百分点，增加到2006年的4.7个百分点。二是内部结构不断优化，形成了现代服务业和传统服务业共同发展的新格局。传统服务业规模较大，在实现稳定增长的同时，所占比重呈下降趋势。其中，批发和零售贸易餐饮业稳步发展，运输、邮电、仓储等基础服务业发展较快，2004~2006年上述传统服务业比重分别为47.7%、47.2%和46.7%，呈现明显的下降趋势。现代服务业增长迅速，占服务业比重持续上升。其中，金融保险业、房地产业增势强劲，信息服务、现代物流、科研及综合服务业发展迅速，比重不断提高。三是

就业吸纳能力增强,服务业产值与就业结构趋于一致。近年来山东省制造业和服务业的就业比重稳步提高,特别是服务业吸纳就业的优势更加明显,2001~2004年全省服务业就业人员比例均高于制造业。2005年服务业从业人员为1709万人,约占全省社会从业人员的29.3%,占全省社会新增就业人口的70%,成为吸收大量新增劳动力和承接其他产业转移劳动力的主要力量。

尽管如此,与东部沿海发达省份相比,山东省服务业比重依然较低,见表5-4。第三产业的发展依赖传统的服务业,现代服务业发展不足,广东、上海的现代服务业发展水平较高,实现了产业结构的升级换代。由此可以看出,山东省不仅需要进一步发展传统服务业,而且需要加快发展现代服务业,促进服务业结构的演化升级,进而实现三次产业的高度化。

表5-4 2006年山东省第三产业构成与东部沿海省份的比较 (单位:%)

指标	山东	上海	江苏	浙江	广东	全国
交通运输仓储邮政业	16.87	12.81	11.83	10.00	9.95	14.44
批发零售业	22.42	17.79	25.85	22.76	22.71	20.81
住宿餐饮业	7.38	3.72	4.61	4.02	5.48	5.47
金融业	8.02	15.80	9.22	13.42	8.33	8.92
房地产业	10.84	13.17	11.65	12.80	15.94	10.94
其他服务业	34.46	37.11	36.81	36.98	37.59	39.42
第三产业占GDP比重	32.6	50.6	36.3	40.1	42.7	14.44

资料来源:根据《中国统计年鉴(2007)》的数据整理而得

(四) 产业结构层次东高西低,产业重心与人口重心偏离

与经济发展水平相对应,山东省产业结构的地区间差异也十分明显。位于山东半岛和胶济沿线的东部各地市第二、第三产业比重多在90%以上,平均为92.9%,见表5-5,其中第三产业占33.99%,工业已成为该地区国民经济的主体,第三产业地位日趋重要,其比重远远超过第一产业,济南市的第三产业甚至还超过了第二产业,表现出工业化高级阶段的特点。中部地区各地市第二产业虽居主导地位,但第一产业比重相对较高,表现出工业化中级阶段的特点。西部地市第一产业比重高,平均为16.85%,其中菏泽高达30.85%,第二、第三产业比重偏低,表现出工业化初级阶段的特点。产业结构层次表现出由东部半岛和胶济沿线向西部内地和周边地区推进的状况。

表 5-5 2006 年山东省 17 地市三次产业产值结构　　（单位:%）

地区	第一产业	第二产业	第三产业
济南	6.64	45.85	47.51
青岛	5.74	52.30	41.96
淄博	3.81	65.59	30.60
东营	3.67	80.68	15.65
烟台	8.98	60.78	30.24
潍坊	12.31	58.15	29.55
威海	8.52	62.08	29.40
东部地区	7.08	58.94	33.99
枣庄	9.01	63.53	27.46
济宁	12.85	55.18	31.98
泰安	11.42	56.20	32.38
日照	14.61	49.73	35.67
莱芜	6.70	65.89	27.41
临沂	12.72	52.02	35.26
中部地区	11.84	55.79	32.37
德州	14.03	55.76	30.21
聊城	16.50	58.47	25.02
滨州	11.66	61.75	26.58
菏泽	30.85	45.91	23.25
西部地区	16.88	56.37	26.75
全省	9.7	57.7	32.6

资料来源：根据《山东统计年鉴（2007）》计算整理而得

为此，借鉴力学原理，引入区域重心的概念[①]，分别计算出山东省 1978 年、1984 年、1992 年、2000 年和 2006 年 GDP、第一产业、第二产业、第三产业和

---

① 假设某一个区域由几个小区单元构成，其中第 i 个小区单元的中心坐标为 (X_i, Y_i)，M_i 为该小区单元某种属性意义下的"重量"，则该属性意义下的区域重心的坐标为：$\bar{x} = \sum_{i=1}^{n} M_i X_i / \sum_{i=1}^{n} M_i$；$\bar{y} = \sum_{i=1}^{n} M_i Y_i / \sum_{i=1}^{n} M_i$

人口的重心,见表5-6。从表5-6可以看出,与山东省的几何中心(118.19°E、36.24°N)相比,改革开放以来,山东省GDP重心向东、向北偏移;第一产业重心向西、向北偏移;第二产业重心向东、向南偏移;第三产业重心向东、向北偏移;人口重心向西、向南偏移。这种偏移,加剧了山东区域经济的不平衡。

表5-6 山东省GDP、第一产业、第二产业、第三产业和人口重心的变化

指标	重心	1978年	1984年	1992年	2000年	2006年
GDP	经度(°E)	118.434	118.272	118.537	118.578	118.573
	纬度(°N)	36.427	36.446	36.428	36.484	36.495
第一产业	经度(°E)	118.305	118.073	118.415	118.258	118.205
	纬度(°N)	36.279	36.298	36.293	36.342	36.327
第二产业	经度(°E)	118.559	118.498	118.633	118.682	118.620
	纬度(°N)	36.587	36.650	36.519	36.562	36.544
第三产业	经度(°E)	118.408	118.244	118.493	118.588	118.596
	纬度(°N)	36.356	36.350	36.405	36.442	36.458
人口	经度(°E)	118.039	118.023	117.978	117.970	117.956
	纬度(°N)	36.234	36.229	36.206	36.200	36.198

第二节 山东省工业结构演化分析

改革开放以来,山东省工业蓬勃发展,工业的发展在山东区域经济增长中扮演了重要的角色,工业已经成为山东省各县市的主导产业,在山东省和全国的地位日益重要。在工业化的浪潮中,山东省的工业结构也发生了深刻的变化。

一、工业增加值和工业总产值的变化

工业增加值和工业总产值是衡量工业发展的最主要的指标,通过对比,分析1978年以来工业增加值和工业总产值的变化情况,从总体上认识山东省工业发展的历程和概况。

工业增加值是指工业企业在一定时期内工业生产活动创造的价值,是GDP的组成部分,是工业产出中扣除中间消耗以后的最后的价值,是工业行业在报告期内以货币表现的工业生产活动的最终成果,可以用GDP中的工业增加值来表

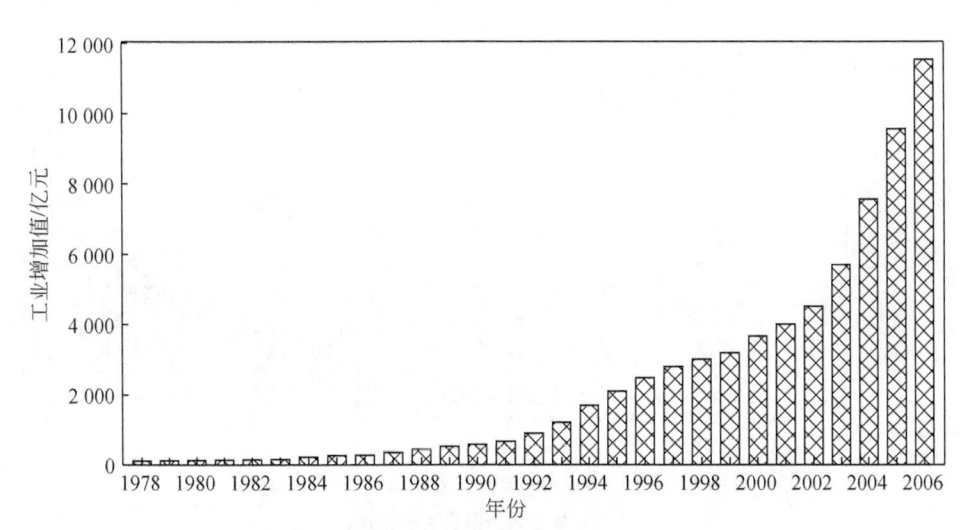

示。1978~2006年，山东省的工业增加值变化巨大而明显，见图5-6。

图 5-6　1978~2006 年山东省工业增加值变化图
注：图中的数据是当年价格
资料来源：根据《山东省统计年鉴（2007）》绘制

2006年山东省的第二产业增加值为12 751亿元，工业增加值占第二产业增加值的90.6%，说明现阶段工业在第二产业乃至整个国民经济中居绝对的支配地位。1978~2006年工业增加值的年均增长速度为18.14%（当年价格），增长速度仅次于第三产业；1992~2006年工业增加值的年均增长速度达20.1%，高出同期GDP的年均增长速度（17.9%）2.2个百分点，在所有部门中居第一位。

工业总产值是以货币表现的工业企业在一定时期内生产的已出售或可供出售工业产品总量，它反映一定时间内工业生产的总规模和总水平。1978~2006年，山东省工业总产值从1978年的296.8亿元增加到2006年的43 900亿元，见图5-7。

山东省的工业总产值的增长可以分为三个阶段：1978~1992年为第一阶段，工业总产值呈现平稳增长的态势，由1978年的296.8亿元增加到1992年的3115.4亿元，年均增长率为18.3%；1992~2000年为第二阶段，工业总产值的增长态势不稳定，1998年工业总产值首次超过10 000亿元，2000年达12 509亿元，增长速度为18.97%；2000至今为第三个阶段，这一阶段工业总产值的增长速度明显加快，年均增长速度达22.05%，是三个阶段增长速度最快的时期，2004、2005、2006年工业总产值分别突破20 000亿元、30 000亿元和40 000亿元。

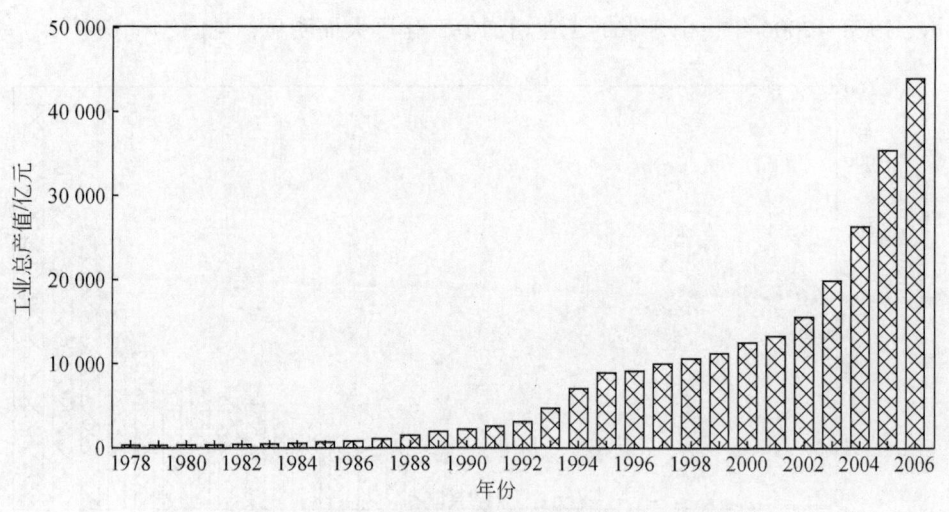

图 5-7 1978~2006 年山东省工业总产值变化图

注：图中的数据是当年价格

资料来源：根据《山东省统计年鉴（2007）》绘制

二、山东省工业结构的变化

(一) 轻重工业的变化

从新中国成立到改革开放之前，受制于国内外特殊的社会经济环境，中国推行的是"重工业优先"发展战略和"进口替代战略"。到 1978 年，中国已经建立起了以能源、机械、化工、基础原材料等行业为主体的重工业占绝对优势的工业体系（张晓平，2008）。1978~1998 年 20 年间，中国的工业发展战略转变为轻、重工业均衡发展的战略。这一期间，食品、纺织服装、家电、冶金、建材、能源等行业的发展解决了计划经济时期生活消费品严重短缺以及生产资料消费品供应紧张等一系列问题。1998 年以来，中国工业出现了明显的重工业趋向。2006 年，重工业占中国工业总产值的比重已从 1998 年的 51% 提高到 70%，见表 5-7。与改革开放前计划经济体制下重工业优先发展不同的是，近年来重工业发展加快是国内居民消费升级、城市化进程的推进以及国际产业转移等多种因素综合造成的。因此，我国近年来资源和资本密集型重化工业的高速增长具有客观必要性。但是，在高速增长过程中也存在一定的盲目性，特别是低水平重复建设导致工业生产能力过剩，加剧了能源、原材料、水和土地供应紧张的局面，环境污染问题更突出。

表 5-7　中国轻、重工业结构变化（1952~2006）　　（单位:%）

年份	轻工业	重工业	年份	轻工业	重工业
1952	64.5	35.5	1995	44	56
1956	57.6	42.4	1996	43.6	56.4
1965	51.6	48.4	1997	43.3	56.7
1978	43.1	56.9	1998	42.9	57.1
1980	47.2	52.8	1999	42	58
1984	47.4	52.6	2000	39.8	60.2
1988	49.3	50.7	2001	39.4	60.6
1990	49.4	50.6	2002	39.1	60.9
1991	48.4	51.6	2003	35.5	64.5
1992	46.6	53.4	2004	33.5	66.5
1993	46.5	53.5	2005	32.4	67.6
1994	46.3	53.7	2006	29.9	70.1

资料来源：1952~1965 年数据来自刘伟《工业化进程中的产业结构研究》；1978~2004 年数据来自《中国工业经济统计年鉴（2004）》；2005~2006 来自《中国统计年鉴》（2006）、（2007）

受资源条件和技术水平的影响，改革开放以前，山东省的轻、重工业比例也表现出明显的不协调，但与中国轻重工业结构变化不一致，见图5-8。除了1976

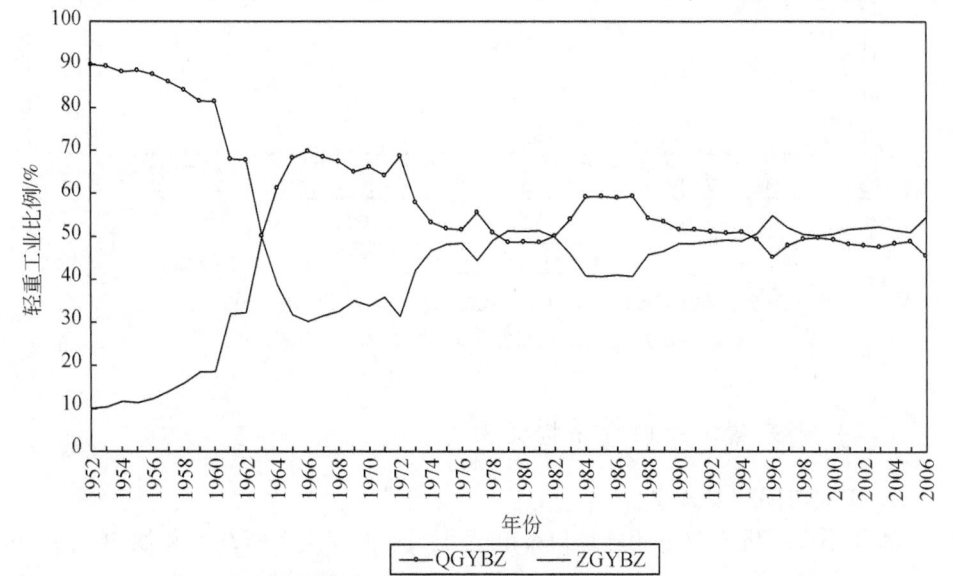

图 5-8　1952~2006 年山东省轻重工业比例变化图
资料来源：根据《山东省统计年鉴（2007）》年计算而得

年、1977年、1978年重工业比重超过轻工业外，其他年份轻工业比重都远远高出重工业。改革开放后，受国家政策的影响，山东省的重工业发展速度明显加快，1978~1983年、1989~1991年两个时段内重工业增长速度均高于轻工业的增长速度，见图5-9。但受制于前期结构惯性的影响，这一期间，轻工业的比重一直高于重工业比重，1984年的轻重工业比仍然高达59.4：40.6。1992年以后，重工业的增长速度除了1996年、2001年低于轻工业年增长速度外，其他年份都高于轻工业，导致了山东省的轻重工业比例发生了根本的变化，轻重工业比例变由1992年的49.3：50.7变为35.6：64.4。轻重工业比例演替的过程符合工业化生产结构演变的一般规律，也就是说，随着工业化程度的加深，重工业在工业总产值中的比例表现为上升趋势，即所谓的重工业化。

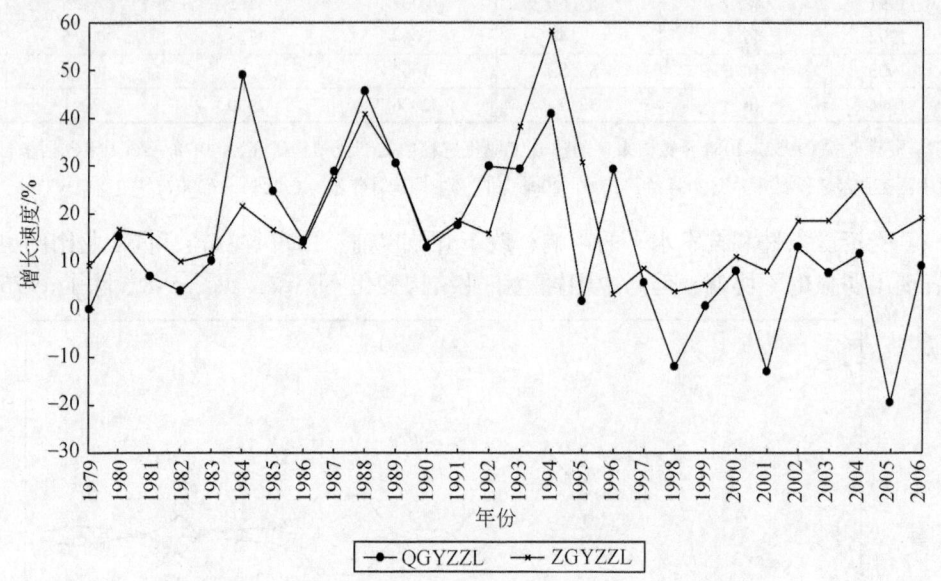

图5-9 山东省轻、重工业年增长速度对比（1978~2006年）
资料来源：根据《山东省统计年鉴（2007）》计算而得

（二）山东省工业内部结构变化

1. 工业内部产业分类

鉴于不同年份工业行业统计口径的变化，本书在山东省统计年鉴40（或39个）工业行业统计数据的基础上，进行了必要的数据归类和整理。分类的方法和步骤具体如下：根据国家统计局对工业统计中轻工业、重工业统计指标的解释，将全部 40 个工业行业划分为：轻工业——以农产品为原料的轻加工业和以非农产品为原料的轻加工业；重工业——采掘工业、原材料工业和重加工业。但电器机械及器材制造业、电子及通信设备制造业两大行业由于跨越轻、重两个行业而在归属上存在困难。为此，根据国家统计局等主编的《中国高技术产业统计年鉴》中关于高技术产业指标的行业构成，将电气机械及器材制造业、电子及通信设备制造业以及医药制造业归并为技术密集型加工业，将剩下的轻工业和重工业中的加工工业合称为传统加工业，分类结果见表5-8。

表 5-8 工业内部产业分类（1985~2007 年）

工业分类		包括行业
采掘工业		煤炭采选业、石油和天然气开采业、黑色金属矿采选业、建材及其他非金属矿采选业等
原材料工业		电力、蒸汽、热水生产和供应业、自来水生产和供应业、石油加工业、炼焦、煤气及煤制品业
传统轻加工业	以农产品为原料	农副食品加工业、食品制造业、饮料制造业、烟草加工业、纺织业、纺织服装、鞋、帽制造业、皮革、皮毛羽毛（绒）及其制品业、造纸及纸制品业
	以非农产品为原料	木材加工及木、竹、藤、棕、草制品业、家具制造业、文教体育用品制造业、化学纤维业、橡胶制品业、塑料制品业、金属制品业、仪器仪表及文化、办公用制造业、印刷业和记录媒介的复制
传统重加工工业		非金属矿物制品业、黑色金属冶炼及压延加工业、有色金属冶炼及压延业、通用设备制造业、专用设备制造业、交通运输设备制造业
技术密集型加工业		医药制造业、电器机械及器材制造业、通信设备、计算机及其他电子设备制造业

注：由于统计口径的变化不一致，如1993年有8项工业行业统计发生变化，但归类不变，机械工业分为普通机械制造业和专用设备制造业；2003年后，有10项工业行业统计口径发生变化。本表的行业均为现行的工业行业分类

2. 工业结构演进的特点

1) 高加工度化进程明显加快，加工制造业成为工业经济增长的主体

从采掘工业、原材料工业、传统加工业和技术密集型加工业产值比重看，见表5-9，20世纪80年代中期以来，采掘工业、原材料工业的比重总体呈下降趋势，二者产值占工业总产值的比重由1985年的22.9%下降到2007年的14.8%。

加工制造业比重不断增加，加工制造业产值占工业总产值的比重由1985年的77.1%上升到2007年的85.2%。其中，传统轻加工业比重呈现出下降趋势，所占比重由1985年的45.7%下降到2007年的35.6%。从增长速度看，见表5-10，采掘工业有两个高峰年份，即1987年和1994年，与全部工业增长的速度的波峰不一致，而加工制造业增长速度与全部工业增长速度基本上保持一致，具有同步变化的特点。在此，分别计算出采掘工业和原材料工业（简称采掘和原材料工业）两者之和的增长速度、加工制造业增长速度与全部工业总产值的比值，然后计算出各自比值的变异系数[①]，分别是0.8592、0.1676，说明加工制造业的年际变化比采掘和原材料工业的年际变化小。从1985~2007年各工业平均增长速度和所占份额的变化情况看，加工制造业的增长速度明显高出采掘业和原料工业，也说明加工制造业已经成为山东省工业经济增长的主体，符合工业内部产业结构变化的基本规律。

表5-9　山东省不同类别工业行业的产值比重（1985~2007年）

（单位:%）

年份	采掘工业	原材料工业	加工制造业			
			传统轻加工业		传统重加工业	技术密集型加工业
			农产品为原料	非农产品为原料		
1985	14.84	8.08	36.91	8.74	27.22	4.21
1986	11.40	8.20	36.47	9.68	29.48	4.77
1987	13.15	7.64	35.08	9.85	29.02	5.26
1988	9.63	7.64	36.26	10.41	30.41	5.64
1989	10.16	8.08	35.83	10.29	29.71	5.94
1990	9.92	9.00	36.28	10.32	28.76	5.72
1991	9.92	9.06	35.04	10.67	29.35	5.97
1992	9.92	9.40	32.24	11.15	31.17	6.12
1993	9.42	8.41	29.15	11.39	35.48	6.15
1994	9.31	7.98	30.23	11.41	34.71	6.35
1995	9.40	8.87	30.95	10.81	32.49	7.48

① 变异系数 $CV = \frac{\sigma}{\bar{x}}$，其中 σ 为标准差，$\bar{x}$ 为均值

续表

年份	采掘工业	原材料工业	加工制造业			
			传统轻加工业		传统重加工业	技术密集型加工业
			农产品为原料	非农产品为原料		
1996	9.36	7.73	31.06	11.22	32.76	7.86
1997	9.34	7.91	30.11	10.54	32.83	9.28
1998	9.11	8.15	29.54	11.27	31.67	10.27
1999	8.37	8.86	29.38	10.56	31.77	11.06
2000	9.71	10.20	28.79	10.01	30.12	11.16
2001	8.89	8.76	29.29	10.31	30.87	11.87
2002	8.36	8.58	28.95	10.04	32.24	11.83
2003	7.90	7.73	28.32	9.44	34.92	11.68
2004	8.23	7.17	27.40	9.00	36.41	11.79
2005	7.39	8.79	26.91	9.03	36.83	11.06
2006	7.17	9.00	26.26	9.03	37.67	10.88
2007	6.25	8.58	26.05	9.49	38.78	10.84

资料来源：1985~1998年的数据来自《山东省建国五十年统计资料》；1999~2007年来自《山东省统计年鉴》（2000-2008）由于统计口径略有差别，本书也进行了相应的调整

表5-10 山东省不同类别工业行业的产值增速（1986~2007年）

（单位：%）

年份	全部工业	采掘工业	原材料工业	加工制造业			
				传统轻加工业		传统重加工业	技术密集型加工业
				农产品为原料	非农产品为原料		
1986	7.46	-17.41	9.06	6.18	18.93	16.37	21.85
1987	26.35	45.76	17.78	21.52	28.61	24.39	39.22
1988	33.65	-2.15	33.70	38.17	41.29	40.08	43.20
1989	27.60	34.60	34.83	26.07	26.06	24.64	34.43
1990	11.15	8.52	23.77	12.56	11.57	7.58	7.07
1991	15.88	15.92	16.67	11.89	19.73	18.27	20.98
1992	27.96	27.96	32.82	17.75	33.79	35.91	31.03
1993	51.62	43.99	35.62	37.08	54.91	72.56	52.56

续表

年份	全部工业	采掘工业	原材料工业	加工制造业			
				传统轻加工业		传统重加工业	技术密集型加工业
				农产品为原料	非农产品为原料		
1994	46.53	44.77	39.12	52.00	46.78	43.35	51.29
1995	-3.11	-2.11	7.65	-0.83	-8.24	-9.31	14.09
1996	20.03	19.45	4.64	20.48	24.53	21.05	26.17
1997	8.95	8.69	11.41	5.59	2.37	9.18	28.48
1998	0.04	-2.45	3.06	-1.85	6.97	-3.49	10.72
1999	8.53	-0.28	18.05	7.96	1.70	8.86	16.96
2000	19.68	38.95	37.79	17.26	13.51	13.49	20.73
2001	12.80	3.27	-3.15	14.77	16.14	15.59	20.02
2002	22.61	15.24	20.16	21.15	19.37	28.06	22.15
2003	33.82	26.53	20.54	30.94	25.79	44.95	32.12
2004	38.74	44.41	28.56	34.25	32.35	44.64	40.10
2005	43.04	28.48	75.50	40.44	43.43	44.69	34.16
2006	27.05	23.28	30.01	24.01	27.06	29.95	24.96
2007	28.60	12.16	22.69	27.55	35.24	32.41	28.19
1986~2007	22.30	17.59	22.63	20.37	22.76	24.28	27.67

资料来源：同表5-9

2) 技术密集型产业比重有所增加，但仍以传统加工业为主，内部结构演替符合产业结构演替一般规律

改革开放以来，在引进、消化、吸收国外先进技术和自主开发、研究的基础上，我国的高新技术产业取得了长足的进步。作为东部沿海省份，山东省的技术密集型产业获得了快速的发展。1985年山东省技术密集型加工业仅占工业总产值的4.21%，到2007年增加到了10.84%；从增长速度看，1985~2007年技术密集型加工业增长速度最快，高达27.67%，比全部工业增长速度高5.37个百分点。但从整体上看，虽然山东技术密集型加工业发展速度较快，但比重仍低于全国2005年（15.8%）的水平（张晓平，2008），更低于珠江三角洲地区的比重，见表5-11。

表 5-11　珠江三角洲地区传统重加工工业与技术密集型加工业变化（1985~2004年）

(单位:%)

年份	传统重加工工业 比重	传统重加工工业 增长速度	技术密集型加工业 比重	技术密集型加工业 增长速度
1985	22.44	/	23.66	/
1986	21.59	8.54	23.45	11.83
1987	21.13	28.71	24.48	37.26
1988	19.99	25.45	27.84	50.82
1989	20.58	19.40	26.40	9.99
1990	19.60	13.75	28.38	28.41
1992	22.35	64.41	26.82	49.65
1994	18.96	20.06	30.81	39.73
1996	17.60	15.75	34.59	27.28
1998	16.75	17.83	37.90	26.44
2000	25.01	42.51	34.70	11.58
2002	15.89	-8.01	40.85	25.21
2004	17.67	34.91	43.86	32.57

资料来源：夏丽丽，闫小培.2008.基于全球产业链的发展中地区工业化进程中的产业结构演进.经济地理，28（4）：573-576

与珠江三角洲相比，山东工业结构的演进更符合产业结构的演进规律。珠江三角洲的工业化进程始于20世纪70年代末，特殊的政策及其优越的地理位置，使得其高加工度化进程（重工业化）在1985年前就完成（夏丽丽，2008）。珠江三角洲的技术密集化进程从20世纪80年代后期即已开始，至20世纪90年代最为显著，其增长速度一直高于采掘工业、原材料工业和传统加工业，成为珠江三角洲地区快速发展的动力产业。然而到2000年之后，采掘工业、原材料工业增速大大超过技术密集型产业的增速，又出现了重工业化进程，即出现了"再重工业化"过程。20世纪90年代末珠江三角洲的重工业化实质由是原材料工业及采掘工业的迅速发展推动的，这与经典理论中重工业内部冶金、建材、化工为原材料工业首先获得发展，而后以机械工业为代表的重加工工业推动重工业继续发展的规律相差很远，这一点从珠江三角洲地区传统重加工业所占比重的变化也可以明显的看出来，见表5-11。珠江三角洲地区工业内部结构的演替呈现出"阶段特征的交叉性"，即指上一阶段主导产业并未发展到相当充分的高度，就在脱离产业演进一般逻辑的情况下开始下一阶段的产业发展，在珠江三角洲地区，工业内部技术密集化和重工业化阶段特征交叉并存。其形成机制主要在于外力推动下建立在上下级产业间产品供求及技术支持联系相对松散基础上的产业结构的快速演进。

虽然,山东省技术密集型产业的比重较低,但传统重加工工业比重变化一直呈上升趋势,没有出现"超前现象",这种内部结构的演替更有利于区域经济的发展。

(三)制造业内部结构的变化

本节采用经济学家钱纳里对制造业的分类,将制造业分为三类[①],第一类产业即工业化初期的代表产业,第二类产业为工业化中期的代表产业,第三类为工业化后期的代表产业,图5-10为山东省1985~2007年三类产业比重的变化。

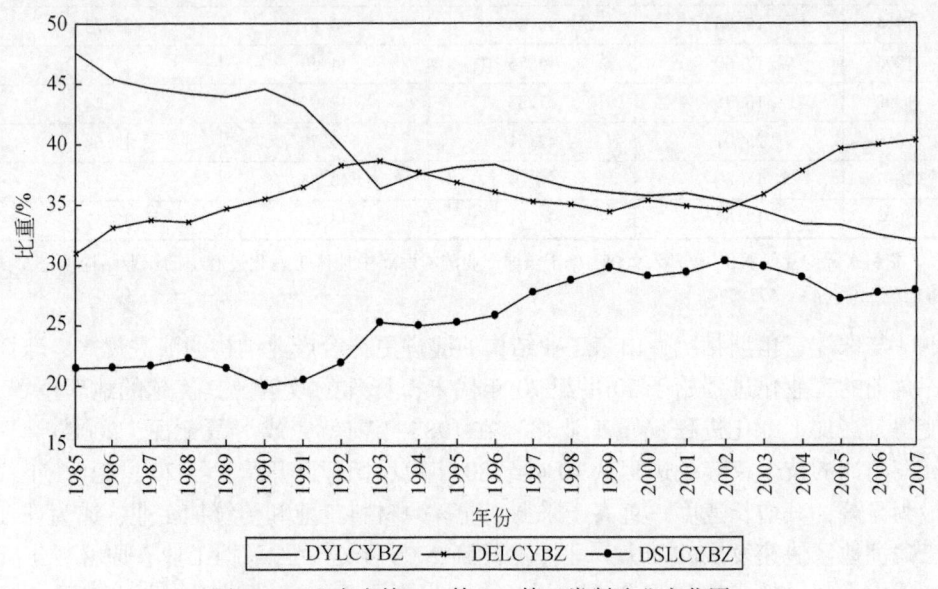

图5-10 山东省第一、第二、第三类制造业变化图
资料来源:根据《山东省统计年鉴(2007)》计算而得

---

① 第一类产业即食品加工业、食品制造业、饮料制造业、烟草加工业、纺织业、木材及竹材采运业、服装及其他纤维制造、皮革毛皮羽绒及其制品业、木材加工竹藤棕草制品业、家具制造业等;第二类产业即石油加工及炼焦业、化学原料及制品制造业、化学纤维制造业、橡胶制品业、非金属矿物制品业、黑色金属冶炼及延压加工业、有色金属冶炼及延压加工业、金属制品业;第三类产业即普通机械制造业、专用设备制造业、交通运输设备制造业、电气机械及器材制造业、电子及通信设备制造业、仪器仪表文化办公机械、其他制造业

从图 5-10 可以明显地看出，山东省第一类制造业的比重下降的趋势非常明显，所占比重由 1985 年的 47.63% 下降到 2007 年的 31.89%；而第二、第三类制造业分别由 1985 年的 20.96%、21.41% 上升到 2007 年的 40.32% 和 27.79%，这种变化过程既符合工业内部结构演变的规律，也与山东所处的发展阶段①相符合（周一星，2004）。从增长速度看，第二、第三类发展速度明显快于第一类产业速度。1985~2007 年，第二、第三类制造业的发展速度分别为 24.32%、24.30%，比第一产业高出 3.72 个百分点和 3.69 个百分点。但与江苏和全国相比，山东省第三类制造业的比重依然较低，2006 年江苏、全国的第一、第二、第三类制造业的比重分别为 21.6%、38.7%、39.7% 和 23.1%、40.7%、36.2%。

（四）工业支柱行业结构变化

支柱行业是指在区域经济增长中，对工业总产值总量扩张影响大或所占比例高的行业（李小建，1999）。改革开放以来，山东省从本省资源特点出发，建立起了以资源开采、资源加工等为重点的产业发展战略，并对工业行业结构进行调整。伴随着经济增长和产业结构升级，山东省工业支柱行业发生了很大的变化，在不同时期表现出不同的特点。

1. 山东省现状优势工业行业结构分析

研究一个地区的优势产业，区位熵无疑是最直接和最基础的研究方法，区位熵越大说明这一行业越具备比较优势，因而是区域经济规模扩大的基本动力。区位熵的计算公式为：

$$Q_i = \frac{e_i/e_t}{E_i/E_t} \tag{5-1}$$

式中，e_i 和 e_t 分别为研究区域及其较高层次区域某同一产业部门的就业人数；E_i 和 E_t 为代表研究区域及其较高层次区域（参照系）就业人数；Q_i 为研究区域第 i 产业部门的区位熵。$Q_i>1$，则研究区域第 i 产业部门的集中程度大于较高层次区域平均水平，是研究区域的专业化部门和产品输出部门。Q_i 值越大，研究区域在该产业部门的集中程度越高。反之，$Q_i \leq 1$，则 i 产业不是研究区域的专业化部门。同时，为了反映这些优势行业对外输出的规模以及在区域的集聚程度，本节

---

① 传统的区域经济发展阶段的划分依据较多，如收入水平、三次产业结构（产值、就业结构）、工业发展水平、城市化水平、区域空间结构演替规律等。大多数学者认为山东处于工业化初期向中期阶段发展的过程中

还用了另外一个指标，S_i 输出规模指数，其表达式为：
$$S_i = (Q_i - 1) \times T_i \tag{5-2}$$
式中，Q_i 为区位熵；T_i 为 i 部门的产值规模。

本节分别计算出山东省、江苏省 2006 年以全国为参照系的区位熵及其输出规模指数，见表 5-12、表 5-13。

表 5-12　全国为参照系的 2006 年山东省优势行业分析

行业	区位熵	输出规模指数
农副食品加工业	2.60	5712.10
橡胶制品业	1.63	486.17
非金属矿采选业	1.56	132.98
纺织业	1.56	1600.60
造纸及纸制品业	1.52	581.07
食品制造业	1.46	403.82
化学原料及化学制品制造业	1.28	966.95
工艺品及其他制造业	1.25	111.00
非金属矿物制品业	1.23	511.00
通用设备制造业	1.21	460.96
木材加工及木、竹、藤、棕、草制品业	1.16	65.62
专用设备制造业	1.14	195.50
有色金属矿采选业	1.10	23.12
饮料制造业	1.08	42.83
煤炭开采和洗选业	1.06	71.27

资料来源：根据《山东省统计年鉴（2007）》和《中国统计年鉴（2007）》计算而得

表 5-13　全国为参照系的 2006 年江苏省优势行业分析

行业	区位熵	输出规模指数
化学纤维制造业	2.27	55.20
通信设备、计算机及其他、电子设备制造业	1.88	442.51
纺织业	1.78	477.01
纺织服装、鞋、帽制造业	1.61	231.83
通用设备制造业	1.50	188.92
木材加工及木、竹、藤、棕、草制品业	1.32	29.74
金属制品业	1.31	76.97

续表

行业	区位熵	输出规模指数
专用设备制造业	1.16	37.96
化学原料及化学制品制造业	1.15	54.02
电气机械及器材制造业	1.12	47.92
文教体育用品制造业	1.09	10.86
仪器仪表及文化、办公用机械制造业	1.06	5.90
橡胶制品业	1.02	1.47

资料来源：根据《江苏省统计年鉴（2007）》和《中国统计年鉴（2007）》计算而得

从全国范围看，山东省的主要优势产业有15个，江苏省有13个。其中山东省、江苏省有5个部门的区位熵大于1.5，但行业的分布差异比较明显，山东省主要集中在资源和资源加工型行业，而江苏省则以加工业为主。从输出规模看，山东省15个行业的平均输出规模指数高达757.7，而江苏省仅为127.7。山东省的农副食品加工、纺织业输出规模指数高达5712.1和1600.6，更加反映出山东省的以资源加工型为主导的工业结构体系。

2. 优势工业行业的变化

从各行业占工业总产值比重的角度，通过对比1992年、2007年山东各行业产值比重的变化，见表5-14，分析山东省工业行业的变化。

表5-14　1992年、2007年山东省工业支柱行业结构　　（单位:%）

行业（1992年）	比重	行业（2007年）	比重
纺织业	13.31	食品加工与制造业	11.70
普通机械制造业	9.77	普通机械制造业	9.37
食品加工与制造业	9.00	化学原料及化学制品制造业	8.97
非金属矿物制品业	6.33	纺织业	7.38
化学原料及化学制品制造业	6.27	黑色金属冶炼及压延加工业	5.67
石油加工及炼焦业	5.59	非金属矿物制品业	5.60
石油和天然气开采业	5.05	电器机械及器材制造业	5.18
黑色金属冶炼及压延加工业	3.68	交通运输设备制造业	4.78
电力蒸气热水的生产和供应业	3.64	石油加工及炼焦业	4.63
交通运输设备制造业	3.52	电子及通信设备制造业	3.91
电器机械及器材制造业	3.30	电力蒸气热水的生产和供应业	3.73

续表

行业（1992年）	比重	行业（2007年）	比重
饮料制造业	3.26	有色金属冶炼及压延加工业	3.22
金属制品业	3.08	煤炭采选业	2.71
煤炭采选业	2.86	造纸及纸制品业	2.70
塑料制品业	2.44	金属制品业	2.44
橡胶制品业	2.19	橡胶制品业	1.97

注：表中的食品加工与制造业包括农副食品加工业和食品制造业
资料来源：根据《山东省统计年鉴》（1993）、（2003）计算而得

15年间，山东省工业支柱行业的变化并不十分明显，1992年比重超过2%的部门共有16个，到2007年依然有13个，与1992年相比，造纸、有色金属冶炼及压延加工业、电子及通信设备制造业进入到了前16位。增加幅度较大的有：有色金属冶炼及压延加工业为2.67%，电子及通信设备制造业为2.64%，食品加工与制造业为2.7%，化学原料及化学制品制造业为2.7%、黑色金属冶炼及压延加工业为1.99%，电器机械及器材制造业为1.88%，交通运输设备制造业为1.26%；下降幅度比较大的有：纺织业为5.93个百分点，其他均不超过1%。因此，15年来，山东工业的支柱行业并没有发生根本的变化，资源加工型行业和劳动密集型行业等重化工业依然占主导地位，高附加值的先进制造业比重有所增加，所占比重依然较低，这一方面与产业结构的刚性有关，另一方面与山东的资源禀赋和发展阶段有较大的关系。

第三节 山东省产业结构变动影响因素的定量分析

一、区域产业结构变动的一般理论模式

区域产业结构是动态变化和不断发展的，合理的产业结构是在一定历史和经济社会条件下，一定经济发展阶段的产物。一个区域要获得较快的发展，必须具备较强的产业结构调整转换能力（贺灿飞，1996）。

一个区域的产业系统从一种结构演化为另一种结构，意味着产业系统中各产业部门之间比例关系的变化，当然也包含某些新兴产业的进入和某些衰落产业的退出。总之，这是各产业部门在一定外部环境条件下的创新和重组过程。较强的产业结构调整转换能力体现在以下三个方面：一是产业结构本身不是因资源和要

素供给的制约或其他经济社会原因造成的过强的调整转换刚性,在调整和转换上具有一定的弹性;二是特定时期的现行市场经济体制本身蕴含着产业结构调整转换中资源重新配置和生产要素重组所必需的经济体制和转换环境;三是政府应具备适时适度推进产业结构转换的经济调控能力并采取相应措施。区域产业结构调整过程实际上是在市场机制基础上,市场机制发挥的作用和政府主动干预相结合的结果,是社会总需求结构和自然资源及生产要素供给结构相互作用的结果。

在此,通过函数建立系统分析一个地区产业结构转换的模型

设一个地区的产业 Y_1, Y_2, $\cdots$, Y_n, 则 $\boldsymbol{Y} = \{Y_1, Y_2, \cdots, Y_n\}$ 构成了该地区的产业向量。

地区经济发展的投入要素是 X_1, X_2, $\cdots$, X_m, 则 $\boldsymbol{X} = \{X_1, X_2, \cdots, X_m\}$ 构成了地区的产业向量。

地区制约产业发展的因素 Z_1, Z_2, $\cdots$, Z_k, 则 $\boldsymbol{Z} = \{Z_1, Z_2, \cdots, Z_k\}$ 是制约要素向量。

地区产业政策 P_1, P_2, $\cdots$, P_s, 则 $\boldsymbol{P} = \{P_1, P_2, \cdots, P_s\}$ 构成产业政策的向量。若

$\boldsymbol{F} = f(\boldsymbol{X}, \boldsymbol{Z}, \boldsymbol{P}, \boldsymbol{K})$, 从而产业向量为: $\boldsymbol{Y} = \{(Y_1, Y_2, \cdots, Y_n) \mid Y_i = f(\boldsymbol{X}, \boldsymbol{Z}, \boldsymbol{P}, \boldsymbol{X})\}$。

地区产业结构是地区内产业部门组合方式和地区生产要素的宏观聚集状态。一切影响生产要素和部门生产条件的因素,最终都会不同程度地影响产业结构及其转换。一般认为经济发展的投入要素包括资本投入(K)、劳动力投入(L)和资源投入(R),因而 $\boldsymbol{X} = (K, L, R)$。把所有产业划分为第一产业($Y_1$)、第二产业($Y_2$)、第三产业($Y_3$),从而 $\boldsymbol{Y} = (Y_1, Y_2, Y_3)$;制约产业发展及产业结构转换的因素很多,但每个产业结构的形成与转换都是供给与需求因素相互作用的结果,从供给与需求角度出发,主要考虑以下因素:技术创新能力与技术水平(T)、消费需求的水平层次与结构(C)、投资需求(I)、经济发展水平(Q)、反映供需弹性和产业关联的产业结构(H),从而 $\boldsymbol{Z} = (T, C, I, Q, H)$。产业政策可以简单地从两个方面考虑,即鼓励发展($P_1$)和不阻碍发展($P_2$)。故地区产业结构可表示为如下函数关系:

$$\boldsymbol{Y} = \{(Y_1, Y_2, Y_3) \mid Y_i$$
$$= f\{[\boldsymbol{X}(K, L, R), \boldsymbol{Z}(T, C, Q, H), \boldsymbol{P}(P_1, P_2), \boldsymbol{Y}(Y_1, Y_2, Y_3)]\}\}$$

(5-3)

上述每个因素的变化都可能导致区域产业结构的变动。

二、山东省产业结构变动的影响因素定量分析

(一) 产业结构变动的影响因素

1. 主成分分析原理

区域产业结构变动的影响因素及其转换能力是一个综合性的指标。要全面真实地衡量区域产业结构转换能力,评价指标的选取必须要具有相当的完备性,以便能综合地反映区域产业结构变动的各种因素。然而,在实际操作中,指标数量的多少与指标的独立性往往难以协调。选取指标多固然能增加指标的覆盖面,但指标之间具有较多的重复信息,即指标之间的独立性较差。若直接对含有重复信息的指标赋权求和,指标间未排除的重复信息将会使综合评价结果发生偏离。反之,若选取的指标过少,则不能全面综合地反映事物的本质。从数学意义上讲,若指标相互独立,即指标提供的信息不重复,任意一个指标的作用不能被另外的指标所取代,则评价时应尽量保留这些独立指标;若指标完全线性相关,可以相互替代则应省略其中一个。事实上,由于区域社会经济系统各因素之间是相互关联的,影响区域可持续发展的绝大多数指标介于完全线性相关与完全不相关之间,即指标间的信息既不完全独立,也不完全重复,对其进行处理的有效办法是借助一定的数学方法对指标进行压缩。应用主成分分析法,根据选取的原始评价指标之间的相关性对其进行降维处理,从而得到能充分反映原始评价指标信息的少数几个彼此独立的综合变量(王洪芬,2001)。

主成分分析法旨在力保原始数据信息丢失最小的情况下,对多维变量空间进行降维处理,即在保证原始数据信息损失最小的前提下,经过线性变换和舍弃部分信息,以少数的综合变量取代原有的多维变量,这样既抓住了主要矛盾,又简化了评价工作。

设原始变量为 $X_1, X_2, \cdots, X_n$,经过主成分分析后得到的新变量(综合变量)为 $Z_1, Z_2, \cdots, Z_m$,它们是 $X_1, X_2, \cdots, X_n$ 的线性组合($m < n$)。新变量 $Z_1, Z_2, \cdots, Z_m$ 构成的坐标系是原坐标系经平移和正交旋转后得到的,称 $Z_1, Z_2, \cdots, Z_m$ 构成的空间为 m 维主超平面。在主超平面上,第一主成分 Z_1 对应于数据变异(贡献率 e_1)最大的方向,对于 $Z_2, \cdots, Z_m$,依次有 $e_2 \geq \cdots \geq e_m$。因此,Z_1 是携带原始数据信息最多的一维变量,而 m 维主超平面是保留原始数据信息量最大的 m 维子空间。

2. 主要计算步骤

主成分分析法的计算步骤如下：

（1）为了排除数量级和量纲不同带来的影响，首先对原始数据进行标准化处理：

$$X'_{ij} = (X_{ij} - \bar{X}_i)/\sigma_i \quad (i = 1, 2, \cdots, n; j = 1, 2, \cdots, p) \quad (5\text{-}4)$$

式中，X_{ij} 为第 i 个指标第 j 个样本的原始数据；$\bar{X}_i$ 和 σ_i 分别为第 i 个指标的样本均值和标准差。

（2）根据标准化数据矩阵 $(X'_{ij})_{n \times p}$，计算相关系数矩阵 $\boldsymbol{R} = (r_{ij})_{n \times n}$

（3）计算 $\boldsymbol{R}$ 的特征值和特征向量

根据特征方程 $|R - \lambda I| = 0$ 计算特征值，即

$$r_n \lambda^p + r_{n-1} \lambda^{p-1} + \cdots + r_1 \lambda + r_0 = 0 \quad (5\text{-}5)$$

的特征多项式，求 $\lambda_1, \lambda_2, \cdots, \lambda_p$ 并使 λ_i 按大小排列，即

$$\lambda_1 \geq \lambda_2 \geq \cdots \geq \lambda_p \geq 0 \quad (5\text{-}6)$$

列出关于特征值 λ_k 的特征向量：

$$\boldsymbol{L}_k = [L_{k1}, L_{k2}, \cdots, L_{kp}]^T, \quad R\boldsymbol{L}_k = \lambda \boldsymbol{L}_k \quad (5\text{-}7)$$

在变量较多时，一般用雅可比法来计算特征值和特征向量。

（4）计算贡献率

贡献率计算公式：$\lambda_k / \sum_{i=1}^{p} \lambda_i$；累计贡献率：$\sum_{j=1}^{k} (\lambda_j / \sum_{i=1}^{p} \lambda_i)$

一般取累计贡献率达 85%~95% 的特征值 $\lambda_1, \lambda_2, \cdots, \lambda_m (m \leq p)$ 对应的主成分即可。

（5）计算主成分载荷

$$p(Z_k \cdot x_i) = \sqrt{\lambda_k} L_k \quad (i = 1, 2, \cdots, p; k = 1, 2, \cdots, m) \quad (5\text{-}8)$$

主成分载荷为主成分 Z_k 和变量 x_i 之间的相关系数

（6）根据下式计算主成分得分

$$\begin{cases} Z_1 = L_{11} x'_1 + L_{12} x'_2 + \cdots + L_{1p} x'_p \\ Z_2 = L_{21} x'_2 + L_{22} x'_2 + \cdots + L_{2p} x'_p \\ \cdots \cdots \\ Z_m = L_{m1} x'_m + L_{m2} x'_2 + \cdots + L_{mp} x'_p \end{cases} \quad (5\text{-}9)$$

（二）指标的选择及其数据来源

产业结构转换能力是一个综合概念，任何单一的指标都不可能全面衡量一个

地区的产业结构转换能力,要从整体上分析区域产业结构变动的因素,应选择多个指标进行综合分析。根据目前统计信息的支持程度,本节选择以下因素进行分析,见表5-15。

表5-15 产业结构变动影响因素的指标体系

变量	指标	变量	指标
X_1	人均GDP/(元/人)	X_8	出口比重/%
X_2	城市化水平/%	X_9	投资率/%
X_3	第二产业比重/%	X_{10}	农民人均纯收入/(元/人)
X_4	第三产业比重/%	X_{11}	农村居民家庭恩格尔系数/%
X_5	居民消费水平/(元/人)	X_{12}	城镇居民家庭恩格尔系数/%
X_6	GDP增长速度/%	X_{13}	每万人口在校大学生人数/(人/万人)
X_7	城镇居民可支配性收入/(元/人)	X_{14}	劳动生产率/(元/人)

本部分的数据来源于《新中国55年统计资料汇编》和1999~2007年山东统计年鉴,见表5-16、表5-17。

表5-16 山东省产业结构变动影响因素指标

年份	X_1	X_2	X_3	X_4	X_5	X_6	X_7
1978	316	14.04	52.9	13.8	169	10.10	391.45
1979	350	14.55	50.8	13.0	185	9.47	413.05
1980	402	14.99	50.0	13.6	223	20.54	448.21
1981	472	15.64	44.8	17.0	247	10.76	495.48
1982	531	16.14	42.0	19.0	298	20.65	524.90
1983	611	16.66	38.9	20.8	322	8.05	537.03
1984	765	18.71	41.1	20.7	348	8.07	638.64
1985	887	19.99	43.0	22.3	388	11.49	747.56
1986	956	19.15	42.2	23.7	426	9.79	853.50
1987	1131	20.03	43.1	24.7	478	12.21	987.11
1988	1 395	24.12	44.5	25.8	588	23.01	1 163.46
1989	1 595	26.53	44.8	27.4	644	9.52	1 349.16
1990	1 815	27.34	42.1	29.8	698	8.39	1 466.20
1991	2 122	28.14	41.2	30.0	780	11.75	1 687.56

续表

年份	X_1	X_2	X_3	X_4	X_5	X_6	X_7
1992	2 556	29.73	45.5	30.2	909	16.54	1 974.48
1993	3 212	31.69	49.0	29.5	1 051	15.62	2 515.08
1994	4 441	34.40	49.2	30.6	1 524	45.00	3 444.36
1995	5 701	35.62	47.6	32.0	1 939	27.23	4 264.08
1996	6 746	36.86	47.3	32.3	2 280	17.59	4 890.24
1997	7 461	37.32	48.1	33.6	2 712	18.95	5 190.79
1998	7 968	36.87	48.5	34.2	2 887	6.45	5 380.08
1999	8 483	37.06	48.6	35.1	3 178	10.08	5 808.96
2000	9 326	38.15	50.0	34.8	3 447	8.46	6 489.97
2001	10 195	39.55	49.5	35.7	3 726	8.09	7 101.08
2002	11 340	41.09	50.5	36.0	3 924	5.31	7 614.50
2003	13 268	43.83	53.7	34.0	4 351	10.88	8 399.91
2004	16 413	44.69	56.5	31.7	4 924	13.17	9 437.8
2005	20 096	45.30	57.4	32.0	5 899	19.80	10 744.79
2006	23 794	46.20	57.7	32.6	7 025	19.09	12 192.24

表 5-17　山东省产业结构变动影响因素指标

年份	X_8	X_9	X_{10}	X_{11}	X_{12}	X_{13}	X_{14}
1978	18.57	114.56	61.5	57.5	5.4	759.14	6.19
1979	24.38	159.81	61.3	57.9	6.2	812.14	8.07
1980	23.95	210.23	60.1	57.7	7.0	937.06	9.04
1981	22.97	251.62	55.8	54.9	8.2	1 085.61	9.30
1982	21.50	299.95	50.4	57.7	7.0	1 209.11	7.94
1983	20.98	360.64	50.7	59.9	7.3	1 211.64	7.77
1984	24.10	394.99	51.9	59.8	8.7	1 631.90	8.31
1985	28.56	408.12	52.2	50.7	10.8	1 910.81	10.13
1986	30.06	449.27	50.0	50.3	11.8	2 032.35	8.93
1987	33.37	517.69	49.8	53.2	12.1	2 369.52	12.09
1988	33.09	583.74	49.4	51.0	12.6	2 875.31	10.32
1989	23.61	630.56	50.5	51.9	12.7	3 283.86	9.52

续表

年份	X_8	X_9	X_{10}	X_{11}	X_{12}	X_{13}	X_{14}
1990	22.21	680.18	54.3	51.7	12.5	3 737.61	10.82
1991	24.29	764.04	54.3	52.1	12.5	4 291.09	11.03
1992	27.38	802.9	54.5	50.9	15.1	5 105.12	10.89
1993	32.22	952.74	57.4	46.0	17.6	6 326.06	8.74
1994	28.82	1 319.73	57.9	45.6	18.1	8 773.19	13.16
1995	26.67	1 715.09	55.9	45.2	18.4	9 512.14	13.76
1996	26.48	2 086.31	52.7	43.6	19.4	11 255.69	12.98
1997	27.42	2 292.12	53.6	41.0	20.0	12 437.35	13.77
1998	29.30	2 452.83	51.4	39.6	21.2	13 278.90	12.20
1999	29.65	2 549.56	48.9	37.1	24.1	14 100.21	12.79
2000	30.50	2 659.2	44.2	34.7	33.8	15 321.16	15.42
2001	30.54	2 804.51	42.1	34.3	49.7	16 793.67	16.32
2002	34.15	2 953.97	42.0	34.4	64.3	18 591.46	17.01
2003	44.12	3 150.49	41.8	33.8	83.4	21 489.08	18.21
2004	50.79	3 507.43	41.9	34.6	103.1	26 224.82	19.77
2005	56.93	3 930.55	41.3	34.2	126.64	31 703.17	20.46
2006	50.44	4 368.33	40.8	33.8	143.74	37 042.55	50.44

(三) 计算结果

利用SPSS11.5进行多元统计分析，将表5-14、表5-16中的14项指标构成综合评价指标体系并作标准化处理后计算各指标之间的相关系数矩阵。根据相关矩阵计算出的特征值以及各主成分的贡献率和累计贡献率，结果见表5-18。从表5-18可以看出相关矩阵的3个最大特征值，共同解释了方差93.816%，所以我们取前三个作为第一、第二、第三主成分。

表5-18 特征值及主成分贡献率和累计贡献率　　　　（单位:%）

Component	Initial Eigenvalues			Extraction Sums of Squared Loadings		
	Total	% of Variance	Cumulative %	Total	% of Variance	Cumulative %
1	10.987	78.477	78.477	10.987	78.477	78.477
2	1.190	8.497	86.974	1.190	8.497	86.974

续表

Component	Initial Eigenvalues			Extraction Sums of Squared Loadings		
	Total	% of Variance	Cumulative %	Total	% of Variance	Cumulative %
3	0.958	6.843	93.816	0.958	6.843	93.816
4	0.494	3.527	97.344			
5	0.153	1.093	98.437			
6	0.110	0.785	99.221			
7	0.051	0.362	99.583			
8	0.035	0.251	99.834			
9	0.015	0.107	99.941			
10	0.007	0.047	99.988			
11	0.001	0.007	99.995			
12	0.000	0.003	99.997			
13	0.000	0.002	99.999			
14	0.000	0.001	100.000			

公因子与原有变量指标之间的相关程度由因子载荷值来表征，因子载荷值越高，表明该因子包含该指标的信息量越多（吴庆春，2007），所以通过以上主成分得出的3个公因子，能够较完全地反映所有因子的实际情况且有一定的代表性，同时各主成分相互独立，可分别代表一类而不受其他因子的影响。表5-19是经25次正交旋转后3个公因子的载荷矩阵。

表5-19　旋转后主因子载荷矩阵

变量	主成分		
	1	2	3
人均GDP/(元/人)	0.989	0.006	0.080
城市化水平/%	0.918	0.117	0.345
第二产业比重/%	0.780	0.227	0.406
第三产业比重/%	0.723	0.024	0.678
居民消费水平/(元/人)	0.992	−0.019	0.004
GDP增长速度/%	0.054	0.962	−0.008
城镇居民可支配性收入/(元/人)	0.993	0.010	−0.036
出口比重/%	0.885	0.047	−0.059

续表

变量	主成分		
	1	2	3
投资率/%	0.970	0.026	0.248
农民人均纯收入/(元/人)	0.983	−0.011	−0.110
农村居民家庭恩格尔系数/%	−0.797	0.409	0.115
城镇居民家庭恩格尔系数/%	−0.925	0.006	0.283
每万人口在校大学生人数/人	0.938	−0.041	0.279
劳动生产率/(元/人)	0.992	0.021	0.054

注：Extraction Method: Principal Component Analysis. Rotation Method: Quartimax with Kaiser Normalization. a Rotation converged in 4 iterations

从表5-19中可以看出：①主因子 F_1 在 X_1、X_5、X_7、X_9、X_{10}、X_{13}、X_{14} 上载荷较大，其中 X_1、X_{14}、X_9 反映了经济发展水平、生产效率和投资率，X_5、X_7、X_{10} 反映了居民的收入和消费水平，而 X_{13} 则反映的是未来的科技开发潜力和智力资源，因此，第一主成分可以命名为"发展—消费因子"；②主因子 F_2 在 X_6 上载荷较大，第二主成分可以命名为"发展速度因子"；③主因子 F_3 在 X_2、X_3、X_4 上载荷较大，其中 X_2 反映的是城市化水平，X_3、X_4 反映的产业结构自身水平，因此可以命名为"城市化—产业结构因子"。

三、山东省产业结构变动的动因探讨

产业结构的形成与发展受到多种因素的制约，结合上述定量分析结果，笔者认为，促使山东省产业结构变动的主要动力有以下四个方面。

（一）国家产业政策及经济发展水平是产业结构变动的最直接的因素

改革开放初期（1979~1984年）农村经济体制改革的成功是第一产业产值比重迅速上升的最根本原因。1979~1989年产业政策的调整及城镇经济体制改革对第二、第三产业的变动具有重要的决定性影响。进入20世纪90年代后，经济市场化进程的加快，市场在资源配置中的作用日益明显，政府转向以间接调控为主的宏观调控方式，经济政策的调整对经济增长和结构转换的作用减弱，但依然是至关重要的因素，如对家电、汽车等重点行业实施扶持政策，促进了相关产业的发展；对房地产业、社会服务业等采取开放政策，使得房地产、社会服务业等第三产业的产值比重迅速增加，同时拉动了相关产业的发展。

从第一主成分包含的变量看，反映经济发展水平的共有三个变量，即人均GDP、劳动生产率和投资率，这三个指标的变化，对产业结构的变动产生重要的影响。产业结构转换能力依赖于经济发展水平，经济水平高和增长速度快，则产业结构转换潜力大，反之则产业结构转换能力低。而劳动生产率与经济发展水平呈正相关，因此劳动生产率的提高也有助于产业结构的转换。如前所述，目前山东省经济增长处于投资拉动阶段，增长方式依然粗放，投资越多，经济增长越快，进而也影响到产业结构的转换。

（二）消费需求结构的升级是产业结构变动的主要拉动力

消费需求结构的变动意味着消费市场的变化，企业在利益的驱动下，调整产品结构和投资方向，跟随市场消费的变化生产适销对路的产品，最终拉动产业结构的调整。从第一主成分看，它包括两个层面，即发展因素和消费因素，消费因素为居民消费水平、城镇居民可支配性收入和农民人均纯收入三个变量。从三个变量的增长速度看，增长速度都较快，1978~2006年的增长速度分别为14.23%、13.06%和13.68%。

虽然城镇和农村居民的恩格尔系数在三个主成分中的载荷较小，但毋庸置疑，居民消费结构的变化对山东省产业结构的变动也产生了深刻的影响。消费需求结构变动的主要特点有：一是恩格尔系数的快速下降，城镇居民的恩格尔系数由1978年的57.5%下降到2006年的33.8%，农村居民的恩格尔系数由1978年的61.5%下降到2006年的40.8%，分别下降了23.7个百分点和20.7个百分点。二是耐用消费品支出比例上升，支出幅度增加，特别是家用电器的普及、消费档次的提高以及新型家用电器的流行，改变了消费支出结构，促进了消费品结构升级。表5-20中的数据能清楚地反映出山东省消费需求结构的变化，这对制造业乃至第二产业的变动起了十分重要的作用。

表5-20 山东省城镇居民和农村居民平均每百户年末耐用消费品拥有量

项目	城镇居民		农村居民	
	1997年	2007年	1997年	2007年
洗衣机	86.5	95.01	13.9	57.36
电冰箱	82.2	98.82	13.5	39.43
空调	11.4	85.63	0.4	6.19
彩色电视机		122.24		103.55

续表

项目	城镇居民		农村居民	
	1997年	2007年	1997年	2007年
固定电话	56.9	85.89		86.29
移动电话	1.3	173.46		86.21
照相机	42.4	54.24		7.00
家用计算机	1.8	58.81		3.55
摩托车	20.6	51.19	20.6	72.07
汽车（生活用）	0.1	9.37		1.43

资料来源：根据《新中国55年统计资料汇编》和《山东省统计年鉴（2008）》整理

（三）城市化水平及其自身结构的变动加速了山东省产业结构的变动

城市化水平的提高不仅增加了第二、第三产业的劳动力，而且通过一系列区域优势（如发达的交通信息基础设施、较强的城市聚集经济和规模经济效应、有效的竞争环境、较强的示范效应和有利的科技创新环境等）将其转化为生产投入要素，推动了第二、第三产业的发展，从而促进了产业结构的升级。就城市化变动的惯性作用而言，其可能的影响机制可以归纳为：城市化水平提高 —— 第二、第三产业劳动力比重提高（劳动力要素投入）—— 产业结构升级 —— 经济发展 —— 要素投入需求扩张 —— 城镇化水平提高……。从第三主成分看，城市化水平、第二产业比重、第三产业比重的载荷较大。改革开放以来，山东省的城市化水平提高较快，城市人口比重由1978年的14.04%提高到2006年的46.2%，增加了32.16个百分点，年均增加1.12个百分点，高于同一发展阶段的工业化国家的水平。城市化水平的提高，不仅改善了居民的生活水平，而且影响到区域产业结构比例的关系，导致产业结构的变动。

（四）进出口贸易的变化是促进山东省产业结构变动的又一重要因素

山东省对外贸易在改革开放后有了迅速发展，对外开放结构显著变化，突出表现在进口和出口结构的变化。出口结构变化的特点：一是出口贸易结构发生变化，表现为进料加工贸易比重增加幅度大，增长速度快，所占比重由1988年的6.33%增加到2007年的38.05%，增长速度为30.12%，高出全部出口贸易增长速度11.43个百分点；二是初级产品出口比重迅速下降，工业制成品出口的比重上升，其中机电产品的出口比重上升尤为迅速。与1985年相比，2006年山东省初级产品的比重由 74.22% 下降到 15.1%，工业制成品的比重由 25.78% 增加到 84.9%，其中机电产品出口比重由 3.31% 增加到 26.9%。进口结构的变化特点与出口结构变化相反，初级产品进口比重上升，工业制成品比重下降。与 2000 年相比，2006 年山东省初级产品的进口比重由 26.9% 上升到 42.0%，工业制成品的进口比重由 73.1% 下降到 58.0%。出口结构的变化带动了生产出口产品部门的增长和相应产业结构的变动，进口结构的变动增加了有关部门、产业的投入，推动了这些部门的增长和产业结构的变化。对外贸易发挥扩大需求和资源再配置的双重功能，通过初级产品进口和投资品出口，将初级产业的资源转化为对工业或重工业的投资，加速产业结构的变动。

第四节 山东省产业结构变动能力、速度及其方向

一、产业结构变动能力的测度

（一）测度方法

衡量产业结构的变动，传统上采用结构变化值指标，即

$$K = \sum |P_{it} - P_{i0}| \tag{5-10}$$

式中，K 为产业结构变动值；P_{it} 为研究末期产业构成比重；P_{i0} 为研究基期产业比重；i 为产业序号。

计算出的 K 值越大，说明产业结构的变动幅度越大。该指标仅将各产业份额变动的绝对值简单相加，并不反映某个具体产业变动的情况，也不分辨结构演变中各产业此消彼长的方向变化。

为此，本节引用 Moore 结构变化值来衡量产业结构的演变（刘志彪，2002），该指标运用空间向量测定法，以向量空间中夹角为基础，将 n 个产业视为一组 n 维向量，把两个时期两组向量间的夹角作为表征产业结构变化程度的指标。

计算式为

$$M_t = \frac{\sum_{i=1}^{n} (P_{i,t} \cdot P_{i,t-1})}{(\sum_{i}^{n} P_{i,t}^2)^{1/2} \cdot (\sum_{i}^{n} P_{i,t-1}^2)^{1/2}} \tag{5-11}$$

式中，M_t 为 Moore 结构变化值；$P_{i,t-1}$ 为 $t-1$ 期第 i 产业所占比重；$P_{i,t}$ 为 t 期第 i

产业所占比重。

整个国民经济可以分为 n 个产业，如果我们将每一个产业当作空间的一个向量，那么这 n 个产业就可以表示空间的 n 维向量。当某一产业在国民经济中的份额发生变化时，它与其他产业（向量）的夹角就会变化。把所有的夹角变化累计起来，就可以得到整个经济系统中各产业的结构变化情况。

定义不同时期产业向量之间的夹角 θ_t，那么就有：

$$\theta_t = \arccos M_t \tag{5-12}$$

θ 越大，表明产业结构变化的程度越大，该指标更细致、更灵敏地揭示了产业结构变化的过程与程度。

（二）结果分析

由于本书的目标是从宏观层面分析山东省产业结构的变动情况，因而只选取1953 年以来反映山东省产业结构变动的三次产业结构数据，计算出各年度的 Moore 结构变动值及相应的 θ，并与全国比较，见表 5-21 和图 5-11。

表 5-21　1953~2006 年山东省和全国产业结构变动系数（θ）

年份	θ 山东省	θ 全国	年份	θ 山东省	θ 全国
1953	5.00	5.09	1968	2.80	3.41
1954	0.43	1.59	1969	1.86	5.90
1955	1.07	0.72	1970	7.31	5.90
1956	6.54	3.97	1971	1.73	2.01
1957	4.59	3.66	1972	1.09	1.48
1958	6.22	9.48	1973	0.67	0.71
1959	10.09	9.34	1974	7.88	0.64
1960	11.17	3.83	1975	10.44	3.43
1961	16.97	17.49	1976	2.04	0.53
1962	7.46	4.18	1977	1.50	3.99
1963	4.80	3.29	1978	7.65	1.43
1964	5.32	2.91	1979	3.33	3.71
1965	4.25	0.89	1980	0.77	1.45
1966	1.95	3.76	1981	5.63	2.53
1967	1.31	4.87	1982	3.27	1.92

续表

年份	θ 山东省	θ 全国	年份	θ 山东省	θ 全国
1983	3.61	0.68	1995	1.98	0.88
1984	3.00	2.71	1996	0.31	0.41
1985	4.14	5.20	1997	2.37	1.83
1986	1.71	1.55	1998	1.06	2.39
1987	2.20	0.60	1999	1.25	1.79
1988	2.96	1.39	2000	1.47	1.68
1989	2.46	1.85	2001	0.93	1.61
1990	3.42	2.45	2002	1.32	1.13
1991	1.09	3.28	2003	3.37	1.32
1992	5.90	3.18	2004	3.04	0.95
1993	4.08	3.56	2005	1.21	1.38
1994	1.65	0.20	2006	0.89	1.48

资料来源：根据《新中国55年统计资料汇编》;《山东省统计年鉴》(2006)、(2007)和《中国统计年鉴》(2006)、(2007) 计算而得

从图5-11中可以看出，山东省产业结构变动的 θ 值的变化趋势与全国一样，说明山东产业结构的变化受宏观政策的影响非常大，与前面的结论相一致。从变化趋势看，1953~1978年的 θ 值波动较大，θ 的平均值为5.08，高于全国平均值 (4.02)，山东省和全国的 θ 值的变异系数分别为0.7794和0.8856，说明山东省产业结构变动能力大于全国平均水平，但年际变化差异小于全国；1979~2006年的 θ 值波动明显下降，θ 的平均值为1.40，依然高出全国平均值 (1.10)，山东省和全国的 θ 值的变异系数为0.5763和0.5843，说明改革开放以来，山东省的产业结构变动能力较改革开放之前低，同时变化幅度也降低。

二、产业结构转换速度

(一) 产业结构转换测度方法

产业结构转换是在产业结构转换能力的推动下进行的。产业结构转换最直接

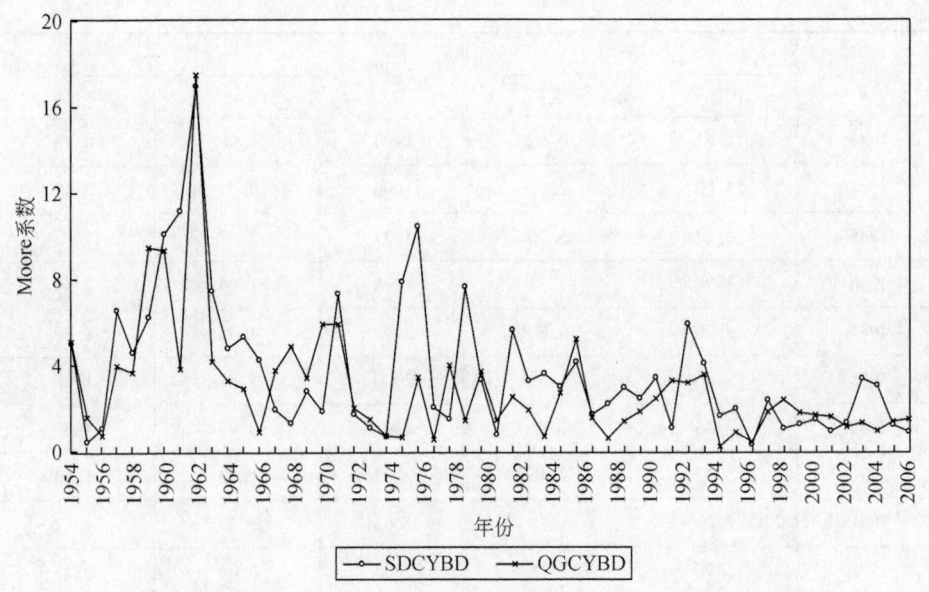

图 5-11　山东省产业结构变动的 Moore 系数与全国的比较（1952～2006 年）
资料来源：同表 5-21

的原因是地区各产业经济总量增长速度的差异。一个地区其内部各产业增长速度差异大，则该地区产业结构转换快；反之，如果一个地区各产业增长速度相当，则产业结构转换较慢。因此，衡量一个地区产业结构转换速度的快慢可以转化为如何衡量一个地区产业增长速度差异的问题。为此构造如下产业结构转换系数 &，计算公式为

$$\& = \sqrt{\sum_{i=1}^{3}(x_i - G)^2 \times \frac{P_i}{G}} \quad (5-13)$$

式中，x_i 为 i 产业的年均增长速度；G 为 GDP 的年均增长速度；P_i 是 i 产业在 GDP 中的比重。

（二）计算结果与分析

本部分依然采用山东省三次产业结构数据计算改革开放以来山东省产业结构转换速度，并与全国比较，计算结果见表 5-22。

表 5-22　改革开放以来山东省产业结构转换系数变化（1979～2006 年）

年份	转化速度 山东省	转化速度 中国	年份	转化速度 山东省	转化速度 中国
1979	0.927	0.806	1993	0.317	0.210
1980	0.672	0.798	1994	0.192	0.170
1981	0.493	1.098	1995	0.253	0.298
1982	0.638	0.962	1996	0.487	0.553
1983	0.517	0.729	1997	0.870	0.871
1984	0.236	0.351	1998	1.209	1.234
1985	0.489	0.239	1999	1.308	1.331
1986	0.897	0.599	2000	0.916	0.914
1987	0.369	0.460	2001	0.984	0.928
1988	0.260	0.261	2002	0.908	0.998
1989	0.537	0.643	2003	0.674	0.805
1990	0.460	0.805	2004	0.503	0.575
1991	0.350	0.475	2005	0.553	0.708
1992	0.370	0.302	2006	0.693	0.744

资料来源：根据《山东省统计年鉴（2007）》和《中国统计年鉴（2007）》计算而得

从表 5-21 可以看出，改革开放以来山东省产业结构转换系数都比较大，变化趋势与全国基本一致，最高值都出现在 1999 年，最低值都出现在 1994 年。1979～2006 年山东省产业结构转换系数平均值为 0.610，低于全国平均值（0.674），变异系数分别为 0.476 和 0.459，说明山东省的年际变化差异大于全国平均水平。

三、产业结构转换方向比较

（一）测度方法

虽然各年份的产业结构总体在转换，但其转换方向各异，有的年份向合理化、高级化方向演进，有的年份甚至可能发生产业结构的"退化"；有些年份则保持产业结构的稳定性。为了对山东省的产业结构演进方向作比较研究，需找到反映这一变化的系数。我们仍从各产业增长速度出发，β 表示某产业研究期间的比重变化，则某产业增长速度与 GDP 增长速度存在以下关系：

$$x_i = \beta_i(1+G) - 1 \tag{5-14}$$

变换上式得到:

$$\beta_i = \frac{(1+x_i)}{(1+G)} \tag{5-15}$$

式中, x_i 为 i 产业的年均增长速度; G 为 GDP 的年均增长速度; β_i 是产业结构变动系数。根据 β_i 值的变动情况, 可以把产业结构变动方向划分为八类:

Ⅰ. $\beta_1<1$ $\beta_2>1$ $\beta_3>1$,   Ⅱ. $\beta_1<1$ $\beta_2<1$ $\beta_3>1$

Ⅲ. $\beta_1>1$ $\beta_2<1$ $\beta_3>1$,   Ⅳ. $\beta_1>1$ $\beta_2>1$ $\beta_3>1$

Ⅴ. $\beta_1>1$ $\beta_2<1$ $\beta_3<1$,   Ⅵ. $\beta_1>1$ $\beta_2>1$ $\beta_3<1$

Ⅶ. $\beta_1<1$ $\beta_2>1$ $\beta_3<1$,   Ⅷ. $\beta_1<1$ $\beta_2<1$ $\beta_3<1$

(二) 计算结果与分析

利用上述公式, 分别计算出山东省和全国1979~2006年的 β_i 值, 见表5-23。根据产业结构变动性质, 即第一、第二、第三产业比重不可能同时上升或同时下降, 即不可能出现Ⅳ、Ⅷ两种类型。

表5-23   1979~2006年山东省和全国第一、第二、第三产业的相对变动

年份	山东省 β_1	β_2	β_3	类型	全国 β_1	β_2	β_3	类型
1979	1.087 8	0.958 6	0.946 9	Ⅴ	1.109 2	0.983 8	0.903 9	Ⅴ
1980	1.006 0	0.985 6	1.039 6	Ⅲ	0.965 1	1.023 8	0.998 6	Ⅶ
1981	1.047 1	0.896 6	1.255 1	Ⅲ	1.056 6	0.956 2	1.018 8	Ⅲ
1982	1.021 5	0.936 6	1.119 1	Ⅲ	1.047 3	0.970 8	0.992 6	Ⅴ
1983	1.035 6	0.925 6	1.091 2	Ⅲ	0.993 7	0.991 4	1.027 2	Ⅱ
1984	0.946 5	1.058 4	0.994 7	Ⅶ	0.968 2	0.970 9	1.104 3	Ⅱ
1985	0.907 9	1.046 8	1.077 1	Ⅰ	0.885 2	0.995 3	1.157 0	Ⅱ
1986	0.982 2	0.980 0	1.066 5	Ⅱ	0.954 2	1.019 5	1.016 2	Ⅰ
1987	0.945 4	1.021 1	1.040 8	Ⅰ	0.987 9	0.996 0	1.017 2	Ⅱ
1988	0.922 5	1.032 0	1.045 4	Ⅰ	0.958 4	1.005 5	1.029 6	Ⅰ
1989	0.934 5	1.007 2	1.062 9	Ⅰ	0.977 0	0.978 1	1.050 8	Ⅱ
1990	1.013 9	0.939 4	1.084 7	Ⅲ	1.080 1	0.965 2	0.983 8	Ⅴ
1991	1.024 2	0.978 9	1.006 9	Ⅲ	0.904 5	1.010 8	1.067 9	Ⅰ
1992	0.844 4	1.104 8	1.006 5	Ⅰ	0.888 4	1.039 9	1.031 8	Ⅰ

续表

年份	山东省			类型	全国			类型
	β_1	β_2	β_3		β_1	β_2	β_3	
1993	0.8848	1.0759	0.9786	Ⅶ	0.9045	1.0717	0.9703	Ⅶ
1994	0.9361	1.0054	1.0377	Ⅰ	1.0078	1.0000	0.9954	Ⅵ
1995	1.0116	0.9667	1.0459	Ⅲ	1.0051	1.0130	0.9789	Ⅵ
1996	1.0002	0.9949	1.0074	Ⅲ	0.9864	1.0077	0.9973	Ⅶ
1997	0.8962	1.0175	1.0399	Ⅰ	0.9287	1.0000	1.0428	Ⅰ
1998	0.9472	1.0081	1.0171	Ⅰ	0.9600	0.9721	1.0602	Ⅱ
1999	0.9409	1.0019	1.0272	Ⅰ	0.9382	0.9902	1.0425	Ⅱ
2000	0.9338	1.0271	0.9932	Ⅶ	0.9146	1.0035	1.0330	Ⅰ
2001	0.9717	0.9920	1.0238	Ⅱ	0.9554	0.9834	1.0368	Ⅱ
2002	0.9149	1.0184	1.0097	Ⅰ	0.9549	0.9920	1.0250	Ⅱ
2003	0.9062	1.0641	0.9454	Ⅶ	0.9312	1.0263	0.9944	Ⅶ
2004	0.9657	1.0512	0.9316	Ⅶ	1.0466	1.0056	0.9793	Ⅵ
2005	0.8794	1.0170	1.0148	Ⅰ	0.9368	1.0279	0.9890	Ⅶ
2006	0.9305	1.0062	1.0114	Ⅰ	0.9349	1.0296	0.9852	Ⅶ

资料来源：根据《山东省统计年鉴（2007）》和《中国统计年鉴（2007）》计算而得

第Ⅰ种类型应属于符合产业结构变动规律的一种，即第一产业相对比重下降，第二产业、第三产业相对比重上升，是工业化进程中产业转换方向最典型的一种。属于这一种类型的年份：山东有 1985 年、1987 年、1988 年、1989 年、1992 年、1994 年、1997 年、1998 年、1999 年、2002 年、2005 年、2006 年，共 12 年；全国有 1986 年、1988 年、1991 年、1992 年、1997 年、2000 年，只有 6 年，说明改革开放以来山东省产业结构的转换方向符合产业结构变化的基本规律。

第Ⅱ种类型为第一产业、第二产业比重相对下降，而第三产业比重相对上升，主要是工农业的发展条件发生变化，使第三产业的相对比重上升，这种类型的产业结构转化是一种不合理的变化。属于这一类型的年份：山东省有 1986 年、2001 年，只有 2 年；全国有 1983 年、1984 年、1985 年、1987 年、1989 年、1998 年、1999 年、2001 年、2002 年，共 9 年。

第Ⅲ种类型为第一产业、第三产业相对比重上升，而第二产业相对比重下降，这一类型的变化主要是工业发展的条件发生变化，使其相对比重下降，使得第一、第三产业的相对比重增加，这种变化也是一种不合理的变化，应出现在工业化的初级阶段，在工业化进程中这种类型不多。属于这一类型的年份：山东省有1980年、1981年、1982年、1983年、1990年、1991年、1995年、1996年，共8年；全国有1981年，只有1年。由于山东省是一个农业大省，改革开放政策的最早受惠者是农村，1980~1983年第一产业获得了快速的发展，促使第一产业的比重提高。

第V种类型为第一产相对比重上升，第二、第三产业相对比重下降。应出现在工业化的初期，属于一种合理的变化。属于这种类型的年份：山东有1979年，只有1年；全国有1979年、1982年、1990年，共3年。

第VI种类型为第一、第二产业相对比重上升，第三产业比重相对下降，这种变化不符合产业结构变化的一般规律。属于这种类型的年份：山东省没有；全国有1994年、1995年、2004年，共3年。

第VII类型为第一产业、第三产业相对比重下降，第二产业相对比重上升，是工业化进程中一种典型的转换方向。属于这种类型的年份：山东省有1984年、1993年、2000年、2003年、2004年，共5年，全国有：1980年、1993年、1996年、2003年、2005年、2006年，共6年。

从上述分析中可以看出，山东省大部分产业结构的转换方向是合理的，是符合产业结构变化的一般规律的。

第六章 山东省产业结构变动与经济增长相互关系

第一节 基于多部门经济模型的产业结构与经济增长关系的分析

一、多部门经济模型

宏观经济模型将经济整体看成一个经济单元，将实际经济中多部门的多种产品约为1种，用一个总量生产函数描述。多部门经济模型则按讨论问题的需要和经济系统的实际情况，将经济大系统分解为多个子系统，每个子系统采用一个生产函数描述，总体经济是各个子系统的和。例如，中国经济按行业可粗分为3个部门（三次产业），或细划分为33个部门（参考1995年投入产出表），或按经济类型分为7种所有制类型。

在葛新元（2000）等构造的多部门经济模型中，经济结构变动对经济增长的贡献为

$$Z^t = \Delta P^t \times x_i \tag{6-1}$$

$$\Delta P^t = P^t - P^{t-1} \tag{6-2}$$

式中，Z^t 为 t 年经济结构变动对经济增长的贡献；P^t 为由 t 年各部门 GDP 占当年 GDP 比重构成的行向量；x^t 为由 t 年各部门 GDP 增长率构成的列向量。

Z^t 占当年 GDP 增长率的百分比（Q^t）为

$$Q^t = Z^t / G^t \times 100\% \tag{6-3}$$

式中，G^t 为 t 年的 GDP 增长率。

二、数据来源

考虑到数据的可得性,将山东省经济总量分解为 6 部分:农业,工业,建筑业,交通运输、仓储及邮电通信业,批发零售贸易餐饮业和第三产业中的其他产业。按可比价格计算的历年 GDP 指数以及 1952 年 GDP 等原始数据来源于山东省统计年鉴(2007 年)。1952 年以后各部门 GDP(按可比价格计算)按式(6-4)计算,见表 6-1。

$$y_{ij} = \frac{d_{1952j} x_{ij}}{100} \quad (i = 1, 2, \cdots, m; j = 1, 2, \cdots, n) \quad (6-4)$$

式中,y_{ij} 为 i 年 j 部门的 GDP;d_{1952j} 为 1952 年 j 部门的 GDP;x_{ij} 为 i 年 j 部门的 GDP 指数。

表 6-1　1953~2005 年山东省 6 部门 GDP(按 1952 年价格计算)

(单位:亿元)

年份	GDP	农业	工业	建筑业	交通运输仓储及邮电通信业	批发零售贸易餐饮业	其他第三产业
1953	27.58	8.54	0.55	1.17	3.15	3.75	43.81
1954	31.26	9.99	0.58	1.26	3.77	4.13	44.73
1955	34.34	10.45	0.59	1.35	4.47	4.66	50.99
1956	35.27	14.81	1.34	1.42	4.48	5.09	55.86
1957	31.35	16.31	0.95	1.58	4.30	5.75	62.43
1958	33.26	20.86	2.39	3.21	4.78	7.00	60.24
1959	28.10	24.61	2.64	4.45	5.44	9.06	71.50
1960	18.88	25.74	2.71	4.93	4.29	8.82	74.30
1961	21.28	15.33	0.93	3.24	2.93	7.33	65.36
1962	23.50	12.28	0.78	3.00	3.04	7.13	51.04
1963	27.33	14.41	1.18	2.32	2.58	7.39	49.72
1964	28.37	18.66	1.45	2.79	2.27	7.97	55.20
1965	36.75	22.61	2.58	3.19	1.74	8.16	61.51
1966	42.02	28.03	2.77	3.56	2.39	8.50	75.05
1967	41.94	29.43	2.38	3.52	3.29	8.73	87.27

续表

年份	GDP	农业	工业	建筑业	交通运输仓储及邮电通信业	批发零售贸易餐饮业	其他第三产业
1968	39.57	30.90	2.41	3.36	3.36	8.82	89.28
1969	44.19	31.91	2.94	3.51	3.66	9.08	88.41
1970	45.58	43.77	3.10	4.22	4.09	9.46	95.29
1971	51.37	52.58	3.51	4.97	4.09	10.87	110.23
1972	55.71	55.20	4.38	5.72	4.25	12.83	127.40
1973	58.44	57.26	5.02	5.80	5.96	13.18	138.09
1974	55.51	40.04	4.44	4.83	4.31	13.53	145.67
1975	62.51	66.53	5.29	5.37	4.55	14.25	122.67
1976	63.96	72.64	6.01	5.82	4.09	14.23	158.50
1977	70.81	78.91	6.53	7.00	3.51	18.81	166.74
1978	68.03	98.36	9.81	7.50	2.98	17.66	185.58
1979	78.89	99.28	11.26	8.22	3.62	16.55	204.33
1980	89.05	109.23	13.02	8.43	5.35	19.35	217.82
1981	98.66	103.04	12.92	9.83	12.36	21.80	244.42
1982	112.16	107.09	13.80	10.26	16.30	28.22	258.61
1983	132.30	113.46	13.97	12.21	22.86	33.02	287.83
1984	147.00	141.76	16.59	14.72	25.13	39.67	327.83
1985	148.67	163.45	21.20	17.78	29.07	48.56	384.87
1986	155.22	168.78	23.59	20.90	30.62	56.65	428.72
1987	167.01	198.40	25.15	27.58	35.21	65.32	455.76
1988	173.30	227.37	32.15	28.98	45.27	76.44	518.67
1989	168.44	241.05	30.80	31.21	50.89	84.46	583.51
1990	179.84	240.29	28.64	34.62	56.17	99.46	606.86
1991	211.08	268.53	33.17	40.03	65.12	114.40	639.01
1992	208.37	346.72	42.69	46.84	78.31	133.17	732.33
1993	221.91	446.95	57.29	52.48	89.26	162.52	856.09
1994	241.45	527.16	62.10	66.54	108.07	192.40	1030.41
1995	278.37	578.18	71.02	81.59	130.06	225.81	1197.72
1996	311.99	643.65	80.09	94.12	149.47	250.21	1365.03
1997	310.61	726.77	91.33	109.30	172.83	288.34	1529.54
1998	325.85	806.30	107.10	117.22	197.16	328.18	1699.17
1999	337.33	883.30	123.54	133.90	217.68	374.62	1881.82

续表

年份	GDP	农业	工业	建筑业	交通运输仓储及邮电通信业	批发零售贸易餐饮业	其他第三产业
2000	347.40	1003.86	136.57	149.28	234.67	411.42	2070.37
2001	371.47	1094.08	150.81	179.67	265.68	450.75	2283.20
2002	379.73	1234.51	181.97	179.11	312.13	519.70	2512.46
2003	390.28	1504.19	205.16	187.19	338.36	558.41	2807.17
2004	434.95	1852.88	220.74	237.02	350.12	578.16	3183.59
2005	440.81	2187.90	242.38	273.67	378.17	711.03	3673.86

资料来源：根据《山东省统计年鉴（2007）》计算而得

三、计算结果及其分析

（一）计算结果

根据上述公式计算出全国和山东省1953～2005年各年的 Z 值见图6-1 和 Q 值见表6-2。

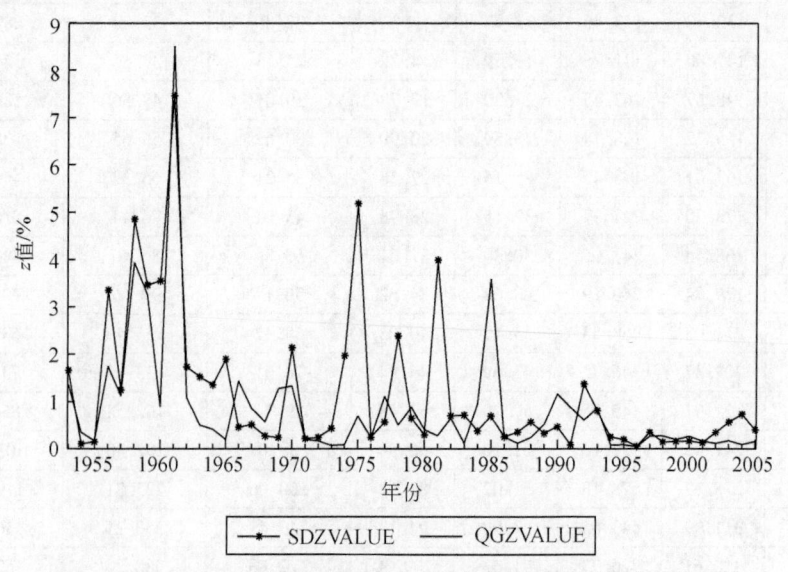

图6-1　1953～2005年全国和山东省产业结构变动对经济增长的贡献
注：根据表6-2绘制而成

表 6-2　1953~2005 年山东省产业结构变动占当年 GDP 增长率的比重

（单位:%）

年份	Q 值	年份	Q 值	年份	Q 值	年份	Q 值
1953	77.99	1967	20.58	1981	68.59	1995	1.14
1954	0.48	1968	-24.12	1982	5.95	1996	0.14
1955	1.17	1969	2.64	1983	4.97	1997	2.87
1956	28.39	1970	13.51	1984	1.99	1998	1.01
1957	-34.75	1971	1.16	1985	5.87	1999	1.19
1958	25.98	1972	2.47	1986	3.50	2000	1.26
1959	87.95	1973	7.30	1987	2.33	2001	0.91
1960	-29.38	1974	-12.33	1988	4.32	2002	2.66
1961	-34.13	1975	17.74	1989	7.39	2003	4.01
1962	-66.42	1976	4.01	1990	8.29	2004	4.59
1963	13.59	1977	4.70	1991	0.33	2005	2.45
1964	11.62	1978	23.42	1992	7.96		
1965	8.52	1979	9.34	1993	3.83		
1966	2.62	1980	2.13	1994	1.33		

（二）均值与趋势分析

1953~2005 年山东省产业结构变动对经济增长的贡献（Z 值）为 2.92%，高出全国平均水平（1.46%）1.46 个百分点[1]，相应地，其占山东省 GDP 增长率的比重（Q 值）为 31.13%，而全国仅为 17.23%，即 1953~2005 年山东省 GDP 增长的 31.13% 是由产业结构变动造成的，全国 GDP 增长的 17.23% 是由产业结构变动造成的。

图 6-1 显示了山东产业结构变化对 GDP 增长的贡献。可以看出，产业结构变化对经济增长的贡献有很明显的波动性。各"五年"计划时期 Q 值见表 6-3。

---

[1] 全国 Z 值和 Q 值也是按照上述方法计算出来的，为增加和山东省的可比性，已经换算成 1952 年价格

表 6-3 山东省与全国分时段 Q 值变化表 （单位:%）

时段	Q 值 山东省	Q 值 全国	时段	Q 值 山东省	Q 值 全国
1953～2005年	31.13	17.23	"五五"	5.82	2.15
1953～1977年	26.88	20.69	"六五"	16.39	12.71
1978～2005年	16.57	9.74	"七五"	6.84	4.36
"一五"	18.92	7.26	"八五"	4.18	3.69
"二五"	/	/	"九五"	8.29	7.08
"三五"	10.28	1.47	"十五"	2.13	1.47
"四五"	1.31	2.58			

20世纪50～70年代，山东省经济由以农业为主的经济过渡到工业经济，经济的行业结构变化最大，其对经济增长的影响也大。1953～1977年，行业结构变化对经济增长的贡献为1.77个百分点，全国为1.35%，同期山东省的年平均GDP的增长率为6.59%（以1952年价格计算），全国为6.56%，也就是说，山东省26.88%的经济增长是由经济行业结构调整带来的，全国20.69%的经济增长是由经济行业结构调整带来的。

1978～2005年，行业结构变化对经济增长的贡献为0.60个百分点，全国为0.46%，此间山东省16.57%的经济增长是由经济行业结构调整带来的，全国9.74%的经济增长是由经济行业结构调整带来的。

新中国成立以后，通过推行重工业化政策，山东省建立了较为完整的经济体系。经济的高速发展必然伴随部门经济的高速变化，同时由于计划经济时期的各种人为和自然原因（如自然灾害），各部门GDP增长幅度变化较大，因而 Z 值也较大。

由图6-1可看出，Z 值变化大体可分为两个阶段：第一阶段，1953～1977年，Z 值较大，平均为1.77；第二阶段：1978～2005年，Z 值平均为0.60。1978年以后，市场的力量越来越大，人为的干扰越来越小，同时由于经济总量基数较大，各部门GDP的波动变小，因而 Z 值较小。对 Z 值进行模拟，可得到图6-2所示的趋势线，Z 值以 Growth 函数递减，其方程（模拟方程的主要参数为 $R^2 = 0.4662$, $F = 14.21$）为

$$Z = e^{0.435871 - 0.039606t} \tag{6-5}$$

式中，t 为年度。方程在0.01上达到显著性要求（虽然 R^2 值不太大，但可以反映 Z 值的变动趋势）。Z 值越来越小，意味着山东省经济趋于平稳增长。

第六章｜山东省产业结构变动与经济增长相互关系

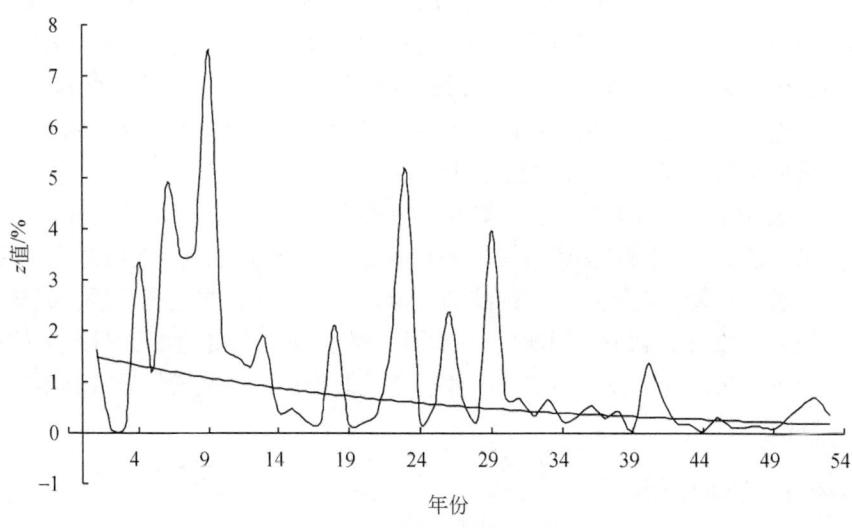

图 6-2　Z 值的模拟曲线 Growth

注：1 代表 1953 年，依次类推

（三）变动过程分析

由图 6-1 的 Z 值变动曲线可以看出，山东省的 Z 值变动基本上与中国及山东产业结构政策变动同步。在国民经济恢复时期和"一五"计划时期，经济增长较快，加之经济总量较小以及实施优先发展重工业和基础工业的发展战略，如 1952 国家"156"项重点工程、年产 24 万吨氧化铝的山东铝厂，"一五"期间相继建成的博山电机厂、青岛铸造机械厂、济南第一、第二机床厂、济南柴油机厂等大型企业（倪永康，2005），重工业发展加速，因而产业结构变动较大，Z 值随之变动较大。这期间共有 2 次波动。1958 年的"大跃进"中，重工业步伐加快，导致产业结构急剧变化，因此 1958 年、1959 年 Z 值快速增长。

1960～1963 年，由于受自然灾害的影响，工业增长幅度趋缓，整个产业结构急剧变动趋势得到缓和，因此 Z 值下降。1960 年，中央提出了"调整、巩固、充实、提高"八字方针，对严重失衡的经济结构进行调整，大幅度缩减预算内基建投资，使产业结构趋于正常，1961～1965 年 Z 值下降。这一时期的结构调整，在政府机制的强制性作用下虽然达到较理想的效果，但是深层次的原因并未随之消除，这种产业结构不可能长期维持。随后发生的"三线"建设、大办"五小"使在大调整中"关、停、并、转"的大批企业复活，产业结构在波动中趋于平稳。1965 年和 1967 年，工业和建筑业产值急剧增长，特别是在煤炭资源

│ 155 │

丰富的地区，建成了淄博、新汶、枣庄、肥城等煤矿，致使 Z 值又一次增高。1970 年 Z 值增高是由工业产值急剧上升引起的。1975 年山东省又一次掀起工业化浪潮，依然是重工业优先发展的政策，特别是 1974 年建成投产的胜利油田，带动了其他相关产业的发展，由此导致基本建设投资规模急剧扩张，重工业超常发展，造成 Z 值的又一次增高并达到历史第二个最高水平（$Z=5.18$）。1979 年 4 月，中央提出了"调整、改革、整顿、提高"的方针，主要调整农业和工业以及轻重工业的关系，压缩基建投资，使产业结构趋于正常。这次调整到 1984 年结束。之后，尽管出现了一些小的波动，但总体上产业结构趋于平缓，经济增长趋于平稳。1992 年、1993 年出现了一次较大的波动，主要是由于邓小平的南方谈话，山东再次出现了投资高潮，工业、建筑业增加值快速增长导致其他产业的相对下降。

（四）波动分析

Z 值的变化具有短波和长波综合叠加的特点。从图 6-1 可观察到周期较短的短波的存在，且短波的波动幅度越来越小。1980 年以前有 9 次振幅很大的波动，见表 6-4，平均振幅为 2.5 左右，振动周期为 1~3 年，波动特征明显，充分表现出经济发展的不稳定性。1980 年以后波动依然存在，但振幅明显减小，除在 1989 年和 1992 年各有一次较大的波动外，其余年份比较平稳。

表 6-4　1980 年以前 Z 值的 9 次短波

波动		年份	Z 值	波动		年份	Z 值
1	峰值	1953	1.64	6	峰值	1967	0.48
	底值	1954	0.07		底值	1969	0.21
2	峰值	1956	3.34	7	峰值	1970	2.12
	底值	1957	1.22		底值	1971	0.18
3	峰值	1958	4.86	8	峰值	1975	5.18
	底值	1959	3.45		底值	1976	0.21
4	峰值	1961	7.48	9	峰值	1978	2.37
	底值	1964	1.33		底值	1979	0.26
5	峰值	1965	1.68				
	底值	1966	0.43				

图 6-1 第 1 个长波开始于 1954 年，峰值在 1961 年（Z 值为 7.48），结束于

1969年（0.21），周期大约为16年。第2个长波开始于第一个长波的结束点，即1969年，峰值在1975年（Z值为5.18），结束于1986年，周期大约为18年。第3个长波开始于第2个长波的结束点，即1986年，峰值在1992年（Z值为1.35），一直延续到现在，周期大约为19年。总的来看，长波峰值年的Z值逐渐下降，周期逐渐变长。说明产业结构的调整存在17~18年的平均周期，人为干扰产业结构造成Z值的急剧上升，随后开始平稳过渡，Z值逐渐下降，经过一段时间后，Z值降到最低点，而后重新开始新一轮的产业结构调整，即产业结构的调整存在明显的阶段性、脉冲性和周期性。3个长波的Z值平均值分别为1.97、1.21、0.36，呈逐渐下降趋势，表明经济增长的平稳性越来越强，同时也说明产业结构对经济增长的贡献在减少。

四、产业结构变动与经济增长关系空间差异

考虑到数据的可得性，此部分将山东省17地市的经济总量分解为第一产业、第二产业和第三产业三类，由于是分析贡献率的区域差异，本部分的各项产值采用当年价格。分别计算17地市1994年、2004年的Z值和Q值，计算结果见表6-5。

表6-5 山东省17地市Z值、Q值的变化

地区	1994年 Z值	1994年 Q值	2004年 Z值	2004年 Q值	地区	1994年 Z值	1994年 Q值	2004年 Z值	2004年 Q值
济南	0.2526	0.6763	0.1809	0.9743	威海	0.1863	0.3092	0.3144	1.5213
青岛	0.1832	0.4918	0.1621	0.7529	日照	2.7039	5.3686	1.1743	4.8086
淄博	0.1233	0.4534	0.7266	3.2037	莱芜	0.6775	1.8313	2.4185	7.6399
枣庄	0.0678	0.2505	1.3179	4.2065	临沂	0.4539	1.2676	0.5487	2.5816
东营	1.7795	3.4010	0.1472	0.5233	德州	0.0334	0.0927	0.2633	1.1257
烟台	0.0994	0.2950	0.5191	2.1690	聊城	0.4559	0.9117	1.0759	4.1239
潍坊	0.2963	0.7678	0.9271	4.4124	滨州	0.6751	1.4841	1.6220	5.8376
济宁	1.6120	4.2964	0.3401	1.3672	菏泽	0.4323	1.3714	1.3456	5.2089
泰安	0.0191	0.0514	0.2649	1.2497					

资料来源：根据《山东省统计年鉴》（1995）、（2005）计算而得

从表6-5可以明显地看出，1994年山东省各地市的Z值区域差异明显。Z值最大的是日照市，达2.7039，最小的是泰安市，仅为0.0191，极差为2.6848，

平均值为0.5913，标准差为0.7235。17地市中排前3位的是日照、东营和济宁。2004年各地市的Z值差异依然明显，Z值最大的是莱芜，达2.4185，最小的是东营，仅为0.1472，极差为2.2713，标准差为0.6171，平均值为0.7852。2004年与1994年相比，有5个地市的Z值呈下降趋势，分别是济南、青岛、东营、济宁和日照。增加幅度较大的有莱芜、菏泽、滨州、聊城等。上述这种变化格局与山东省各地市所处工业发展阶段基本一致。青岛、济南两地市经济发展水平较高，处于工业化中期阶段的中期，产业结构的刚性较大，产业结构变动不大；而菏泽、聊城、滨州等地经济发展水平较低，但发展速度加快，处于工业化中期的初期，产业结构变动剧烈。

山东省各地市三次产业结构变动对经济增长的贡献值即Q值差异明显，其空间变化趋势和Z值的空间变化趋势基本一致。

第二节 基于生产函数的产业结构变动与经济增长关系分析

本章第一节从行业内部分析了山东省产业结构对经济增长的贡献。结构主义增长理论认为一国居民需求结构的变化，会引起各种资源在不同部门间的重新配置，随后导致该国产品供给结构的变化，继而引起该国产业结构的变化，最后结果是对本国经济增长起到一定的促进或制约作用。本章在第四章生产函数模型分析的基础上加入产业结构变动因素，对山东省1978~2005年产业结构变动对经济增长的影响进行定量分析。

一、模型的构建

本部分的模型是在C-D生产函数的基础上加入产业结构变动因素，且假定技术进步为希克斯中性，则有下式：

$$Y_t = A_t F(K_t, L_t, S_t) = A_0 e^{\lambda t} K_t^{\alpha} L_t^{\beta} S_t^{\theta} \tag{6-6}$$

上式两边取对数，可得：

$$\ln Y_t = \ln A_0 + \lambda t + \alpha \ln K_t + \beta \ln L_t + \theta \ln S_t \tag{6-7}$$

式中，Y_t、K_t、L_t、S_t分别为1978~2005年GDP、资本投入量、劳动投入量和产业结构变动；A_0为初始的技术进步；t为时间；λ为技术进步率；α、β、θ分别为资本、劳动、产业结构变动对产出的弹性。

对上式两边求导得：

$$dY_t/Y_t = \lambda + \alpha dK_t/K_t + \beta dL_t/L_t + \theta dS_t/S_t \tag{6-8}$$

式中，dY_t/Y_t 为 t 时期的经济增长速度；$αdK_t/K_t$ 为资本投入对经济增长的贡献；$βdL_t/L_t$ 为劳动投入对经济增长的贡献；$θdS_t/S_t$ 为产业结构变动对经济增长的贡献。

二、数据说明

本部分的总产出、资本存量和劳动力数据见表 4-2。1978~2005 年，山东省第一产业产值和第二产业产值在 GDP 中的比重变化最大，第三产业所占比重变化不大。为了计算方便，本节应用第一产业产值在 GDP 中所占的比重作为产业结构变动的因素，见表 6-6。

表 6-6　1978~2005 年山东省第一产业所占比重　　　（单位:%）

时间	比重	时间	比重	时间	比重
1978	33.29	1988	29.70	1998	17.32
1979	36.22	1989	27.76	1999	16.29
1980	36.43	1990	28.14	2000	15.22
1981	38.15	1991	28.82	2001	14.79
1982	38.97	1992	24.34	2002	13.53
1983	40.36	1993	21.54	2003	12.26
1984	38.20	1994	20.16	2004	11.84
1985	34.68	1995	20.39	2005	10.41
1986	34.06	1996	20.40		
1987	32.20	1997	18.28		

三、计算结果及其分析

应用 Eview5.1，采用 1978~2005 年的各相关数据，依据经验（沈坤荣，1999），不考虑时间变量，同时考虑到 K、L 两者之间可能存在多重共线性，假设 $α+β=1$，将（6-8）式变为下式：

$$\ln(Y_t/L_t) = \ln A_0 + α\ln(K_t/L_t) + θ\ln S_t \tag{6-9}$$

利用表 4-2 和表 6-6 中的数据对上式进行回归可得：

$$\ln(Y/L) = 0.7723 + 0.7675\ln(K/L) - 0.0677\ln S \qquad (6\text{-}10)$$
$$(3.28) \qquad (14.19) \qquad (-0.58)$$
$$R^2 = 0.9930, \text{Adjusted}R^2 = 0.9924, DW = 0.7324, F = 1848.924$$

上式括号内为 t 检验，可以发现产业结构变动的 t 值较低，且 $DW=0.7324$，表示存在序列相关。为解决上述问题，应用广义差分的科克伦—奥克特迭代估计过程，首先假设自相关类型为一阶自回归形式，对各相关变量进行回归，得

$$\ln(Y/L) = 1.4446 + 0.5572\ln(K/L) - 0.4385\ln S + [AR(1) = 0.5919]$$
$$(5.36) \qquad (7.95) \qquad (-3.25) \qquad (5.48) \qquad (6\text{-}11)$$
$$R^2 = 0.9972, \text{Adjusted}R^2 = 0.9969, DW = 1.7459, F = 1856.72$$

上式括号内为 t 检验，可以发现各变量的系数都较显著。DW 的值增加且接近 2，F 统计量非常高，说明解释变量和被解释变量之间的相关关系显著；从 R^2 统计量可以发现，回归方程拟合很好，$DW=1.7459$，表明已经不存在序列相关。

由于 $\alpha + \beta = 1$，且 $\alpha = 0.55$，$\beta = 0.45$，因此回归方程最终可变为

$$\ln Y = 1.4446 + 0.55\ln K + 0.45\ln L - 0.44\ln S + [AR(1) = 0.59] \qquad (6\text{-}12)$$

由于本节是求产业结构变动对经济增长的贡献，因此可以计算出 1978～2005 年的产业结构的变化率为 -4.21%，而同期 GDP 的增长速度为 12.75%，则 1978～2005 年产业结构变动对经济增长的贡献率为：$-0.44 \times (-4.21\%) / 12.75 \times 100\% = 14.54\%$，与本章第一节所求的 1978～2005 年产业结构对经济增长的贡献 16.57% 比较接近，同时与褚保金（2002）计算的产业结构调整对江苏（1978～1999 年）经济增长的贡献率 17.91% 比较接近，以及徐向艺（2007）计算的中国产业结构变化对经济增长的贡献率相差不大，说明变形后的生产函数可以用于测度产业结构变化对经济增长的贡献率。

第三节 山东省三次产业变动对经济增长贡献的分析

本章前两节仅从产业结构变化对经济增长的贡献大小分析山东省产业结构与经济增长的关系。本节从产业结构内部变化分析其对经济增长贡献的变化。

一、产业结构变动对经济增长影响的贡献率分析

（一）分析模型

20 世纪 50 年代以来，经济学家普遍认为"经济增长是生产结构转遍的一个

方面，生产结构的变化应能够有效地对技术加以利用"（钱纳里，1989）。由此含义拓展可知：一国或地区经济总量的增长应表现为三次产业增长的加权之和（胡晓鹏，2004）。显然，经济增长速度的高低将取决于各个产业增长速度的快慢和权数的大小。一旦产业增长速度或权数发生变化，经济增长也会发生相应的变动，从这点出发，可以以得到以下关系式：

$$G_t = \frac{\Delta Y^t}{Y^{t-1}} = \frac{\Delta Y_1^t + \Delta Y_2^t + \Delta Y_3^t}{Y_1^{t-1} + Y_2^{t-1} + Y_3^{t-1}}$$

$$= \frac{(\Delta Y_1^t/Y_1^{t-1}) + (\Delta Y_2^t/Y_2^{t-1}) \times (Y_2^{t-1}/Y_1^{t-1}) + (\Delta Y_3^t/Y_3^{t-1}) \times (Y_3^{t-1}/Y_1^{t-1})}{1 + (Y_2^{t-1}/Y_1^{t-1}) + (Y_3^{t-1}/Y_1^{t-1})} \quad (6-13)$$

式中，ΔY^t、ΔY_i^t 分别为 t 时期 GDP 的增量和各产业产值的增量；Y^{t-1}、Y_i^{t-1} 为 $(t-1)$ 时期的 GDP 和各产业产值。

从上述推导结果来看，$\Delta Y_i^t/Y_i^{t-1}$ 为 t 时期 i 产业的经济增长率，它主要是由 i 产业劳动生产率、技术水平、创新程度等因素决定，可将它们视为劳动经济增长的外生力量。

Y_2^{t-1}/Y_1^{t-1}、Y_3^{t-1}/Y_1^{t-1} 两指标反映 $(t-1)$ 时期第二、第三产业产值分别与第一产业产值的比例，体现了三次产业 $(t-1)$ 时期的结构状况，在此笔者将其分别定义为 S_1^{t-1} 和 S_2^{t-1}。

通过上式，我们不难发现，国民经济增长确实与产业增长和以反映产业结构指标的 S_1、S_2 有关。

为了定义各产业对国民经济增长率的贡献份额，在此设定：

$$(\Delta Y_1^t/Y_1^{t-1})/(1 + S_1^{t-1} + S_2^{t-1}) \quad (6-14)$$

$$(\Delta Y_2^t/Y_2^{t-1}) \times S_1^{t-1}/(1 + S_1^{t-1} + S_2^{t-1}) \quad (6-15)$$

$$(\Delta Y_3^t/Y_3^{t-1}) \times S_2^{t-1}/(1 + S_1^{t-1} + S_2^{t-1}) \quad (6-16)$$

分别为第一产业、第二产业和第三产业 t 时期的贡献水平。

（二）计算结果与分析

1. 数据来源

本部分第一产业、第二产业、第三产业数据使用1978年价格的数据，见表6-7，GDP见表4-2。

表6-7 1978~2006年山东省三次产业产值 （单位：亿元）

年份	第一产业	第二产业	第三产业	年份	第一产业	第二产业	第三产业
1978	75.06	119.35	31.04	1993	261.91	595.13	359.10
1979	89.69	125.67	32.28	1994	282.75	690.05	429.78
1980	101.75	139.68	37.85	1995	322.73	752.65	507.17
1981	124.26	146.06	55.40	1996	358.37	831.32	567.20
1982	143.86	155.04	70.27	1997	353.97	932.28	650.09
1983	175.73	169.27	90.45	1998	370.90	1039.68	731.39
1984	207.99	224.03	112.51	1999	383.60	1144.93	825.80
1985	203.59	252.86	130.66	2000	404.26	1327.10	925.57
1986	208.70	258.64	145.43	2001	433.23	1451.88	1045.10
1987	218.99	293.12	168.00	2002	448.39	1672.58	1193.72
1988	212.65	318.45	184.89	2003	476.56	2087.24	1323.60
1989	196.79	317.62	194.60	2004	556.81	2654.57	1491.76
1990	229.39	343.03	242.68	2005	600.02	3308.01	1855.09
1991	268.30	383.50	279.07	2006	661.79	3945.30	2223.78
1992	258.77	483.60	320.81				

计算结果见表6-8和图6-3。

表6-8 山东省经济增长与三次产业贡献水平变化

年份	一产	二产	三产	增长率/%	年份	一产	二产	三产	增长率/%
1979	6.49	2.99	1.13	10.61	1993	0.30	11.19	4.63	16.12
1980	4.87	6.08	4.32	15.27	1994	1.71	8.12	7.25	17.08
1981	8.06	2.66	12.10	22.82	1995	2.85	4.29	6.14	13.27
1982	6.02	3.39	7.07	16.48	1996	2.25	5.04	3.97	11.26
983	8.63	4.80	7.32	20.75	1997	-0.25	5.98	4.96	10.69
1984	7.41	17.46	6.66	31.53	1998	0.87	5.47	4.27	10.62
1985	-0.81	6.59	4.75	10.53	1999	0.59	4.61	4.61	9.82
1986	0.87	1.19	3.95	6.02	2000	0.88	7.20	4.51	12.59
1987	1.68	7.31	5.67	14.67	2001	1.09	4.36	5.09	10.54
1988	-0.93	4.52	3.58	7.17	2002	0.52	7.05	5.91	13.48
1989	-2.21	-0.13	1.85	-0.49	2003	0.85	10.93	4.44	16.22
1990	4.60	3.79	8.76	17.14	2004	2.06	11.97	5.02	19.05
1991	4.77	5.06	4.91	14.74	2005	0.92	10.06	8.69	19.67
1992	-1.02	12.82	5.92	17.72	2006	1.07	7.60	6.59	15.25

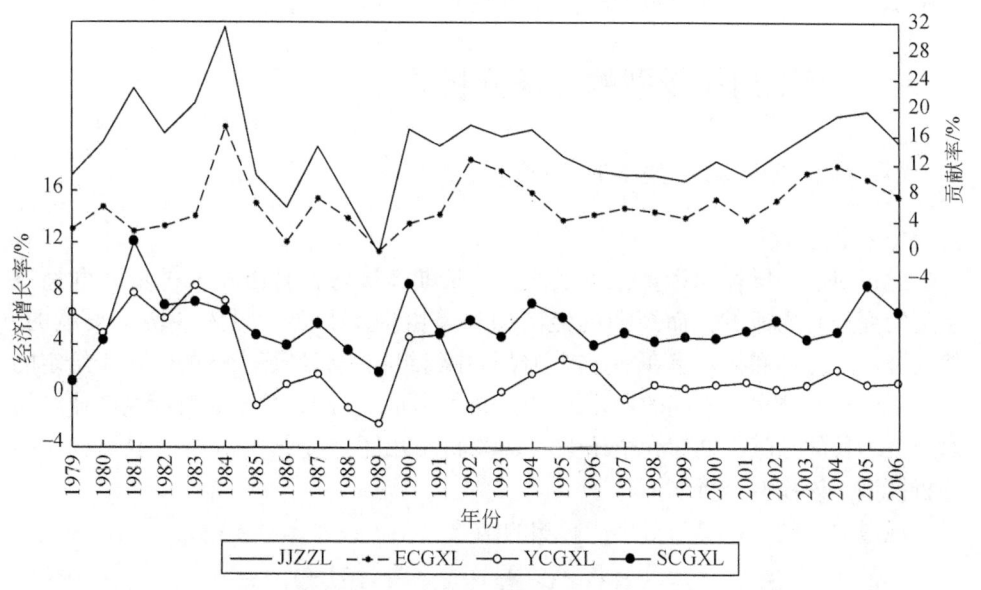

图 6-3 山东省经济增长率及其贡献水平波动图（1979~2006）

2. 结果分析

1979~2006 年的 28 年间山东省经济增长率呈现出很大的波动，并且这种剧烈的波动与三次产业贡献水平的变化有直接关系，见图 6-3。

第二产业贡献水平与经济增长率在整个时间区间内呈现出几乎完全一致的波动趋势，并且第二产业在 1985 年后大多数年份均高于其他产业的贡献水平，这就表明第二产业不仅是推动山东省经济增长的主动力，也是引导经济增长周期性趋势的"引擎"，第二产业贡献水平比较大，如 1984 年、1992 年、1993 年、1994 年以及 2003 年至今，这一结论与第五章产业结构转换方向的结论基本一致。

第三产业的贡献水平在 1979~1990 年表现出与经济增长率基本一致的波动形态，且大部分年份的贡献水平低于第二产业却高于第一产业的贡献水平，最高值出现在 1981 年。1992 年之后，第三产业对经济增长的贡献表现出比较稳定的状态，且一直高于第一产业贡献水平，表明 20 世纪 90 年代中期以后，第三产业开始逐步成为推动山东经济增长的产业。

第一产业对经济增长的贡献水平在 1979~1984 年一直比较高，说明这一时期第一产业对山东经济增长的贡献作用较大。从 1985 年之后，其对经济增长的贡献呈现下降趋势，虽然 1990 年、1991 年两年的贡献率又有所增加，但其后的贡献水平在三次产业中是最低的，且均未超过 3%。

二、基于刘伟模型的实证分析

（一）产业结构对经济增长的贡献

1. 模型设定

通过对经济增长的计算，罗默认为：长期经济增长是由技术进步（含经济制度的变迁）贡献的，而短期的经济增长是由资本和要素投入的增加贡献的。然而资本、劳动和技术是在一定产业结构中组织在一起进行生产的，对于给定的资本、劳动和技术，不同的产业结构会导致不同的生产。关于如何衡量产业结构对经济增长的贡献，刘伟和李绍荣（2002）给出了产业结构对经济增长贡献的分析模型，该模型分析如下。

现考虑不同产业部门对生产影响的函数

$$Y = F(X_1, X_2, \cdots, X_k, A) \tag{6-17}$$

式中，Y 为总产出，X_i 为第 i 产业的产出，A 为技术水平。对上述函数求全微分可得：

$$\mathrm{d}Y = \frac{\partial Y}{\partial X_1}\mathrm{d}X_1 + \frac{\partial Y}{\partial X_2}\mathrm{d}X_2 + \cdots + \frac{\partial Y}{\partial X_k}\mathrm{d}X_k + \frac{\partial Y}{\partial A}\mathrm{d}A \tag{6-18}$$

上式两端同时除以 Y 得：

$$\frac{\mathrm{d}Y}{Y} = \frac{X_1}{Y}\frac{\partial Y}{\partial X_1}\frac{\mathrm{d}X_1}{X_1} + \frac{X_2}{Y}\frac{\partial Y}{\partial X_2}\frac{\mathrm{d}X_2}{X_2} + \cdots + \frac{X_k}{Y}\frac{\partial Y}{\partial X_k}\frac{\mathrm{d}X_k}{X_k} + \frac{A}{Y}\frac{\partial Y}{\partial A}\frac{\mathrm{d}A}{A} \tag{6-19}$$

式中，$\frac{X_i}{Y}\frac{\partial Y}{\partial X_i}$ 为第 i 产业的总产出弹性，记作 β_i，则（6-19）式可以改写为

$$\frac{\mathrm{d}Y}{Y} = \beta_1\frac{\mathrm{d}X_1}{X_1} + \beta_2\frac{\mathrm{d}X_2}{X_2} + \cdots + \beta_k\frac{\mathrm{d}X_k}{X_k} + \beta_0 \tag{6-20}$$

式中，$\beta_0 = \frac{A}{Y}\frac{\partial Y}{\partial A}\frac{\mathrm{d}A}{A}$ 为经济制度变迁对总产出的贡献。因此可以利用以下计量模型计算产业结构对经济增长的贡献：

$$\ln Y = \beta_0 + \beta_1 \ln X_1 + \beta_2 \ln X_2 + \cdots + \beta_k \ln X_k + \varepsilon \tag{6-21}$$

2. 山东省三次产业结构对经济增长的贡献

（1）数据处理

本节主要研究改革开放以来，山东省产业结构对经济增长的影响。研究的样本时间为 1978~2005 年。研究的各项指标为 GDP（Y），第一产业（X_1）、第

二产业（X_2）和第三产业（X_3）增加值。为了增加可比性，本部分将增加山东省与江苏、全国的比较。山东省的数据用的是1978年价格的数据，数据同第二节的数据表6-7，江苏省和全国用的是当年价格的数据。笔者通过对山东省1978年价格数据和当年价格数据的计算发现它们结果相近，因此可以将山东和江苏、全国进行比较。

（2）结果分析

本节对1978~2005年（改革开放后）、1978~1992（改革开放至市场经济建立前）和1992~2005年（市场经济建立后）三个样本区间进行回归分析，这样不仅可以从总体上了解山东省1978~2005年产业结构对经济增长的贡献，而且可以了解山东不同阶段产业结构对经济增长的贡献，具体计量结果见表6-9。

在计算过程中发现，山东省、江苏省与全国的三个样本区间的判决系数R^2均接近1，F统计量均较大，说明第一、第二、第三产业对GDP具有整体的解释意义，并且各产业对应的系数为正值，说明具有现实的经济意义。因此，本节依据各个方程的DW值来判断方程的有效性。如果DW偏小，将采用前面的迭代方法继续进行回归，直至方程合理为止，各方程的系数见表6-9。

表6-9　山东省、江苏省和全国产业结构对经济增长贡献

年代	地区	常数	$\ln X_1$	$\ln X_2$	$\ln X_3$	R^2	F	AR	DW
1978~2005	山东省	1.26 (12.98)	0.278 (12.28)	0.455 (26.11)	0.196 (8.11)	0.999 9	38 773	1.058 (37.16)	2.03
	江苏省	1.09 (17.29)	0.276 (20.65)	0.478 (22.89)	0.227 (11.00)	0.999 9	46 141	1.084 (29.16)	2.01
	全国	0.744 (1.05)	0.224 (16.89)	0.482 (27.44)	0.238 (15.52)	0.999 9	91 974	1.013 (94.01)	1.73
1978~1992	山东省	1.219 (11.74)	0.327 (13.73)	0.451 (26.17)	0.166 (7.18)	0.999 9	17 683	1.089 (14.37)	1.99
	江苏省	1.061 (30.23)	0.306 (38.79)	0.485 (38.97)	0.203 (14.89)	0.999 9	33 821	1.539 (5.55)	2.01
	全国	0.896 (10.08)	0.281 (16.97)	0.509 (22.80)	0.228 (13.69)	0.999 9	20 007	0.711 (1.97)	1.84

续表

年代	地区	常数	$\ln X_1$	$\ln X_2$	$\ln X_3$	R^2	F	AR	DW
1992~2005	山东省	0.959 (14.07)	0.169 (7.91)	0.555 (62.95)	0.280 (21.95)	0.9999	42 673	0.020 (0.093)	1.98
	江苏省	0.955 (42.95)	0.117 (19.93)	0.579 (61.44)	0.300 (31.87)	0.9999	303 829	/	1.96
	全国	0.948 (16.85)	0.165 (14.08)	0.478 (20.31)	0.364 (19.00)	0.9999	181 189	0.577 (2.34)	1.52

注：括号中的数字为 t 统计量，AR（1）表示一阶自回归

资料来源：根据《山东省统计年鉴（2007）》《江苏省统计年鉴（2007）》和《中国统计年鉴（2007）》计算而得

根据回归结果，可以知道 1978~2005 年山东省第一产业的产出量每增长 1% 会导致 GDP 增长 0.278%；第二产业的产出量每增长 1% 会导致 GDP 增长 0.455%；第三产业产出量每增长 1% 会导致 GDP 增长 0.196%。而此时间段内，第一产业、第二产业和第三产业在 GDP 中的份额分别为 24.5%、47.2% 和 27.3%，由此可知第一产业在 GDP 中的份额增加 0.245%，GDP 只会增加 0.278%；第二产业在 GDP 中的份额增加 0.472%，则 GDP 增加 0.455%；第三产业在 GDP 中的份额增加 0.273%，则 GDP 只增加 0.196%。因此，各产业在山东 GDP 中的份额增加 1% 时，所导致的 GDP 的增加分别为第一产业 1.33%，第二产业 0.96%，第三产业 0.72%。

在此阶段，江苏省和全国第一、第二及第三产业在 GDP 的份额分别为 21.4%、51.4%、27.2% 和 22.9%、45.3%、31.8%，相应的江苏省第一产业在 GDP 中的份额增加 0.214%，GDP 只会增加 0.276%；第二产业在 GDP 中的份额增加 0.514%，则 GDP 增加 0.478%；第三产业在 GDP 中的份额增加 0.272%，则 GDP 只增加 0.227%。全国第一产业在 GDP 中的份额增加 0.229%，GDP 只会增加 0.224%；第二产业在 GDP 中的份额增加 0.453%，则 GDP 增加 0.482%；第三产业在 GDP 中的份额增加 0.318%，则 GDP 只增加 0.238%。因此，各产业在江苏省、全国 GDP 中的份额增加 1% 时，所导致的 GDP 的增加分别为第一产业 1.28%、0.97%；第二产业 0.93%、1.06%；第三产业 0.83%、0.74%。

如果分阶段来看，山东省第一产业对 GDP 的贡献逐步递减，由改革开放至市场经济体制建立之前的 0.327% 下降到市场经济体制建立后的 0.169%；第二产业由改革开放至市场体制建立之前的 0.451% 上升到市场经济体制建立后的 0.555%；第三产业由改革开放至市场经济体制建立之前的 0.166% 上升到市场

经济体制建立后的 0.280%。这两个阶段山东省第一产业、第二产业和第三产业贡献率的变化率分别为 -48.3%、23.1% 和 68.6%,而江苏省、全国分别为 -61.7%、19.4%、44.7% 和 -41.8%、-6.0%、59.6%。说明市场经济条件下,随着经济的发展,第一产业对经济的贡献率逐步下降,而山东省下降速度高于全国平均水平但低于江苏平均水平;第二产业仍然是山东省、江苏省和全国经济增长的主力军,其中山东省第二产业贡献率的变化率最高;第三产业贡献率的变化率都呈上升趋势,说明第三产业将成为促进山东省的经济增长的主要动力,但与江苏省和全国相比,虽然增长速度较快,但对经济的拉动作用依然较小,也验证了山东省第三产业发展相对落后的结论,但同时也说明第三产业发展的空间较大。

3. 山东省细分行业结构对经济增长贡献分析

1)数据处理

为细化产业结构对经济增长的研究成果,说明第二产业和第三产业中各细分行业对 GDP 的贡献,笔者搜集了山东省 1978~2005 年相关资料,但限于资料的全面性,只得到第二产业中的工业和建筑业以及第三产业中的交通运输仓储邮电通信业和批发零售贸易餐饮业的数据。对于第三产业中其他行业,诸如金融保险、房地产行业以及社会服务业对 GDP 贡献的大小,在本节限于数据原因,不能更细致地体现出来。

研究的各项指标为 GDP(Y),第一产业(X_1)、第二产业中的工业(X_{21})、建筑业(X_{22}),第三产业中的交通运输邮电业(X_{31})、批发零售餐饮业(X_{32})和其他第三产业(X_{33})。本部分的数据用表 6-1 中的数据。

2)结果分析

本部分仍将时间段化为两部分,即 1978~1992 年和 1992~2005 年。

1978~1992 年的方程为

$$\ln Y = 1.202 + 0.316\ln X_1 + 0.514\ln X_{21} - 0.019\ln X_{22} \quad (6\text{-}22)$$
$$(5.78) \quad (8.01) \quad (9.75) \quad (-0.55)$$
$$+ 0.024\ln X_{31} + 0.042\ln X_{32} + 0.130\ln X_{33}$$
$$(0.64) \quad (3.09) \quad (3.58)$$

$$R^2 = 0.9998,\ \text{Adjusted}\ R^2 = 0.9997,\ F = 9379,\ \text{DW} = 1.85$$

该回归方程的判决系数和调整后的判决系数接近 1,F 值也很大,DW 接近 2,这说明在回归方程中不存在自相关,但建筑业、交通运输仓储邮电通信业的系数的 t 值没有通过检验,且建筑业还无法通过现实经济的检验,因此将 X_{22}、X_{31} 两个变量去掉,重新进行回归,得到如下回归方程:

$$\ln Y = 1.195 + 0.317\ln X_1 + 0.505\ln X_{21} + 0.039\ln X_{32} + 0.149\ln X_{33} \quad (6\text{-}23)$$
$$(8.08) \quad (8.86) \quad (17.38) \quad (3.30) \quad (5.69)$$
$$R^2 = 0.9998, \text{ Adjusted } R^2 = 0.9997, F = 16\,354, DW = 1.84$$

该方程的判决系数和调整后的判决系数接近1，F值也很大，DW接近2，显然回归估计的方程不存在序列相关，并且所有的估计参数都通过t检验。因此，可以用方程分析山东省1978～1992年各部门对经济增长的贡献。

由方程6-23可知，1978～1992年第一产业增长1%将会导致GDP增长0.317%，工业增长1%会导致GDP增长0.505%，批发零售贸易餐饮业增长1%会导致GDP增长0.039%，其他第三产业增长1%会导致GDP增长0.149%。以1992年为例，第一产业占GDP的比重为24.3%，工业占GDP的比重为40.4%，批发零售贸易餐饮业占GDP的比重为9.1%，其他第三产业占GDP的比重为15.6%。由此可以推知，第一产业在GDP的份额增加0.243%，GDP将增加0.317%；工业在GDP的份额增加0.404%，GDP将增加0.505%；批发零售贸易餐饮业在GDP的份额增加0.091%，GDP将增加0.039%；其他第三产业在GDP的份额增加0.156%，GDP将增加0.149%。因此各行业在GDP的份额增加1%时，所导致的GDP的增加分别是第一产业为1.30%、工业为1.25%、其他第三产业为0.95%、批发零售贸易餐饮为0.43%。

1992～2005年的方程为

$$\ln Y = 1.661 + 0.105\ln X_1 + 0.505\ln X_{21} + 0.033\ln X_{22} \quad (6\text{-}24)$$
$$(6.68) \quad (1.67) \quad (17.24) \quad (0.63)$$
$$+ 0.072\ln X_{31} + 0.115\ln X_{32} + 0.133\ln X_{33}$$
$$(1.74) \quad (1.89) \quad (2.12)$$
$$R^2 = 0.9999, \text{ Adjusted } R^2 = 0.9998, F = 17\,598, DW = 1.65$$

该方程的判决系数和调整后的判决系数接近1，F值也很大，DW接近2，显然回归估计的方程不存在序列相关，除建筑业的t值较小外，其他都较高，因此可以用方程分析山东省1992～2005年的各部门对经济增长的贡献。

由方程6-24可知，1992～2005年第一产业增长1%，将会导致GDP增长0.105%，工业增长1%会导致GDP增长0.505%，建筑业增长1%会导致GDP增长0.033%，交通运输仓储邮电通信业增长1%会导致GDP增长0.072%，批发零售贸易餐饮业增长1%会导致GDP增长0.115%，其他第三产业增长1%会导致GDP增长0.133%。以2005年为例，第一产业占GDP的比重为10.4%，工业占GDP的比重为51.7%，建筑业占GDP的比重为5.7%，交通运输仓储邮电通信业占GDP的比重为6.4%，批发零售贸易餐饮业占GDP的比重为8.9%，其他第三产业占 GDP 的比重为 16.7%。由此可以推知，第一产业在 GDP 的份额增加 0.104%，GDP 将增加 0.105%；工业在 GDP 的份额增加 0.517%，GDP 将增加 0.505%；建筑业在 GDP 的份额增加 0.057%，GDP 将增加 0.033%；交通运输仓储邮电通信业在 GDP 的份额增加 0.064%，GDP 将增加 0.072%；批发零售贸易餐饮业在 GDP 的份额增加 0.089%，GDP 将增加 0.115%；其他第三产业在 GDP 的份额增加 0.167%，GDP 将增加 0.133%。因此各行业在 GDP 的份额增加 1% 时，所导致的 GDP 的增加分别是第一产业为 1.01%、工业为 0.98%、建筑业为 0.59%、交通运输仓储邮电通信业为 1.16%、批发零售贸易餐饮为 1.29%、其他第三产业为 0.76%。

由上述的经济计量和指标分析可知，第一产业仍然是拉动山东省经济增长的主要产业部门，但毋庸置疑，随着山东省工业化的发展，第一产业在经济中的份额将会持续降低，因此第一产业很难成为山东省经济持续增长的主要源泉。虽然工业的贡献度在下降，由 1978～1992 年的 1.30%，下降到 1992～2005 年的 0.98%，但其仍然是一个有效拉动山东省经济增长的高效行业，从行业结构的贡献率看，工业仍有一定的发展空间。对于第三产业，虽然其贡献度较高，但目前所占份额依然较低，对经济增长的拉动作用有限，然而其发展空间较大，这也是未来山东省优化产业结构的一个方向，从经济有效增长的角度看，山东省第三产业的发展必须依赖第一和第二产业的进一步发展，一味发展传统服务业对经济增长也有一定的影响。由山东省的产业结构对经济增长的贡献率分析，说明要高效地推动山东省经济增长必须大力发展第一和第二产业，而第二产业中又主要是工业，在这两个行业中，工业是相对份额最大的一个产业，因此发展工业对经济增长的拉动最大，然而从结构贡献率的角度看，工业发展虽然仍有一定的发展空间，但要使工业继续成为带动山东省经济增长的主导行业就必须改造传统工业的生产组织形式和生产结构，并利用资金和新技术提升工业的生产方式和产品结构。一句话，山东省实现工业化还有很长的路要走，工业仍将是拉动山东省经济增长最有效的行业，必须改造传统工业亦即改变现有工业结构才能使工业发展真正成为带动山东省经济增长的持续推动力，进而促进服务业的发展。

（二）产业结构与生产规模和要素效率的关系

前面分析了山东省产业结构对经济增长的贡献，但是这些产业是以哪种方式影响经济增长的，是影响经济的生产规模，还是影响要素的生产效率？在此将对这个问题进行实证分析。

1. 模型设定

生产要素通过市场和政府的行政手段配置到一定的产业组织结构中才能发挥其生产作用，因此不同的产业产业结构会影响要素的生产效率。令 $P_i = \dfrac{X_i}{Y}$，$i = 1, 2, \cdots, k$ 表示各产业的产出占总产出的比例，并用这个指标代表第 i 产业在整个产业结构中的大小。由 C-D 生产函数可得，把产业结构视为制度因素的要素生产函数为

$$Y = K^{\alpha_1 P_1 + \alpha_2 P_2 + \cdots + \alpha_k P_k} L^{\beta_1 P_1 + \beta_2 P_2 + \cdots + \beta_k P_k} e^{\gamma_1 P_1 + \gamma_2 P_2 + \cdots + \gamma_k P_k + \varepsilon} \tag{6-25}$$

式中，Y、K、L 分别为总产出、资本存量和劳动投入；P_1、P_2、$\cdots P_k$ 分别为各产业占总产出的比重；α_1、α_2、α_3 为第一、二、三产业结构变化对资本产出效率的边际影响参数；β_1、β_2、β_3 为第一、二、三产业结构变化对劳动产出效应的边际影响；γ_1、γ_2、γ_3 为第一、二、三产业变化对经济规模的边际影响参数。

对式 (6-25) 两端同时取对数可得计量产业结构对生产规模和要素效率影响的经济计量模型

$$\ln Y = (\alpha_1 P_1 + \alpha_2 P_2 + \cdots + \alpha_k P_k)\ln K + (\beta_1 P_1 + \beta_2 P_2 + \cdots + \beta_k P_k)\ln L \\ + (\gamma_1 P_1 + \gamma_2 P_2 + \cdots + \gamma_k P_k) + \varepsilon \tag{6-26}$$

2. 数据处理

本部分的 Y、K、L 采用表 4-1 的 1978~2006 年数据，P_1、P_2、P_3 是三次产业 1978~2006 年的比重，本书利用表 6-7 中的数据。

3. 计算结果及其分析

本部分首先利用式 (6-26) 进行回归，经计算发现变量之间存在着严重的共线性。这样建立起的回归模型稳定性差。因此本部分首先采用主成分分析进行变化，然后利用式 (6-26) 进行分析。

1) 数据的预处理

首先以 $P_1\ln K$、$P_2\ln K$、$P_3\ln K$、$P_1\ln L$、$P_2\ln L$、$P_3\ln L$、P_1、P_2 和 P_3 为变量，数据见表 6-10。

表 6-10　主成分模型的基础数据

$\ln Y$	$P_1\ln K$	$P_2\ln K$	$P_3\ln K$	$P_1\ln L$	$P_2\ln L$	$P_3\ln L$	P_1	P_2	P_3
6.04	1.96	3.12	0.81	2.66	4.23	1.10	33.29	52.94	13.77
6.13	2.22	3.11	0.80	2.90	4.07	1.04	36.22	50.75	13.04
6.25	2.30	3.16	0.86	2.93	4.02	1.09	36.43	50.02	13.55
6.40	2.48	2.92	1.11	3.08	3.62	1.37	38.15	44.84	17.01

续表

$\ln Y$	$P_1\ln K$	$P_2\ln K$	$P_3\ln K$	$P_1\ln L$	$P_2\ln L$	$P_3\ln L$	P_1	P_2	P_3
6.53	2.60	2.80	1.27	3.15	3.40	1.54	38.97	42.00	19.03
6.69	2.75	2.65	1.42	3.33	3.20	1.71	40.36	38.87	20.77
6.92	2.68	2.89	1.45	3.12	3.36	1.69	38.20	41.14	20.66
6.99	2.50	3.11	1.61	2.84	3.52	1.82	34.68	43.07	22.25
7.04	2.52	3.12	1.76	2.79	3.46	1.95	34.06	42.21	23.73
7.14	2.44	3.27	1.87	2.65	3.55	2.03	32.20	43.10	24.70
7.19	2.30	3.45	2.00	2.45	3.68	2.13	29.70	44.48	25.82
7.18	2.17	3.51	2.15	2.30	3.71	2.27	27.76	44.80	27.45
7.32	2.23	3.33	2.35	2.34	3.50	2.47	28.14	42.08	29.77
7.45	2.31	3.30	2.40	2.41	3.44	2.50	28.82	41.20	29.98
7.59	1.98	3.70	2.45	2.04	3.81	2.52	24.34	45.49	30.17
7.72	1.78	4.05	2.45	1.81	4.10	2.48	21.54	48.94	29.53
7.86	1.70	4.14	2.58	1.69	4.13	2.57	20.16	49.20	30.64
7.98	1.74	4.06	2.73	1.75	4.07	2.74	20.39	47.56	32.05
8.09	1.76	4.09	2.79	1.75	4.05	2.76	20.40	47.32	32.28
8.19	1.60	4.22	2.94	1.57	4.12	2.88	18.28	48.15	33.57
8.29	1.54	4.31	3.03	1.48	4.16	2.93	17.32	48.54	34.15
8.38	1.47	4.38	3.16	1.40	4.17	3.01	16.29	48.63	35.08
8.50	1.39	4.56	3.18	1.31	4.30	3.00	15.22	49.95	34.84
8.60	1.37	4.59	3.30	1.27	4.27	3.07	14.79	49.55	35.67
8.72	1.27	4.74	3.38	1.17	4.35	3.10	13.53	50.46	36.01
8.88	1.18	5.15	3.27	1.06	4.64	2.94	12.26	53.69	34.05
9.07	1.16	5.54	3.11	1.02	4.88	2.74	11.84	56.44	31.72
9.28	1.07	5.78	3.22	0.92	4.98	2.77	10.60	57.40	32.00
9.45	0.99	5.93	3.34	0.84	5.02	2.83	9.69	57.76	32.55

2) 主成分结果分析

利用SPSS11.5进行主成分分析,两个特征根之和所占比例达到99.37%,这说明两个主成分代表了原来九个因素的99.37%的信息。两个主成分分别为

$$F_1 = -0.977P_1\ln K + 0.971P_2\ln K + 0.933P_3\ln K - 0.999P_1\ln L - 0.865P_2\ln L$$
$$+ 0.873P_3\ln L - 0.998P_1 + 0.756P_2 + 0.854P_3 \quad (6-27)$$
$$F_2 = 0.184P_1\ln K - 0.156P_2\ln K + 0.355P_3\ln K - 0.013P_1\ln L - 0.501P_2\ln L$$
$$+ 0.487P_3\ln L - 0.04P_1 - 0.653P_2 + 0.520P_3 \quad (6-28)$$

两个主成分的得分见表6-11。

表6-11　两个主成分得分

年份	F_1	F_2	年份	F_1	F_2	年份	F_1	F_2
1978	-0.817	-2.452	1988	-0.521	0.386	1998	0.728	0.589
1979	-1.065	-2.145	1989	-0.344	0.510	1999	0.834	0.684
1980	-1.086	-1.953	1990	-0.398	1.254	2000	0.962	0.411
1981	-1.267	-0.681	1991	-0.458	1.446	2001	1.011	0.583
1982	-1.359	0.043	1992	-0.014	0.685	2002	1.149	0.458
1983	-1.495	0.770	1993	0.279	0.003	2003	1.321	-0.359
1984	-1.298	0.390	1994	0.414	0.078	2004	1.408	-1.133
1985	-0.983	0.233	1995	0.407	0.511	2005	1.565	-1.281
1986	-0.932	0.561	1996	0.413	0.591	2006	1.684	-1.282
1987	-0.759	0.507	1997	0.624	0.592			

对$\ln Y$与F_1、F_2进行回归得到：

$$\ln Y = 7.651 + 0.936\ln F_1 + 0.157\ln F_2 \quad (6-29)$$
$$(182.33) \quad (21.93) \quad (3.67)$$
$$R^2 = 0.950 \quad DW = 0.317$$

由于DW=0.317，靠近0，存在明显的一阶正序列自相关。为了消除序列相关，对上式的残差与其一阶滞后变量进行回归，即$\varepsilon_t = \alpha + \beta\varepsilon_{t-1}$进行回归，结果为

$$\varepsilon_t = 0.0287 + 0.813\varepsilon_{t-1} \quad (6-30)$$
$$(1.30) \quad (7.45)$$
$$R^2 = 0.950 \quad DW = 1.07$$

系数较为显著，且DW的值有所增加，由于常数项相对较小可以忽略不计，这样可以构造新的变量：

$$\ln Y^* = \ln Y(t) - 0.813\ln Y(t-1)$$
$$F_1^* = F_1(t) - 0.813F_1(t-1)$$

$$F_2^* = F_2(t) - 0.813F_2(t-1)$$

对 $\ln Y^*$ 与 F_1^*、F_2^* 进行回归得到：

$$\ln Y^* = 1.484 + 0.678F_1^* + 0.055F_2^* \quad (6\text{-}31)$$
$$(65.82) \quad (6.58) \quad (0.91)$$
$$R^2 = 0.950 \quad DW = 1.00$$

利用上述回归结果和式（6-29）、式（6-30），将 F_1、F_2 还原为原来的解释变量，可以得到回归方程：

$$\ln Y = 1.484 - 0.651P_1\ln K + 0.648P_2\ln K + 0.651P_3\ln K - 0.676P_1\ln L$$
$$- 0.028P_2\ln L + 0.617P_3\ln L + 0.245P_1 + 0.475P_2 + 0.601P_3 \quad (6\text{-}32)$$

从 6-32 的回归结果可以看出，第一产业对山东资本生产率效率的影响是负的，对劳动生产效率的影响也是负的，而对经济规模的影响是正的。如果第一产业比重每增加 1%，那么资本的产出弹性将减少 0.651%，劳动的产出弹性也将减少 0.676%，经济规模将增至 $e^{0.245} = 1.277$。第二产业对资本生产效率的影响是正的，对经济规模的影响也是正的，对劳动生产率的影响是负的。如果第二产业的比重每增加 1%，则资本的产出弹性将增加 0.646%，劳动的产出弹性将降低 0.028%，经济规模将增至 $e^{0.475} = 1.608$。第三产业不仅对资本生产效率的影响是正的，而且对劳动生产率和经济规模的影响也是正的。如果第三产业的比重每增加 1%，则资本的产出弹性将增加 0.651%，劳动的产出弹性将增加 0.617%，经济规模将增至 $e^{0.601} = 1.84$。

从上面的分析我们可以看到：在山东省经济发展过程中第一产业（主要是农业）在 GDP 中的比重增加有助于经济规模的扩大，但无助于劳动收入的增加和资本收入的增加。增加第二产业在 GDP 的比重，不仅会扩大经济的规模，而且还能增加资本生产的效率和减少劳动的生产效率，从而增加资本所有者的收入，减少劳动者的收入，因此扩大了资本所有者和劳动者之间的收入差距，这一结论与刘伟（2002）对中国的研究结论一致，但与王兵（2005）对广东的分析略有差别。王兵对广东的研究得出的结论是第一产业比重的增加有助于劳动收入的增加，但无助于资本收入的增加和经济规模的扩大。笔者认为，山东省是一个农业大省且是一个人口大省，第一产业比重过高，且以传统农业为主，第一产业增加主要靠劳动投入，导致农业边际效率的降低。

在此引入比较劳动生产率的概念①，计算出山东省比较劳动生产率结构的变

---

① 比较劳动生产率=GDP 的构成相对比重/劳动力构成的相对比重

化，见表 6-12。

表 6-12　山东省三次产业比较劳动生产率结构（1978~2006年）

年份	一产	二产	三产	一产/二产、三产	年份	一产	二产	三产	一产/二产、三产
1978	0.420	4.304	1.620	0.131	1993	0.351	2.006	2.094	0.172
1979	0.458	4.126	1.498	0.151	1994	0.348	1.960	1.813	0.183
1980	0.462	4.066	1.523	0.154	1995	0.375	1.895	1.563	0.215
1981	0.485	3.676	1.829	0.168	1996	0.383	1.923	1.461	0.224
1982	0.505	3.111	2.025	0.190	1997	0.342	1.926	1.562	0.194
1983	0.519	3.160	2.077	0.193	1998	0.322	2.057	1.498	0.181
1984	0.543	2.780	1.396	0.260	1999	0.308	2.078	1.480	0.173
1985	0.506	2.175	1.902	0.244	2000	0.287	2.116	1.495	0.159
1986	0.511	1.982	1.945	0.259	2001	0.283	2.073	1.499	0.158
1987	0.501	1.916	1.886	0.263	2002	0.270	2.026	1.441	0.156
1988	0.466	1.909	1.971	0.241	2003	0.261	2.049	1.270	0.158
1989	0.432	1.956	2.111	0.215	2004	0.267	2.045	1.133	0.168
1990	0.440	1.846	2.255	0.221	2005	0.264	1.882	1.092	0.176
1991	0.449	1.815	2.289	0.226	2006	0.248	1.839	1.104	0.167
1992	0.387	1.952	2.171	0.190					

资料来源：根据《山东省统计年鉴（2007）》计算整理

第一产业与第二产业、第三产业之间的比较劳动生产率差距越是缩小，二者的比例就越大，反之，就越小。从表 6-12 中可以看出，这个比值表现出不稳定，但整体上依然不高，说明山东省第一产业与第二、第三产业的比较劳动生产率差距虽然缩小，但缩小的幅度不大。库兹涅茨对 1948~1954 年 40 个工业发展程度不同的国家的第一、第二、第三产业比较劳动生产率做了统计分析，分析的结果见表 6-13。从中我们可以看到一种普遍趋势：人均国民收入水平越高的国家，第一产业与第二、第三产业之间的比较劳动生产率差距越小，也就是表中的数据越大。对比表 6-12 和表 6-13，可以发现，山东的第一产业与第二、第三产业的比值比 1948~1954 年最不发达国家的比值还要低，说明山东第一产业的比较劳动生产率太低，反映出劳动生产率没有随着工业化的进行而提高，另一方面也说明了劳动力在三次产业之间的流动缺乏效率。第一产业劳动生产率低，容纳的劳动力反而多，第三产业劳动生产率相对较高，但容纳的劳动力却很不够，这既不符合产业结构的变化,也不符合城市化的要求。

表 6-13 三次产业比较劳动生产率的国际比较(1948~1954 年的平均值)

人均国民收入水平	国家数	比较劳动生产率率		
		第一产业	第二、三产业	第一产业/第二、三产业
Ⅰ	7	0.86	1.03	0.86
Ⅱ	6	0.60	1.19	0.52
Ⅲ	6	0.69	1.15	0.62
Ⅳ	5	0.48	2.02	0.27
Ⅴ	5	0.61	1.48	0.42
Ⅵ	7	0.69	1.72	0.45
Ⅶ	4	0.67	2.74	0.31

资料来源:杨治.1985.产业经济学导论.北京:中国人民大学出版社

第三产业在 GDP 中的比重增加,有助于劳动收入的增加和资本收入的增加,也有助于经济规模的扩大,这一结论与王兵对广东的研究结论一致,但与刘伟对中国的研究不同,刘伟认为扩大第三产业在 GDP 的比重,会降低经济的生产规模,但有助于劳动生产效率的提高。

如前所述,山东省的第三产业比重过低,但笔者赞同刘伟的观点,虽然目前增加第三产业比重有助于山东省经济规模的扩大和劳动生产效率的提高,但在工业化进程中第三产业在 GDP 中的比重应有一个限度,超过这个限度,就可能导致经济衰退。因此,第三产业的发展必须以第一和第二产业发展为前提,单方面发展第三产业,只会使经济达到短期的经济增长,而无助于经济的长期增长。特别是在未来的几年内,山东省要使经济持续稳定增长,保持在全国的领先优势,必须在扩内需、调结构的宏观政策的指导下,继续加快工业发展。

三、经济增长对产业结构的影响

不仅产业结构的变化影响经济增长,而且经济增长也会对产业结构产生影响。本部分利用下面简单的模型分析经济增长对产业结构的影响:

$$\ln S_i = \alpha + \beta_1 \ln y + \varepsilon \qquad i = 1, 2, 3 \qquad (6-33)$$

式中,S_i 为第 i 产业的比重;$y = Y/L$ 为劳均产出和人均 GDP;β_1 为各产业的比重的劳均产出弹性和人均产出弹性;ε 为随机扰动项。

利用模型(6-33)估计山东省 1978~2006 年经济增长对产业结构的影响,解释变量为劳均、人均 GDP 和从业人员数。估计时为了消除序列相关的影响采用了前面的迭代方法，估计结果见表6-14。

表6-14　1978~2006年山东经济增长对产业结构的影响

产业		常数项	β_1	R^2	F	DW
第一产业	劳均	8.13 (25.94)	-0.629 (-16.56)	0.988	417.07	1.88
	人均	7.11 (26.37)	-0.545 (-15.56)	0.988	410.45	1.63
第二产业	劳均	2.43 (6.87)	0.175 (4.18)	0.887	16.98	1.50
	人均	2.79 (9.77)	0.141 (3.88)	0.873	16.20	1.50
第三产业	劳均	5.39 (3.62)	-0.178 (-1.30)	0.972	75.06	1.50
	人均	5.16 (2.94)	-0.159 (-0.97)	0.970	80.61	1.46

注：括号中数值为t统计量

从表6-14可以看出，除了第三产业的t值较低外，R^2和F值都较大，因此，可以用方程分析山东省1978~2006年经济增长对产业结构的影响。

第一产业比重的收入弹性分别为-0.629、0.545，这表示随着劳均、人均GDP的提高，第一产业的比重是下降的，表明劳均、人均收入提高1%，第一产业的比重将分别下降0.629%和0.545%。

第二产业比重的收入弹性分别为0.175、0.141，表明随着劳均、人均GDP的提高，第二产业的比重是上升的，劳均、人均GDP提高1%，第二产业比重将分别增加0.175%和0.141%。

第三产业比重的收入弹性为分别为-0.178、-0.159，表明随着劳均、人均GDP的提高，第三产业的比重是下降的，劳均、人均GDP提高1%，第三产业比重将分别下降0.178%和0.159%。

因此，上述结果表明，现阶段山东省经济增长将导致第二产业比重的提高，而导致第一、第三产业比重的下降，反过来也说明了有效拉动山东省经济增长的是第二产业，验证了前边的结论，这与山东省经济发展的阶段有很大关系。

第四节　山东省工业内部结构对工业经济的拉动作用

一、工业内部产业再分类

第五章曾经将目前我国 39 个工业部门进行了分类,但要探讨工业各部门对经济增长的贡献,分类太粗,而如果将 39 个部门作为变量的话则指标的数量又太多,鉴于此,本节再对 39 个工业部门进行细分类,共分为 15 个部门。见表 6-15。

表 6-15　山东省工业内部产业分类（1985~2007 年）

工业分类	包括行业
采掘业（1）	煤炭采选业、石油和天然气开采业、黑色金属矿采选业、有色金属矿采选业、非金属矿采选业、其他矿采选业
食品加工与制造（2）	农副食品加工业、食品制造业、饮料制造业
烟草加工业（3）	烟草加工业
纺织服装（4）	纺织业、服装及其他纤维制品制造业、皮革毛皮羽绒及其制品业
木材加工及家具制造业（5）	木材加工及竹藤棕草制品业、家具制造业
造纸、印刷和文教体育（6）	造纸及纸制品业、印刷业、记录媒介的复制、文教体育用品制造业
石油加工及炼焦业（7）	石油加工及炼焦业
化学工业（8）	化学原料及化学制品制造业、医药制造业、化学纤维制造业
橡塑工业（9）	橡胶制品业、塑料制品业
建材工业（10）	非金属矿物制品业
冶金工业（11）	黑色金属冶炼及压延加工业、有色金属冶炼及压延加工业
金属制品业（12）	金属制品业
机械工业（13）	通用设备制造业、专用设备制造业
交通运输设备制造业（14）	交通运输设备制造业
电子工业（15）	电器机械及器材制造业、电子及通信设备制造业、仪器仪表及文化办公用机械制造业
电力工业（16）	电力、蒸气热水的生产和供应业、煤气生产和供应业、自来水的生产和供应业

注：统计资料中还包括其他制造业,由于其内涵很多,但占山东省的比重较低,无法归类,因此未将其列入。本表的分类依然是依据现行工业分类项目

二、数据说明

由于本书主要目的是探讨工业行业增长对经济增长的贡献,因此,将工业总产值作为因变量(Y),合并后的 16 个工业部门为自变量(X_i)。由于现有统计中的工业总产值都为现价,无法变成可比价格,因此本部分用现价工业行业产值研究其对经济增长的影响。表 6-16、表 6-17 中的 1985～1998 年的数据来自《山东建国五十年统计资料》,1999～2007 年数据分别来自 2000～2008 年《山东省统计年鉴》。

表 6-16　1985～2007 年山东省 16 个工业部门数据　(单位:亿元)

年份	(1)	(2)	(3)	(4)	(5)	(6)	(7)	(8)
1985	88.32	60.45	20.38	128.27	5.71	16.19	26.04	37.07
1986	72.94	74.18	17.53	128.04	6.77	20.33	28.53	43.90
1987	106.32	92.24	20.22	153.65	9.12	25.96	33.39	61.31
1988	104.03	134.94	24.95	206.40	12.83	36.97	46.24	89.57
1989	140.02	165.21	26.25	269.44	15.47	46.74	61.79	117.93
1990	151.96	185.30	28.21	308.20	16.71	50.58	77.66	134.06
1991	176.15	217.08	30.63	336.85	19.49	57.88	93.37	155.08
1992	225.41	278.70	35.71	370.55	25.86	73.29	126.91	195.42
1993	324.56	430.42	45.15	457.56	45.39	112.67	177.93	271.04
1994	469.86	671.15	53.91	700.17	66.95	164.86	244.98	407.99
1995	459.94	688.60	59.00	642.50	52.84	178.30	261.04	428.47
1996	549.41	840.27	60.91	751.65	61.16	246.69	253.05	533.51
1997	597.15	907.99	63.21	777.81	68.37	249.74	270.62	576.98
1998	582.49	921.49	59.08	736.57	52.01	246.33	249.18	559.76
1999	580.83	1011.61	58.34	770.19	55.02	274.96	286.88	608.60
2000	807.08	1184.66	55.70	912.65	66.94	323.21	468.85	709.35
2001	833.51	1364.75	77.12	1030.48	82.56	348.93	376.61	885.09
2002	960.52	1672.90	87.55	1210.66	103.46	447.84	443.09	1057.32
2003	1215.34	2147.61	108.77	1590.46	157.90	661.42	584.11	1486.29
2004	1755.14	2856.36	118.37	2156.62	261.41	908.11	840.10	2154.07
2005	2254.94	4061.79	124.99	3096.01	452.45	1211.09	1310.75	3267.59
2006	2779.81	4961.36	138.11	3966.11	610.18	1461.81	1812.57	4205.46
2007	3117.77	6442.43	156.29	5045.93	889.59	1746.14	2310.06	5494.66

表 6-17　1985～2007 年山东省 16 个工业部门数据　（单位：亿元）

年份	(9)	(10)	(11)	(12)	(13)	(14)	(15)	(16)
1985	21.09	29.33	21.01	15.60	58.95	19.92	22.09	22.05
1986	24.31	37.86	25.35	19.67	66.11	18.62	26.32	23.92
1987	30.72	44.78	31.75	25.15	85.05	20.16	36.60	28.38
1988	46.55	59.79	40.81	32.42	122.25	29.27	52.06	36.35
1989	59.96	74.86	56.94	40.48	139.74	37.48	70.24	49.57
1990	66.15	80.84	64.37	45.14	141.61	39.92	74.09	60.17
1991	78.48	101.39	78.30	51.50	163.92	51.96	87.22	67.43
1992	105.13	143.75	107.74	70.03	222.03	79.99	112.42	86.68
1993	135.87	261.07	191.46	124.04	327.08	142.41	185.81	111.73
1994	194.47	416.27	219.13	180.63	491.26	197.38	284.89	157.99
1995	207.60	322.88	209.99	136.42	458.11	191.28	316.74	172.75
1996	263.44	402.03	226.07	164.71	565.78	256.73	381.86	200.85
1997	265.65	427.60	247.85	169.33	635.30	260.08	516.25	235.06
1998	286.56	404.32	249.14	190.22	625.45	262.70	603.69	271.99
1999	306.88	406.49	286.42	177.32	714.13	264.80	707.23	328.38
2000	337.89	455.53	341.25	202.01	804.39	285.07	853.25	378.92
2001	404.54	511.11	402.24	239.84	868.18	338.40	1025.45	444.42
2002	524.16	626.53	525.47	268.20	1068.99	543.20	1242.49	543.48
2003	637.61	935.09	904.48	304.70	1521.95	696.43	1624.64	605.15
2004	793.87	1352.66	1549.43	444.79	1937.04	999.63	2230.78	688.80
2005	1064.60	1747.10	2607.20	662.99	2637.77	1295.69	2988.21	1372.51
2006	1360.71	2195.08	3298.62	845.90	3538.97	1667.25	3810.29	1675.93
2007	1810.48	2794.45	4433.13	1215.76	4672.00	2385.55	4806.97	1970.09

三、计算结果及其分析

利用 Eview5.0 进行计算，1985～2007 年的方程为

$$\ln Y = 2.065 + 0.132\ln X_1 + 0.232 X_2 + 0.003\ln X_3 + 0.223\ln X_4 - 0.027\ln X_5$$
$$(12.22)\quad(9.33)\quad(4.14)\quad(0.16)\quad(14.76)\quad(-1.41)$$
$$-0.003\ln X_6 + 0.011\ln X_7 + 0.038\ln X_8 - 0.025\ln X_9 - 0.017\ln X_{10} + 0.099\ln X_{11}$$
$$(-0.09)\quad(0.95)\quad(0.85)\quad(-0.81)\quad(-1.18)\quad(7.00)$$
$$+ 0.037\ln X_{12} + 0.168\ln X_{13} + 0.065\ln X_{14} + 0.045\ln X_{15} + 0.033\ln X_{16}$$
$$(2.08)\quad(9.35)\quad(4.48)\quad(2.63)\quad(2.80)$$
$$R^2 = 0.9999,\ \text{Adjusted } R^2 = 0.9999,\ F = 409558,\ \text{DW} = 2.57$$

该回归方程的判决系数和调整后的判决系数接近1，F值也很大，DW接近2，这说明在回归方程中不存在自相关，但木材加工及家具制造业、造纸、印刷和文教体育、橡塑工业和建材工业无法通过现实经济的检验，因此将上述4个自变量去掉，继续进行回归，得到如下方程：

$$\ln Y = 2.221 + 0.132\ln X_1 + 0.203\ln X_2 - 0.003\ln X_3 + 0.222\ln X_4 + 0.012\ln X_7$$
$$(22.06)\quad(18.58)\quad(8.86)\quad(-0.23)\quad(17.26)\quad(1.90)$$
$$+ 0.018\ln X_8 + 0.087\ln X_{11} + 0.022\ln X_{12} + 0.151\ln X_{13}$$
$$(1.00)\quad(15.90)\quad(3.38)\quad(12.92)$$
$$+ 0.062\ln X_{14} + 0.063\ln X_{15} + 0.041\ln X_{16}$$
$$(7.37)\quad(6.68)\quad(6.16)$$
$$R^2 = 0.9999,\ \text{Adjusted } R^2 = 0.9999,\ F = 59815,\ \text{DW} = 2.50$$

该回归方程的判决系数和调整后的判决系数接近1，F值也很大，DW接近2，这说明在回归方程中不存在自相关，除了烟草加工业、化学工业的t值较低外，其他都较高，但烟草加工业的系数为负值，无法通过现实经济检验，因此，将烟草工业变量去掉，继续进行回归，得到如下方程：

$$\ln Y = 2.204 + 0.132\ln X_1 + 0.202\ln X_2 + 0.221\ln X_4 + 0.012\ln X_7$$
$$(33.11)\quad(19.57)\quad(9.34)\quad(18.09)\quad(2.21)$$
$$+ 0.017\ln X_8 + 0.087\ln X_{11} + 0.022\ln X_{12} + 0.151\ln X_{13}$$
$$(1.02)\quad(16.63)\quad(3.85)\quad(14.21)$$
$$+ 0.061\ln X_{14} + 0.063\ln X_{15} + 0.042\ln X_{16}$$
$$(9.76)\quad(7.01)\quad(6.81)$$
$$R^2 = 0.9999,\ \text{Adjusted } R^2 = 0.9999,\ F = 713882,\ \text{DW} = 2.50$$

该回归方程的判决系数和调整后的判决系数接近1，F值也很大，DW接近2，这在回归方程中不存在自相关，除了化学工业的t值较低外，其他都较高，且都为正值，因此可以用方程分析山东省1985~2007年各工业部门对经济增长的贡献。

由方程可知，1985~2006年采掘业增长1%将会导致工业增长0.132%，食品加工与制造业增长1%将会导致工业增长0.202%，纺织服装增长1%将会导致工业增长0.221%，石油加工及炼焦业增长1%将会导致0.012%，化学工业增长1%将会导致工业增长0.017%，冶金工业增长1%将会导致工业增长0.087%，金属制品业增长1%将会导致工业增长0.022%，机械工业增长1%将会导致工业增长0.151%，交通运输设备制造业增长1%，将会导致工业增长0.061%，电子工业增长1%将会导致工业增长0.063%，电力工业增长1%将会导致工业增长0.042%。

以2007年为例，采掘业占工业总产值的比重为6.325%，食品加工与制造业占工业总产值的比重为13.070%，纺织服装占工业总产值的比重为10.237%，石油加工及炼焦业占工业总产值的比重为4.687%，化学工业占工业总产值的比重为11.147%，冶金工业占工业总产值的比重为8.994%，金属制品业占工业总产值的比重为2.446%，机械工业占工业总产值的比重为9.47%，交通运输设备制造业占工业总产值的比重为4.83%，电子工业占工业总产值的比重为9.752%，电力工业占工业总产值比重为3.997%。

由此可推知，采掘业在工业总产值的份额增加0.063%，工业总产值将增加0.132%；食品加工与制造业在工业总产值份额增加0.131%，工业总产值将增加0.202%；纺织服装在工业总产值的份额增加0.010%，工业总产值将增加0.221%；石油加工及炼焦业在工业总产值的份额增加0.0469%，工业总产值将增加0.012%；化学工业在工业总产值的份额增加0.111%，工业总产值将增加0.017%；冶金工业在工业总产值的份额增加0.089%，工业总产值将增加0.087%；金属制品业在工业总产值的份额增加0.024%，工业总产值将增加0.022%；机械工业在工业总产值的份额增加0.095%，工业总产值将增加0.151%；交通运输设备制造业在工业总产值的份额增加0.048%，工业总产值将增加0.061%；电子工业在工业总产值的份额增加0.097%，工业总产值将增加0.063%；电力工业在工业总产值的份额增加0.039%。工业总产值将增加0.042%。因此，各部门在工业总产值中的份额增加1%时，所导致的工业总产值的增加分别为纺织服装业2.164%；采掘业2.093%；机械工业1.598%；食品加工与制造业1.552%；交通运输设备制造业1.259%；电力工业1.046%；冶金工业0.969%；金属制品业0.900%；电子工业0.647%；石油加工及炼焦业0.269%；化学工业0.155%。

由上述的经济计量和指标分析可知，在山东省最能有效地拉动工业增长的是纺织服装业、采掘业、机械制造业、食品加工与食品制造业，四工业部门在工业总产值中的份额每增加1%，对工业总产值增加的拉动作用都在1.5%以上，而且这四工业部门2007年占工业总产值的比重高达39.1%。但结合前面对山东省工业化进程的分析来看，采掘业在工业生产总值中的比重将下降，将很难成为山东省工业增长的主要来源。而纺织服装业、机械制造业、食品加工与制造在未来仍然是拉动山东省工业增长的主要来源，这种趋势将持续相当长时间。从上面分析也可以看出，交通运输设备制造业、电子工业的拉动力分别为1.259%和0.647%，虽然交通运输设备制造业所占比重较低，电子工业的拉动作用较小，但其比重较高，从山东省工业结构演化的趋势看，未来这两部门将成为拉动山东省工业增长的潜力部门。

第七章 经济增长和产业结构变动的效应分析

第一节 经济周期与产业结构变动分析

纵观世界各国的经济发展史,大量的经验表明,产业结构的演变是经济发展的重要组成部分,产业结构与经济总量的增长、经济水平的提高相互依存、相互制约,共同构成了经济发展的主要内容。钱纳里在对多国进行实证研究之后指出:在发展中国家非均衡的经济条件下,经济增长是导致生产结构转变的一个重要方面,在要素边际生产率不均等的非均衡发展中国家,劳动和资本从生产率较低的部门向生产率较高的部门转移,能够加速经济增长;反过来,经济增长也会通过消费结构的变化促进产业结构的升级。然而,经济增长并不是以某一恒定的速度增长的,而是某一阶段的经济增长速度可能快些,而另一阶段的增长速度可能会慢些,甚至出现徘徊、停滞或负增长。增长是经济发展过程的一个长期的趋势,在这一过程中快速增长的波峰或低速增长甚至负增长的波谷交替出现,形成经济的周期性波动。产业结构的变迁必然带来结构效果的变化,结构效果的变化必然导致不同的经济增长速度,从而引起周期波动(翁逸群,2002)。因此,对于经济周期性波动问题的研究不能忽视产业结构因素,通过该方面的分析可以更深刻地认识经济波动过程及其机制,并能更准确地对波动进行预测。1998年至今,中国经济一直保持较快速度的平稳增长,如何延续这种态势,熨平经济波动,是中国政府长期关心的问题。

20世纪80年代中期以来,中国经济增长的波动研究日益受到众多学者的关注(刘树成,2005),同时新的理论与方法也运用到中国经济增长的波动研究中(宁晓青,2008)。本节尝试运用最新发展的动态经济计量学分析方法,从产业结构演变的角度对山东省1953~2006年的经济波动进行分析。

一、经济周期与产业结构变动的理论诠释

(一) 经济周期视角下的产业结构变动

从增长周期角度分析产业结构变动,不仅要分析各产业在产出总量中所占比重的变动,而且要分析各产业增长速度的差异。

设 R_i 代表 GDP 的增长率,r_i 代表第 i 产业的产值增长率,P_i 代表第 i 产业的产值在 GDP 中所占的比重,假如国民经济划分为 n 个产业,我们有:

$$R_i = P_1 r_1 + P_2 r_2 + \cdots + P_n r_n \tag{7-1}$$

由上述公式可知,假如 GDP 增长率 R_i 保持不变,则第 i 产业增长率 r_i 提高的必然结果是 $P_j r_j (j \neq i)$ 下降。当 GDP 增长率 R_i 发生周期波动时,各个产业的 r_i 和 P_i 都发生变动,但变动的幅度和方向却不相同。一般地,各个产业增长是不平衡的,在扩张期间各产业的增长率都趋上升,但其中一些产业增长率上升的速度明显快于另一些产业增长率上升的速度。在 GDP 中,增长率上升较快的产业所占比重将增大,增长率上升较慢的产业比重将减少。在收缩期则相反,扩张时期增长率上升较快的产业这时增长率下降的速度也较快,这类产业在国民经济中所占比重将减少,而增长率下降较慢的产业所占比重将增大。

在经济增长的周期波动中,我们看到了产业结构变动的两种表现形式:一种是各产业增长率之间比例的变动;另一种是各产业占 GDP 比重之间比例的变动。后一种是前一种变动的结果。但是分析产业结构变动时不能把两者截然分开,即不能单独考察各产业增长率之间的比例($r_1 : r_2 : \cdots : r_n$)的变动,或各产业产值占 GDP 比重之间比例($P_1 : P_2 : \cdots : P_n$)。我们所应该分析的是各产业的增长率和 GDP 比重结合在一起的变动,即($P_1 r_1 : P_2 r_2 : \cdots : P_n r_n$)。定义 $P_i r_i$ 为第 i 个产业的增长对 GDP 增长率的贡献,则产业结构是否合理取决于 $P_1 r_1, P_2 r_2, \cdots, P_n r_n$ 之间的比例是否合理。

经济稳定增长的一个重要条件,是各产业的增长要保持相对平衡。假如这种平衡是指各产业的产值增长率相等的话,那么它们必然等于 GDP 增长率。然而由于技术进步、产业政策和价格变动以及国际贸易状况等各种因素的影响,各产业的增长不可能保持绝对平衡。各产业增长率之间不但存在差异,而且这种差异也在不断变化,有时扩大,有时缩小,产业结构的变动正是各产业增长不平衡的结果。

(二) 经济周期与产业结构变动的关系

一般来说，无论是市场经济国家还是计划经济国家，从长期趋势看，技术进步较快、资本密集程度较高的产业是增长速度较快的产业。然而，从周期波动角度考察，我们会看到另一种不同的现象，即这类产业也是增长较不稳定、增长率波动较大的产业。一般地，在扩张初期，投资品生产的增长首先加速，其增长速度超过消费品生产的增长速度，两者之间的距离逐渐拉大。投资品生产的增长带动了机械加工、原材料、燃料、动力等生产资料产业的增长，使之快于各种消费资料产业的增长。于是，各产业的增长速度之间出现了差异，而且差异会越来越大，产业结构随之发生变动。

然而，各产业增长速度之间的差异不可能无限度地扩大，增长率上升速度较快的产业也不可能无止境地加速增长，必定存在着一个增长率波动的上限，当达到这个上限时，由于各种限制因素的作用，增长较快的产业将放慢增长速度。

增长率波动的上限具有很大的弹性，它的变动取决于若干因素，但从产业结构角度看，决定这个上限的最重要因素，是产业结构的平衡关系。

产业结构的平衡关系表现为各产业的供给与需求之间的平衡关系。从供给角度看，由于各产业增长的不平衡，增长较慢的产业成为"瓶颈"产业，增长较快的产业受"瓶颈"产业供给能力的限制，增长速度最终会降下来。从需求角度看，增长较慢的产业对其他产业产品的需求增长也较慢，增长较快的产业因产品生产过多而积压，进而导致产业增长率的下降。因此，产业结构的严重失衡是导致各产业增长率由上升转向下降的一个直接动因（原毅军，2008）。

在收缩时期，投资品产业与投资品生产关系密切的生产资料产业的增长速度首先下降，消费品产业的增长速度也随之下降，但消费品的产业增长率下降的速度要慢于投资品产业增长率下降的速度。于是扩张时期被拉大的各产业增长率之间的差异开始逐渐缩小。随着收缩时期的继续，各产业增长率之间可能在相反方向上出现差异，即消费品产业的增长速度高于投资产品产业的增长速度。当然，这种情况不会持续很久，只要经济在增长，就需要有新的投资（包括旧设备的更新）。也就是说，存在着一个增长率波动的下降，经济收缩达到下降就会终止。

增长率波动的下限也具有很大弹性，各次周期的波谷达到的下限是不同的，在严重经济收缩期，下限的增长率甚至是负值。下限的变动也取决于许多因素，其中包括维持最低经济增长所需要的投资增长、产业结构的失衡程度、人们对消费水平低速增长的承受能力等。

增长率波动的上限与下限是从总量角度定义的，具体来讲，可以利用 GDP 增长率周期波动的上限和下限衡量。在上限或下限上，各产业的增长率有较大差异，这种差异的大小直接反映了产业结构的失衡程度。

分析表明，从理论上看，增长周期与结构变动互为因果。增长周期是结构变动的一个重要原因，因为各产业增长率之间出现的差异、差异的大小和方向随着周期而发生变动，因而在总量增长中各产业的贡献发生相应的变动。另外，结构变动又是周期增长的一个重要原因，因为经济增长的扩张或收缩往往是某些产业率先加速增长或减速增长所引起的，而且产业结构严重失衡是经济增长由扩张转向收缩的一个重要动因。在理论研究中，虽然周期波动与结构变动分属不同层次概念，但是，研究周期波动若不从结构变动角度进行，则很难全面、合理地解释周期波动的成因；而研究结构变动若不从周期波动角度进行，则很难全面揭示结构变动的规律。

二、山东省经济周期波动的基本阶段确定

(一) 经济周期波动与产业结构变动关系的直观分析

虽然目前关于经济周期波动的成因存在纷繁复杂的说法，但这些解释只是从某个侧面阐述了经济周期波动的成因、形成机制和过程，经济周期波动始终离不开产业结构发展，产业结构变动与经济波动之间存在着极为密切的关系，用产业结构变动发展来解释经济周期波动，研究经济周期波动对产业结构变动的影响具有非常重要的意义。

由于三次产业的产值结构是国民经济产出构成的总体体现，是总体性产业结构的基本形式，因而本部分先以三次产业的产值结构作为产业结构指标来进行分析。图 7-1 中 DYCYBZ、DECTYBZ、DSCYBZ 分别表示第一、第二、第三产业占 GDP 的比重的变动曲线，JJZZL（经济增长率）表示山东省经济周期波动曲线。通过运用比重法粗略地分析，我们不难发现 1953~2006 年山东省经济周期与三次产业结构比重变动的关系。在 1952 年，山东省三次产业结构之比为 61.65：20.31：18.04，到 1958 年第一产业比重下降到 46.51%，第二产业比重上升到 32.52%，成为山东经济周期波动的主要力量。在 1953~1958 年间，第一产业比重急剧下降，与此同时第二产业比重迅速上升，第三产业所占比重则在平缓波动中略有增加，在三次产业结构变动的综合作用下，山东省 GDP 增长率表现为宏

观经济在周期波动中不断高涨,并于 1958 年达到高峰,增长率为 21.3%。此后在相当长的时期内,山东省经济周期波动呈现出大起大落之势。经济周期在前一轮波峰出现不久,便在 1961 年跌入周期谷底,GDP 的增长率降为 -21.9%,其原因主要在于 1958 年的"大跃进"导致国民经济比例严重失调,其突出的表现为三次产业结构比重变化剧烈,作为拉动经济增长重要力量的第二产业比重波动剧烈,而第一产业比重在 1960 年由于受自然灾害的影响,下降幅度巨大,1960 年下降为 28.83%。1962~1965 年,山东省和全国一样,在八字方针的指导下,国民经济比例失衡的问题才逐步得到解决,工业生产得到极大发展,农业生产也恢复正常,但第三产业仍然得不到重视,发展相对缓慢。而 1966~1976 年的"文化大革命"又打断了山东省经济的健康发展,国民经济失调的问题再次显现,经济周期波动"大起大落"在所难免。

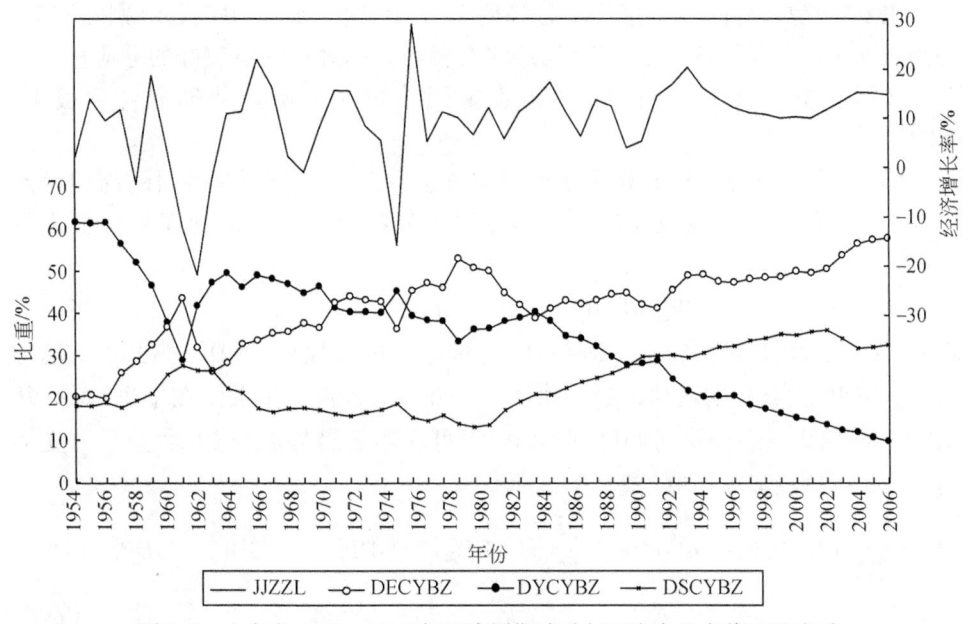

图 7-1 山东省 1953~2006 年经济周期波动与三次产业产值比重变动

改革开放以来,随着国家对产业结构调整认识的不断深化,山东经济周期波动越来越平缓,国民经济的三次产业结构比重搭配也日益合理,第二、第三产业所占比重稳步上升,第一产业比重日益下降,经济周期波动曲线基本上是由第二、第三产业结构变动所决定,第一产业对国民经济的影响作用愈益减弱。

以上表明，山东省 1953~2006 年经济周期波动与三次产业结构变动是紧密相关的。改革开放以前，山东省经济的"大起大落"式周期波动主要是由第一产业、第二产业结构的剧烈变动引起的；改革开放以来，原来的第一、第二产业变动所决定的经济周期波动形式逐渐演变为以第二产业为主导的第二、第三产业变动共同决定的经济周期波动形式，因此，山东省经济周期波动的稳定性得到不断提高。

（二）山东省经济周期波动的指标分析

研究经济波动时，必须首先对历史时间序列数据进行处理。一般的数据处理方法假定时间序列数据由趋势部分和周期波动部分组成，然后采用趋势剔除技术除去数据序列中的趋势部分，得到周期波动部分，作为经济波动研究的数据序列。主要的趋势剔除技术包括 LT 趋势剔除、HP 趋势剔除、RW 趋势剔除和 BN 趋势剔除等。经验规律显示，HP 滤波法对各类数据处理具有较好的适应性，因此在实际分析中被大量使用，本节也采用该方法剔除趋势部分（原毅军，2008）。

HP 滤波法采用对称的数据移动平均方法原理，保持原有数据的周期特点不变，使数据不发生相位移动。具体过程是先将经济增长时间序列数据进行分解：

$$\text{GDP}_t = \text{GDP}_t^S + \text{GDP}_t^C, \quad t = 1, 2, \cdots, T \quad (7-2)$$

式中，GDP_t 为包含趋势成分和波动成分的 GDP 时间序列；GDP_t^S 为其中的趋势成分；GDP_t^C 为其中的波动成分。计算 GDP 的 HP 滤波值的关键在于将 GDP_t^S 从 GDP_t 中分离出来。经济时间序列 GDP_t 中可观测的趋势成分 GDP_t^S 是平滑变动的，可以通过趋势项 GDP_t^S 满足下式而获得：

$$\min\left\{\sum_{i=1}^{T}(\text{GDP}_t - \text{GDP}_t^S)^2 + \lambda \sum_{i=2}^{T-2}[(\text{GDP}_{t+1}^S - \text{GDP}_t^S) - (\text{GDP}_t^S - \text{GDP}_{t-1}^S)]^2\right\}$$

$$(7-3)$$

式中，λ 为平滑参数，反映趋势项对原始数据的相对变动程度。根据一般的经验，对年度数据通常取 $\lambda = 100$。由于本部分采用的是 1953~2006 年的年度数据，因而我们取 $\lambda = 100$，得到山东省经济增长率波动的 HP 滤波结果，具体图形如图 7-2 所示，GDP_t^C 值见表 7-1。

| 第七章 | 经济增长和产业结构变动的效应分析

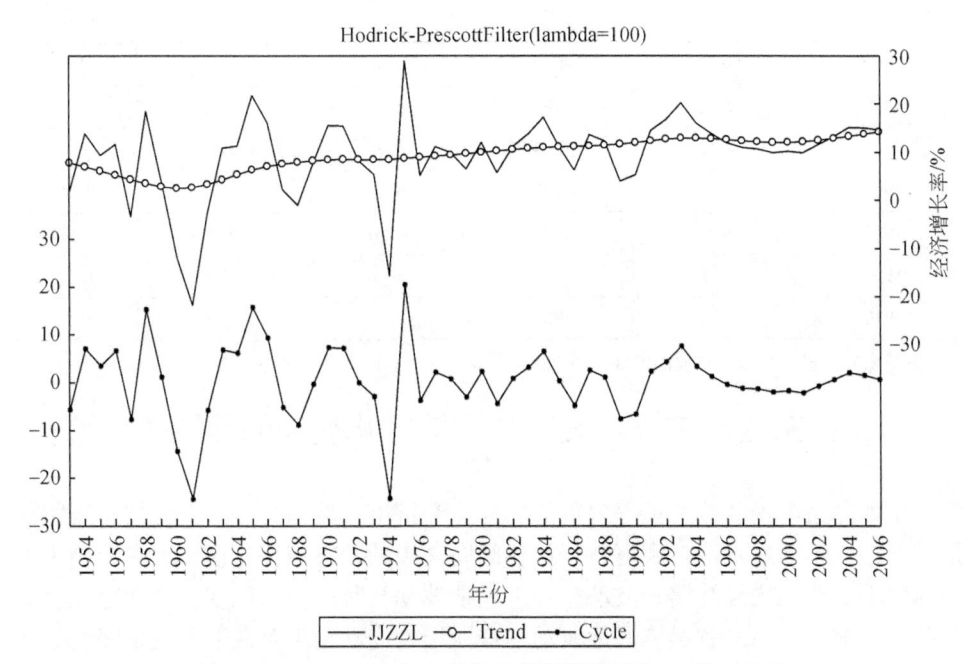

图 7-2 1953~2006 年山东省经济周期波动的 HP 滤波结果
资料来源：根据《山东省统计年鉴（2007）》计算绘制

表 7-1 1953~2006 年山东省经济增长率波动的 HP 滤波后的 GDP_t^C

年份	GDP_t^C	年份	GDP_t^C	年份	GDP_t^C
1953	-5.82	1971	6.95	1989	-7.80
1954	6.88	1972	-0.22	1990	-6.82
1955	3.25	1973	-3.09	1991	2.10
1956	6.46	1974	-24.45	1992	4.06
1957	-7.92	1975	20.32	1993	7.36
1958	15.09	1976	-3.90	1994	3.13
1959	0.98	1977	1.97	1995	1.05
1960	-14.55	1978	0.53	1996	-0.63
1961	-24.58	1979	-3.23	1997	-1.39
1962	-5.96	1980	2.10	1998	-1.50
1963	6.63	1981	-4.59	1999	-2.19
1964	5.93	1982	0.61	2000	-1.90

续表

年份	GDP_t^C	年份	GDP_t^C	年份	GDP_t^C
1965	15.55	1983	2.95	2001	−2.35
1966	9.12	1984	6.26	2002	−0.93
1967	−5.37	1985	0.15	2003	0.39
1968	−9.05	1986	−5.03	2004	1.86
1969	−0.56	1987	2.36	2005	1.30
1970	7.13	1988	0.91	2006	0.44

资料来源：根据《山东省统计年鉴（2007）》计算

三、山东省经济周期波动与产业结构变动的因果关系检验

正如库兹涅茨和钱纳里等揭示的那样，经济增长波动与经济发展的本质特征是产业结构不断地从简单到复杂、从初级向高级的动态演化过程。大多数国家的经验似乎证明一国经济增长波动、经济周期波动与其产业结构变动之间存在着某种关系。那么，山东省经济周期波动与产业结构变动是否存在因果关系呢？笔者利用前面构建的产业结构变动指标和经济周期波动指标来进行格兰杰因果检验。虽然格兰杰因果关系有助于理清经济时间序列变量之间是否存在因果关系，但它要求经济时间序列变量必须是平稳的（高铁梅，2006）。因而在利用经济周期波动指标和产业结构变动指标来判断山东经济周期波动与产业结构变动关联性之前，需要检验这些变量的平稳性。

（一）相关变量的平稳性检验

时间序列的平稳性检验，这里采用 ADF（augment dickey-fuller）检验，该方法可以保证方程中的 ε_t 一定是白噪声，因而得到普遍运用。ADF 单位根检验模型为

$$\Delta y_t = \alpha + \beta t + (\rho - 1)y_{t-1} + m\sum_{i=1}\delta_i \Delta y_{t-1} + \varepsilon_i \qquad (7\text{-}4)$$

原假设 $H_0: \rho = 1$，备择假设 $H_1: \rho < 1$，接受 H_0 意味着序列 y_t 有一个单位根，即变量是非平稳的。模型中 ε_t 为白噪声，Δ 为差分算子，t 为趋势因素。

本部分采用麦金农（Mackinnon）临界值，根据样本数量取最大滞后阶数为 10，Δy_{t-1} 的最优滞后期 m 由 SIC 准则确定。

本部分对产业结构变动 θ_t（见表 5-20）、GDP_t^C 以及 θ_t、GDP_t^C 的一阶差分进行单位根检验。

运用 Eviews5.0，由 SIC 准则确定滞后阶数，θ_t 和 GDP_t^C 的检验结果见表 7-2。

表 7-2　山东省产业结构变动与经济周期波动等变量的平稳性检验

序列	ADF 统计量	检验形式（C, T, L）	P 值	1% 临界值	结论
θ_t	-4.1257^*	$(C, T, 2)$	0.0020	-3.5600	平稳
GDP_t^C	-6.7118^*	$(C, T, 2)$	0.0000	-3.5600	平稳
$\Delta\theta_t$	-8.1459	$(C, T, 2)$	0.0000	-3.5654	平稳
ΔGDP_t^C	-10.9412^*	$(C, T, 2)$	0.0000	-3.5626	平稳

注：(C, T, L) 分别表示 ADF 单位根检验时的常数项、时间趋势和滞后阶数，上述变量单位根检验的滞后阶数均由 SIC 准则来确定。

*表示在 1% 显著性水平上拒绝单位根的原假设，即在相应的显著性水平认为变量是稳定的。

从表 7-2 中可以看出，θ_t、GDP_t^C 和 $\Delta\theta_t$、ΔGDP_t^C 均在 $\alpha = 1\%$ 水平上拒绝原假设 H_0，因此，θ_t、GDP_t^C 和 $\Delta\theta_t$、ΔGDP_t^C 均存在单位根，都是稳定序列。

（二）经济时间序列变量的格兰杰（Granger）因果关系检验

经济时间序列经常出现伪相关问题，即经济意义表明几乎没有联系的序列都有可能存在较大的相关性，解决这一问题的有效方法就是格兰杰因果检验。格兰杰检验的基本思想是：X 的变化引起 Y 的变化，则 X 的变化应发生在 Y 的变化之前。特别地，若 X 是引起 Y 变化的原因，则必须满足两个条件：第一，X 应有助于预测 Y，即在 Y 关于其滞后变量的回归模型中添加 X 的滞后阶数作为独立变量应该是显著地增加回归模型的解释能力；第二，Y 不应当有助于预测 X，原因是如果 X 有助于预测 Y，而 Y 又有助于预测 X，则很可能存在一个或几个其他变量，它们既是引起 X 变化的原因，也是引起 Y 变化的原因。

常用的格兰杰检验模型为

$$Y_t = \sum_{i=1}^{m} \alpha_i Y_{t-i} - \sum_{j=1}^{n} \beta_j X_{t-j} + \varepsilon_t \tag{7-5}$$

式中，α_i 和 β_j 为常数；ε_t 为白噪声。因而 X 是 Y 的格兰杰原因等价于 β_j 不全为零。由于格兰杰检验方法对模型中变量索取的滞后期长短异常敏感，应避免滞后阶数选择的主观随意性。本书采用 AIC 原则最优滞后期为 2，对 $\Delta\theta_t$、ΔGDP_t^C 进行格兰杰检验，结果见表 7-3。

表 7-3　格兰杰因果关系检验

零假设	F 值	相伴概率	结论
$\Delta\theta_t$ 不是 ΔGDP_t^C 的格兰杰原因	2.747	0.0746	拒绝原假设
ΔGDP_t^C 不是 $\Delta\theta_t$ 的格兰杰原因	0.029	0.9713	接受原假设

由此可见，$\Delta\theta_t$ 是 ΔGDP_t^C 的显著原因，而 ΔGDP_t^C 不是 $\Delta\theta_t$ 的显著原因。因此，在山东省，产业结构变动是影响经济波动的主要原因，而经济波动并非是影响产业结构变动的显著原因，二者不存在明显的互馈关系。

由以上实证结果，可以得到以下三点结论。

第一，山东省经济发展的实践表明，周期性的经济波动是一种长期存在的客观现象。自20世纪50年代以来，山东省国民经济的增长一直处于不断起伏的周期性波动之中，直至20世纪80年代后期，才从"大起大落"型转变成"高位平缓型"，即由古典型转变为增长型（在经济周期的下降阶段，GDP并不绝对下降，而是增长率下降），保持了持续高速稳定的增长。经济波动的这种转变主要是由产业结构演进趋势决定的。产业结构的演进引起经济波动的原因必须从产业结构内部的变化产生的效果去寻找。由于不同的产业结构整体效益不同，因此可以导致经济的不同增长速度，产业结构对经济增长的影响是通过结构效果实现（所谓结构效果是指由结构变化所带来的经济效果）。

第二，产业结构演变是影响山东省经济波动的重要原因。对产业结构进行适度的优化调整，可以保障国民经济的平稳增长；然而，产业结构的变化一旦超出经济增长规律的范围，就会导致国民经济较大幅度的波动。经济增长本身表现为上升、平稳、回落、低谷、回升的波浪式前进，每一次经济波动都有大体可以划分的时间区段。经济波动的成因，除产业结构演变因素外，还取决于市场供求变化、微观主体预期变化等因素。市场供求变化和微观主体行为调整属于比较快的变量，通常会形成较短的经济波动周期；产业结构演变属于比较慢的变量，引起的经济波动周期比较长。需要注意的是，当这些快变量和慢变量集中出现并且变动方向相同的时候，就可能引起经济运行发生比较大的起伏。并且，由于中国的市场经济新体制还不完善，政府不当干预导致的盲目扩张和速度攀比，往往会加剧经济波动的幅度。

第三，需要加强对经济周期性波动趋势的预测和波动成因的研究，及时采取相应措施"熨平"经济波动幅度，增强宏观调控的前瞻性和主动性。在经济上升期，既要乘势而上，又要防止过热。在经济下滑期，则既要刺激经济走出低迷状态，又要加紧促进结构调整，淘汰落后，为下一轮回升准备好稳定的支撑力量。从保持中长期宏观经济稳定的角度看，对于具有中长期拉动作用的产业结构因素，应当加强前瞻性研究和预测，采取相应措施因势利导，以促进新的产业关联顺利形成，在不断扩大的发展空间中实现持续快速平稳增长。

四、山东省周期性波动中三次产业结构失衡

如前所述,经济周期波动与产业结构变动之间存在着非常密切的关系。然而经济的快速增长往往会加剧产业结构的失衡,如何在经济周期波动中实现各产业平衡发展,是一国经济调控的主要目标。为了描述山东省经济周期性波动中产业结构失衡的具体情况,本章将对山东省产业之间的失衡度进行量化分析,并进一步剖析山东省产业结构失衡中经济周期性波动的具体影响程度。

(一) 分析方法

为了对产业结构失衡度进行核算,首先用权重法对经济增长率进行重新定义。如果以 G 表示经济增长率,x_i 表示各行业的产值增长率,P_i 表示各行业在总经济中所占的比重,那么以权重法表示的一国经济增长率的具体计算公式为:$G = \sum_{i=1}^{3} P_i x_i$,同时,经过相应的推导可以得到产业结构失衡度(用 Inbance 表示),则:

$$\text{Inbance} = \sqrt{\sum_{i=1}^{3} P_i^2 (x_i - G^*)^2 / n - 1} \qquad (7-6)$$

式中,G^* 为结构平衡时的经济增长率,也就是所说的最佳增长率。

对产业结构失衡度计算的实际衡量会遇到两个难题(原毅军,2008)。第一,很难收集到以合理产业分类为基础的数据,我们能收集到的较系统的数据主要是三次产业分类为基础的数据,而这种产业分类并不能很好地反映社会生产过程的特点。第二,很难估计出最佳经济增长率的值。最佳经济增长率只是一种理论假设,现实经济过程中不存在绝对的结构平衡。

(二) 结果分析

本书利用产业结构比较合理时的经济增长率作为 G^*。从增长周期角度看,波峰和波谷时期的结构失衡一般较严重,结构合理时的经济增长率通常介于增长周期波峰和波谷之间的某个适中的经济增长率,或者说是排除了短期经济波动影响的长期平均增长率。为此,首先计算出山东省 1953~2006 年的算数平均值为 9.48%,但 1978 年以前平均增长率要低于 9.48%,为 6.73%,1978 年以后平均增长率要高于 9.48%,为 12.04%。在衡量产业结构失衡度时,可以用这些数据作为 G^* 的估计值。

以 6.73% 作为 1953~1978 年的 G^*，12.04% 为 1979~2006 年的 G^* 估计值，计算出 1953~2006 年山东省产业结构失衡度，计算结果见图 7-3。

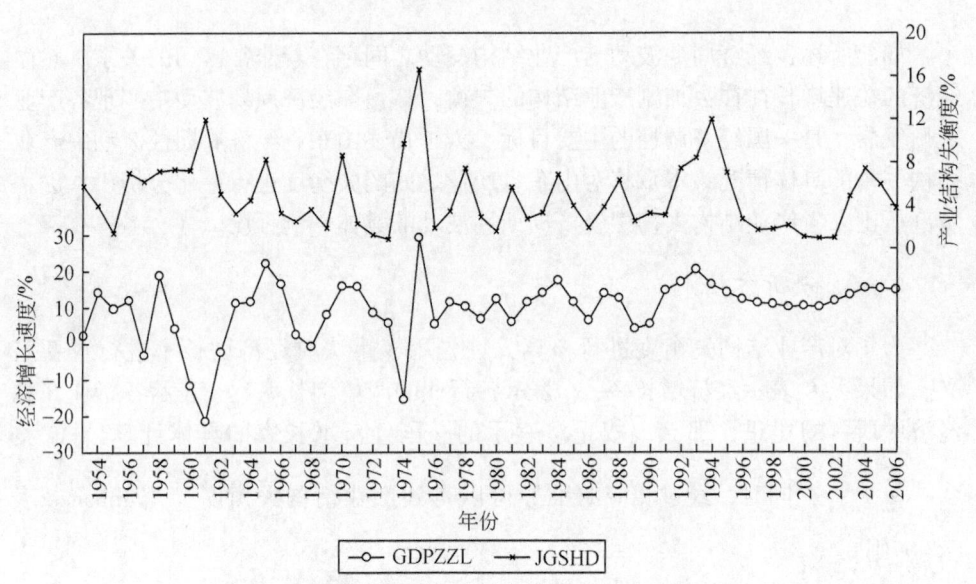

图 7-3　山东省经济增长速度和产业结构失衡度变化趋势
资料来源：根据《山东省统计年鉴（2007）》计算绘制

由图可知，山东省经济发展始终存在着结构失衡问题，结构失衡最严重的是 1961 年、1975 年和 1994 年。产业结构失衡度低的是 1973 年，2000 年、2001 年、2002 年、1972 年和 1955 年。虽然产业结构失衡度的变动与经济增长率的周期波动不完全一致，但增长周期的大多数波峰年份或波谷年份的产业结构失衡度都较高，或者说，产业结构失衡度较低的年份一般既不是波峰年份，也不是波谷年份，这一点也验证了前边所说的经济波动并非产业结构变动的显著原因。

从图 7-3 中可以看出，山东省三次产业结构失衡度在长期内是逐渐下降的，20 世纪 50 年代到 70 年代是产业结构失衡度变动幅度较大的时期，也是经济增长率波动较大的时期。从 20 世纪 80 年代开始波动缩小，经济增长率的波动也较小，并且在短期波动中呈现下降的趋势，与全国产业结构变动的趋势基本相似。特别是 1995 后产业结构失衡度变动幅度较小，这一时期也是经济增长率波动幅度较小的时期，说明产业结构失衡度的变动与经济增长率的稳定性有关，经济增长越不稳定，就越可能出现严重的结构失衡。

表 7-4 列出了增长周期的波峰年份和波谷年份产业结构失衡度的具体数值。

波峰年份产业结构失衡度最高值是16.71%（1975年），最低值是1.71%（1980年），平均值是8.14%。波谷年份产业结构失衡度最高值是12.04%（1961年），最低值是1.08%（2001年），平均值是4.89%，低于1953~2006年平均水平0.03个百分点。这些数字表明，波峰时期的高速增长最容易导致结构失衡。波谷时则不然，一般来讲，经济增长率降为负值的波谷年份，产业结构失衡度较高，如1957年、1960年、1961年、1962年和1974年。

表7-4　波峰和波谷时期产业结构失衡度　　　　（单位:%）

波峰年份	产业结构失衡度	波谷年份	产业结构失衡度
1954	4.12	1957	6.32
1958	7.28	1961	12.04
1965	8.38	1968	3.74
1975	16.71	1974	9.82
1980	1.71	1976	2.01
1984	6.97	1987	4.01
1993	8.52	1989	2.69
1994	12.08	1999	2.29
2004	7.54	2001	1.08
平均值	8.14	平均值	4.89
总平均值	4.92		

上述分析表明，运用公式计算的产业结构失衡度数据基本上反映了山东省经济增长中部门变动间的结构失衡情况，说明这种方法对从定量角度分析产业结构的失衡程度具有一定的使用价值。

第二节　经济增长和产业结构变动对区域经济差异的影响

自从1978年实行改革开放以来，特别是20世纪90年代，山东省的经济持续高速发展，成为中国经济增长最具活力的沿海省份之一。同时，山东省区域经济发展的差异也迅速扩大，如2006年威海市的人均GDP为54 860元/人，而菏泽市的人均GDP仅为6652元/人，两者相差8.24倍，而1978年两者的差距仅为1.98倍。可见，山东省的区域内部差异存在着发散趋势，这种趋势的蔓延将有悖于"统筹区域发展"的战略目标。科学地测度分析区域差异状况，对促进山东省经济均衡、社会和谐、构建一个合理的区域空间结构具有重要的作用。

在区域经济差异的研究中，时空尺度的选择与研究方法的选取非常重要。因为选择的研究时段、空间层次及单元不同，或者选取的经济差异衡量指标和研究方法不同，都有可能产生不同、甚至截然相反的结论。而在研究中选取什么样的时空尺度和研究方法，需要根据具体的研究对象和研究目的而定。本节主要根据以下两个目的选择研究的阶段、空间单元和经济差异衡量指标。

第一，研究改革开放以来山东省区域经济差异的时间变化特征和空间格局。因此选取的时段为1978~2006年，研究的基本单元为山东省17个地级市。在衡量区域经济发展水平时选用人均GDP作为衡量指标，分别用人均GDP的标准差和加权变异系数测度区域经济发展水平的绝对差异和相对差异。

第二，对山东区域经济差异的构成进行分解，采用加权变系数方法对区域经济差异的产业构成进行分析。分别采用不同年份的第一、第二、第三次产业的人均GDP作为指标，测算各次产业差异对总体差异的影响。

一、山东省区域差异的特点

(一) 绝对差异呈持续加快扩大趋势

表7-5和图7-4显示，1978~2006年，山东省各地区的标准差[①]逐年扩大，由1974年的296.85元扩大到2006年的17 083.15元，表明山东省区域经济的绝对差异在不断扩大。具体又可以分为以下几个阶段：1990年以前，区域经济的绝对差异呈缓慢扩大趋势，1990年与1978年相比，扩大了623.26元，年均增幅47.97元；1990~1998年区域经济差距呈现加速扩大趋势，1998年与1990年相比扩大了4018元，年均增幅453.46元；1999年之后，区域经济差距表现出加速扩大的趋势，1999~2006年绝对差异增幅达11 735.46元，年均增幅达1466.93元，是区域经济绝对差异扩大最快的一个时期。

---

① 标准差计算公式：$S=\sqrt{\frac{\sum_{i=1}^{N}(Y_i-Y_0)^2}{N}}$，式中，$Y_i$为第$i$地区的人均GDP；$N$为区域个数；$Y_0$为$N$个区域的人均GDP（本文采用全省的人均GDP）

第七章 | 经济增长和产业结构变动的效应分析

表 7-5 1978～2006 年山东省人均 GDP 的标准差和加权变异系数

年份	标准差/元	加权变异系数	年份	标准差/元	加权变异系数
1978	296.85	0.6686	1986	574.42	0.4435
1979	287.29	0.6130	1987	888.67	0.5309
1980	274.29	0.5389	1988	742.57	0.4466
1981	229.71	0.4011	1989	853.73	0.4477
1982	219.92	0.3422	1990	920.47	0.4380
1983	254.61	0.3451	1991	1057.54	0.4230
1984	787.17	0.6296	1992	1428.18	0.4890
1985	879.69	0.6233	1993	2091.78	0.5614
1994	3049.06	0.5667	2001	7380.71	0.5973
1995	3595.51	0.5343	2002	8080.58	0.5968
1996	4035.68	0.5114	2003	10045.26	0.6137
1997	4619.33	0.5244	2004	11996.58	0.5925
1998	5001.65	0.5395	2005	15041.15	0.5901
1999	5347.69	0.5506	2006	17083.15	0.5749
2000	6743.80	0.5897			

资料来源：根据《山东省新中国成立 50 年资料》和《山东省统计年鉴》（2000～2007 年）整理

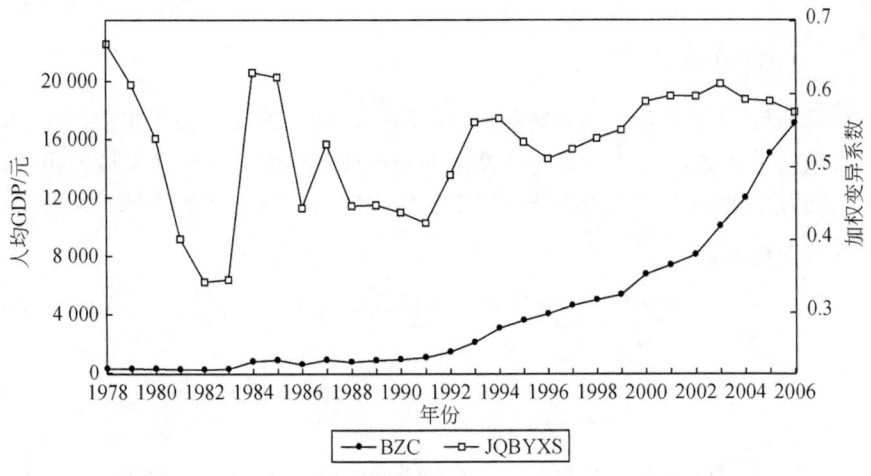

图 7-4 1978～2006 年山东省人均 GDP 的标准差和加权变异系数

资料来源：同表 7-5

（二）相对差异呈波动式扩大趋势

从图7-4和表7-5中可以看出，1978~2006年，以GDP为权重测算的加权变异系数①显示，山东区域经济的相对差异呈现出波动式扩大趋势，虽然2006年与1978年相比呈下降趋势，但总体来看相对差距仍呈现出扩大趋势。大体上可以分为以下两个阶段。

第一个阶段是1978~1991年，经历了缩小—扩大—缩小的过程。具体说来，1978~1982年区域经济相对差距由0.6686下降到0.3422；1983~1985年区域经济相对差异由0.3451上升到0.6233；1986年下降到0.4435；1987~1991年一直呈下降趋势，由0.5309下降到0.4230。

第二个阶段是1991~2006年，经历了扩大—缩小—扩大—缩小的过程。具体说，1991~1994年区域相对差异由0.4230急剧扩大到1994年的0.5667；1995~1997年为短暂的缓慢缩小期，由1995年的0.5343下降到1997年的0.5244；1998~2003年为较长时期的扩大时期，由1998年的0.5390，增加到2003年的0.6137；2004年以来呈现缓慢的下降趋势，由2004年的0.5925下降到2006年的0.5749。

二、山东省区域差距的产业分解

（一）分解方法

大量研究表明，区域经济差距的变动与产业结构的演变关系非常密切，加权变异系数的分解方法能够很好地测算出不同产业部门对区域经济发展差距的影响程度。因此能够利用区域产业结构的变动研究区域经济差距的趋势。加权变异系数的分解方法为

$$CV_w^2 = \sum_j^m P_j^2 CV_{wj}^2 + \sum_{j \neq k} P_j P_k COV_w(j, k) \tag{7-7}$$

---

① 加权变异系数：该系数最早由美国经济学家威廉逊提出的，主要是采用各地区GDP加权，其计算公式为：$CV_w = \frac{1}{\bar{x}} \sqrt{\sum_{i=1}^{n} (x_i - \bar{x})^2 \times \frac{gdp_i}{gdp}}$，式中，$CV_w$为加权变异系数；$\bar{x}$为研究区域的人均GDP；$x_i$为研究区域第$i$个地区的人均GDP；gdp为研究区域GDP总量；$gdp_i$为研究区域第$i$个地区的GDP

$$CV_{wj} = \frac{1}{\bar{Y}_j} \sqrt{\sum_{i=1}^{n} (Y_{ji} - \bar{Y}_j)^2 \frac{q_i}{q}} \qquad (7\text{-}8)$$

$$COV_w(j, k) = \frac{1}{\bar{Y}_j} \frac{1}{\bar{Y}_k} \sum_{i=1}^{n} \left[(Y_{ji} - \bar{Y}_j)(Y_{ki} - \bar{Y}_k) \frac{q_i}{q} \right] \qquad (7\text{-}9)$$

式中，P_j 为 j 部门的收入占整个区域总收入的比重；CV_{wj} 为部门 j 的加权变异系数；$COV_w(j, k)$ 为部门 j 和部门 k 之间的加权协方差变异系数；$\bar{Y}_j$、$\bar{Y}_k$ 分别为整个部门 j 和部门 k 部门各自的人均水平；Y_{ji}、Y_{ki} 分别为第 i 个地区部门 j 和部门 k 各自人均水平；m 为产业部门的数量；q 为研究区域内的总人口；q_i 为研究区域第 i 个地区的人口数。

如果将产业划分为三次产业，那么公式变成为

$$CV_w^2 = P_1^2 CV_{w1}^2 + P_2^2 CV_{w2}^2 + P_3^2 CV_{w3}^2 + 2P_1 P_2 COV_w(1, 2) + 2P_1 P_3 COV_w(1, 3) + 2P_2 P_3 COV_w(2, 3)$$

运用分解后的公式不但可以求出 CV_w，而且还可以求出各个产业部门对总体差距的贡献。例如，以人均 GDP 为例，第一产业、第二产业、第三产业对 CV_w 的贡献分别为：

第一产业的贡献率为：$PCV_1 = P_1^2 CV_{w1}^2 / CV_w^2$

第二产业的贡献率为：$PCV_2 = P_2^2 CV_{w2}^2 / CV_w^2$

第三产业的贡献率为：$PCV_3 = P_3^2 CV_{w3}^2 / CV_w^2$

这样按其数值大小就可以分别求出三次产业对区域整体差距的贡献份额。

（二）结果分析

利用上述公式可以分别求出人均 GDP 加权变异系数和三次产业的加权变异系数，以及各产业对总体经济差异的贡献份额，结果见表 7-6 和图 7-5。

表 7-6　1978~2006 年山东省三次产业加权变异系数

年份	CV_w	CV_{w1}	CV_{w2}	CV_{w3}	年份	CV_w	CV_{w1}	CV_{w2}	CV_{w3}
1978	0.5837	0.2541	1.2088	0.5674	1993	0.5721	0.5003	0.7652	0.6022
1979	0.5450	0.2388	1.1296	0.5456	1994	0.5690	0.3789	0.7932	0.6175
1980	0.4976	0.2264	1.0405	0.5520	1995	0.5483	0.3576	0.7527	0.6248
1981	0.4137	0.2121	0.9465	0.4549	1996	0.5325	0.3414	0.7172	0.6097
1982	0.3437	0.2059	0.8697	0.4169	1997	0.5409	0.3158	0.7144	0.6241
1983	0.3421	0.2451	0.8679	0.3665	1998	0.5446	0.3174	0.6984	0.6270
1984	0.6018	0.2325	1.4887	0.3683	1999	0.5516	0.2801	0.6900	0.6456

续表

年份	CV_w	CV_{w1}	CV_{w2}	CV_{w3}	年份	CV_w	CV_{w1}	CV_{w2}	CV_{w3}
1985	0.6217	0.1845	1.4370	0.4684	2000	0.5813	0.2779	0.7750	0.6504
1986	0.4393	0.1954	0.9924	0.4749	2001	0.5777	0.2760	0.7442	0.6640
1987	0.5204	0.2000	1.1370	0.4833	2002	0.5719	0.2797	0.7028	0.6534
1988	0.4366	0.2597	0.7846	0.4876	2003	0.5809	0.2785	0.7197	0.6479
1989	0.4458	0.2392	0.7801	0.4900	2004	0.5743	0.2550	0.7010	0.6557
1990	0.4560	0.2856	0.7680	0.5193	2005	0.5793	0.2435	0.7118	0.6429
1991	0.4433	0.2708	0.7526	0.5045	2006	0.5885	0.2513	0.7155	0.6373
1992	0.5081	0.3722	0.7425	0.5585					

注：CV_w 为山东省区域人均 GDP 的加权变异系数；CV_{w1}、CV_{w2}、CV_{w3} 分别为第一产业、第二产业和第三产业的加权变异系数

资料来源：根据《山东省新中国成立50年资料》和《山东省统计年鉴》（2000~2007）整理而得

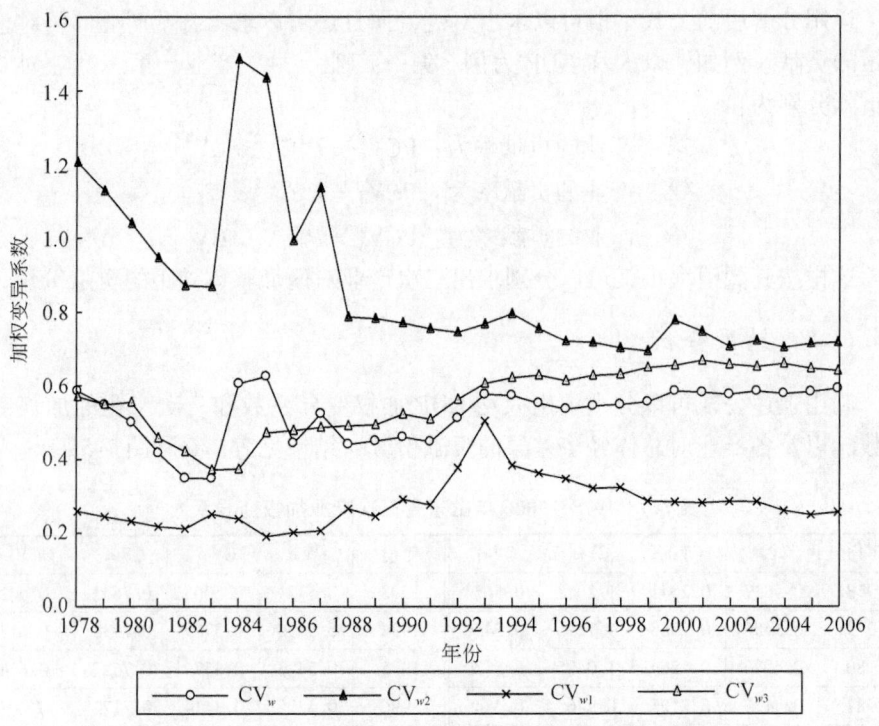

图 7-5 1978~2006 年山东省人均 GDP 及其三次产业的加权变异系数

资料来源：根据表 7-6 绘制而成

第七章 经济增长和产业结构变动的效应分析

表7-6和图7-5显示了1978~2006年山东省三次产业内部的相对差异变化状况。从中可以看出其变化有如下特点。

第一，各地区第一产业的发展较为均衡，加权变异系数明显低于第二产业和第三产业，其变化趋势也相对均衡，除了1993年高于0.5以外，其他年份均在0.3上下波动。

第二，各地区第二产业的相对差异最大且逐渐降低，除1983年、1984年、1987年、1994年和2000年短暂上升之外，第二产业的加权变异系数整体上呈不断下降的趋势，从1978年的1.2088下降到2004年的0.7155。

第三，各地区第三产业的相对差异在波动中不断上升，且与总体差异的变化趋势基本一致。1978~1984年，第三产业的加权变异系数由0.5674下降到1984年的0.3683。此后开始慢慢上升，上升到1995年的0.6248，1996年、1997年连续两年下降，到1998年又开始上升，上升到2005年的0.6640，随后又呈下降趋势。

如图7-6和表7-7所示，从1978~2006年山东省各次产业内部差异对总体差异的贡献份额中可以看出，各产业对山东省区域经济总体差异的贡献具有如下特点。

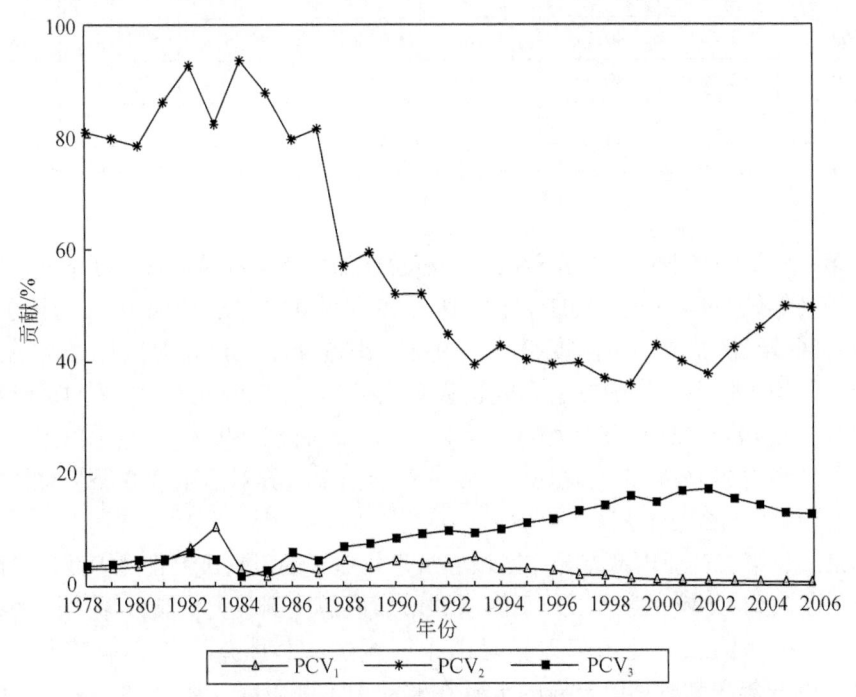

图7-6 1978~2006年各产业差异对山东区域经济总体差异的贡献
资料来源：根据表7-7绘制而成

表 7-7　1978～2006 年各产业差异对山东省区域经济总体差异的贡献

年份	PCV$_1$	PCV$_2$	PCV$_3$	年份	PCV$_1$	PCV$_2$	PCV$_3$
1978	2.72	81.05	3.26	1983	10.21	82.50	4.41
1979	2.80	79.89	3.51	1984	2.62	93.88	1.35
1980	3.13	78.62	4.32	1985	1.33	88.11	2.39
1981	4.26	86.40	4.43	1986	2.92	79.76	5.68
1982	6.39	92.95	5.70	1987	1.96	81.63	4.25
1988	4.28	57.04	6.72	1998	1.39	36.83	14.03
1989	2.86	59.45	7.21	1999	0.87	35.70	15.68
1990	4.06	51.92	8.14	2000	0.65	42.71	14.56
1991	3.64	51.99	8.96	2001	0.55	39.86	16.58
1992	3.68	44.68	9.53	2002	0.48	37.58	16.90
1993	4.87	39.32	9.09	2003	0.36	42.37	15.16
1994	2.64	42.68	9.79	2004	0.27	45.82	14.05
1995	2.63	40.19	10.89	2005	0.20	49.74	12.65
1996	2.32	39.32	11.56	2006	0.17	49.41	12.44
1997	1.51	39.63	13.05				

资料来源：根据山东省新中国成立 50 年资料（1999）和《山东省统计年鉴》（2000～2007）整理而得

第一，第一产业内部差异对区域经济总体的贡献份额最低且不断下降。其份额从最高年份 1984 年的 10.21% 下降到 2006 年的 0.17%，说明第一产业的内部差异对区域经济差异的贡献度很小。1978～2006 年第一产业对区域经济总体差异的年平均贡献率为 2.61%，期间也表现出差异，1978～1992 年平均贡献率为 3.79%，而 1992～2006 年平均贡献率为 1.51%，特别是进入 21 世纪以来，其年平均贡献率均在 1% 以下。这说明，第一产业内部差异对山东区域经济总体差异变化的影响已经很小。

第二，第二产业内部差异对区域经济总体差异的贡献最大且处于波动下降状态。由于人均 GDP 中由第二产业创造的增加值的比例很大，其区域之间的差异又较大，因而第二产业内部差异对山东区域经济总体差异的贡献最大，但在 1978～2006 年，其对总体差异的贡献在波动中不断下降，从 1978 年的 81.05%上升到 1984 年的 93.88%，下降到 2006 年的 49.91%。1978～2006 年第二产业对区域经济总体差异的年平均贡献率为 58.31%，其中 1978～1992 年平均贡献率达 73.99%，虽然 1992~2006 年平均贡献率下降到 41.72%，但目前第二产业仍然是三次产业中对区域经济总体差异影响最大的产业。而且 2002 年后其对区域经济差异的变化的贡献率又表现出一定的上升趋势，这主要是由 2002 年以来各地区之间第二产业发展的内部差异的扩大引起的，表明各地区 2002 年以来第二产业之间的差异又有一定的扩大趋势。

第三，第三产业内部差异对山东区域经济总体差异的贡献呈缓慢上升趋势，1978~2006 年，第三产业内部差异对总体差异的贡献率由 3.26% 上升到 2006 年的 12.44%，年平均贡献率为 9.18%，其中 1978~1992 年为 5.32%，1992~2006 年为 13.06%。1988~1999 年第三产业对山东省经济发展差异的贡献率逐年上升，由 1988 年的 6.57% 上升到 1999 年的 15.68%，2002 年后贡献率虽然有所下降，但第三产业的发展已经成为影响山东省区域经济发展的重要因素。而且随着山东产业结构的调整，可以预见第三产业对山东区域总体差异的贡献将越来越不容忽视，第二产业的影响将进一步削弱，而第三产业的影响将持续增强。

第三节 经济增长和产业结构变动的环境效应分析

一、经济发展与环境之间关系的概括总结

经济增长和环境污染之间存在着密切的联系，这已被众多的研究实践所证明，20 世纪 90 年代初，美国经济学家 Grossman 和 Krueger（1995）、Sheik 和 Bandyopadhyay 根据经验数据提出了环境库兹涅茨曲线（EKC），试图描述经济发展与环境污染之间的关系，它假设一个国家的整体环境质量或污染水平会随着国民收入的增加而恶化或加剧，当国民经济发展到一定水平时，环境质量的恶化或污染水平的加剧开始保持平稳进而随着国民经济收入的继续增加而逐渐好转。如果用横轴表示经济增长（人均 GDP 等），纵轴表示污染水平（三废排放量等），则经济增长与污染水平之间的关系呈倒 U 形。实践研究表明，倒 U 形的环境库兹涅茨曲线是发达国家（地区）和新兴工业化国家（地区）在工业化时普遍适用的，如美国、西欧、日本、韩国、新加坡、中国香港等（潘家华，1997）。

作为一种普遍规律，环境质量随经济发展这种倒 U 形的演变规律是客观存在的，但是由于各个国家或地区的发展特点以及环保政策执行的不确定性和城市基础设施建设的突然性，使得经济发展与生态环境交互作用的倒 U 形曲线不完整。一些学者的研究表明，环境库兹涅茨曲线不一定是倒 U 形，在某一阶段，

曲线可能是倒 U 形的，也可能是水平的，甚至还可能是向后弯曲的（洪阳，1999）。Vincent（1997）的研究结果是，马来西亚经济增长与环境污染之间并未呈倒 U 形关系，但是并不证明环境库兹涅茨理论假设不能成立。它仅仅表明经济增长并不会自动改善环境，环境政策在改善环境质量中均具有重要意义 Cole 等（1997）对美国的研究表明，在较高的经济发展阶段，经济增长将有助于环境质量改善。

我国学者在该领域也展开了一些相关研究。沈红满和许云华（2000）对浙江省 1981~1998 年的经济增长与环境的相互关系进行了研究，得出的是先倒 U 形，后是 U 形的波浪式的环境库兹涅茨曲线，其中人均 GDP 与人均固体废弃物、人均废气排放量呈现先是强的倒 U 形，后是 U 形的环境库兹涅茨曲线，而人均 GDP 与人均废水排放量之间的关系呈现近似水平的形状。吴玉萍（2002）等对北京市 1985~1999 年的经济增长与环境污染水平加以实证分析，研究结果表明，各环境指标与人均 GDP 演替轨迹呈现显著的环境库兹涅茨曲线特征，但比发达国家较早实现了环境库兹涅茨曲线的转折点。王西琴（2005）、孟红明（2007）分别对天津 1978~2002 年、上海 1980~2004 年的经济发展和环境污染水平进行了定量分析，研究表明天津的环境库兹涅茨曲线呈 U 形+倒 U 形的特征，其中 U 形曲线的低谷大约出现在人均 GDP 为 12 000~13 000 元，倒 U 形的环境库兹涅茨曲线的峰顶出现在人均 GDP 为 18 000~20 000 元，意味着此间环境质量出现反复波动现象，并认为产业结构的变动、污染物排放的变化、环境保护投资力度的大小、环境保护政策是造成天津市库兹涅茨曲线特征的主要原因。而上海随着人均收入的增长，环境污染水平总体也呈波浪式的发展，轨迹为倒 U 形+U 形环境库兹涅茨曲线，第一个转折点为人均收入 15 204~18 942 元，曲线的第二转折点为人均收入 30 805~34 547 元。

之所以出现不同的研究结论，笔者认为主要与以下因素有关：一是各国家或地区发展阶段受经济发展水平和产业结构特征特别是工业结构特征影响较大；二是样本的数量，样本的数量越多，变化趋势越明显，得出的结论应更准确。

二、经济增长与环境污染水平关系的模型建立

（一）指标选取

典型环境指标选择是构建经济增长与环境污染水平关系计量模型的关键。根据山东省主要污染物，选取表现环境污染排放水平的一类环境指标，即流量指

标,包括废水排放量、工业废水排放量、二氧化硫排放量、工业烟尘排放量、工业固废排放总量及其人均量,表征山东省环境污染状况;经济增长指标选取山东省 GDP 总量和人均 GDP,时段上选取能够反映山东省经济快速发展阶段的 1981~2007 年,所有环境指标数据均来自 2008 年山东省统计年鉴,见表 7-8。

表 7-8　1981~2007 年主要污染物排放量　　（单位：万吨）

年份	废水排放量	工业废水	二氧化硫排放量	烟尘排放量	工业固体废物产生量
1981	104 790	87 673	119	77	2 522
1982	105 942	82 641	120	97	2 615
1983	110 938	88 168	122	85	2 559
1984	129 033	106 275	142	117	2 743
1985	131 898	105 375	160	120	2 748
1986	127 277	98 913	171	129	2 860
1987	132 770	93 811	173	116	2 848
1988	144 346	97 136	191	128	3 325
1989	137 165	91 360	189	130	3 610
1990	136 573	87 631	193	121	3 880
1991	137 051	88 728	204	121	3 837
1992	137 721	86 412	226	125	3 941
1993	142 322	86 350	228	135	4 201
1994	147 979	87 316	225	130	4 263
1995	158 681	96 214	232	130	4 484
1996	204 200	101 018	237	120	4 652
1997	246 100	130 918	247	108	5 131
1998	234 048	117 069	226	92	5 109
1999	224 100	107 975	183	71	5 166
2000	229 000	110 324	180	67	5 407
2001	235 271	115 233	172	65	6 215
2002	230 709	106 668	169	62	6 559
2003	245 782	115 933	184	62	6 786
2004	264 014	128 706	182	52	7 922
2005	280 377	139 071	200	62	9 175
2006	302 637	144 365	196	58	11 011
2007	334 255	166 574	182	46	11 935

资料来源:根据《山东省统计年鉴（2008）》整理

(二) 关系模型的建立

按照倒 U 形环境库兹涅兹曲线理论，本章分别考察了山东省废水排放量、人均废水排放量、工业废水排放量、人均工业废水排放量、二氧化硫排放量、人均二氧化硫排放量、烟尘排放量、人均烟尘排放量、工业固体废物和人均固体废物排放量的数据。从统计数据上看，除了二氧化硫和烟尘、人均二氧化硫和人均烟尘其他指标的倒 U 形的环境库兹涅兹曲线特征并不明显，其散点图表现的形状并不十分明显。因此根据图形存在拐点的形状和 Madhusudan 的经验公式（张捷，2006），本章回归模型采用二次、三次方的简化型函数形式，模型为

$$y = \alpha_0 + \alpha_1 x + \alpha_2 x^2 + \varepsilon \tag{7-10}$$

$$y = \alpha_0 + \alpha_1 x + \alpha_2 x^2 + \alpha_3 x^3 + \varepsilon \tag{7-11}$$

式中，y 为污染物的总排放量或人均排放量；x 为人均 GDP；α_0、α_1、α_2、α_3 为模型参数；ε 为随机误差项。

上述模型可以表示经济增长与环境污染水平的 7 种典型关系。

(1) $\alpha_1 > 0$，$\alpha_2 = 0$，$\alpha_3 = 0$，表示伴随经济增长，环境质量急剧恶化；

(2) $\alpha_1 < 0$，$\alpha_2 = 0$，$\alpha_3 = 0$，表示经济增长与环境质量的关系是相互促进的和谐关系，伴随着经济增长，环境质量也相应改善；

(3) $\alpha_1 < 0$，$\alpha_2 > 0$，$\alpha_3 = 0$，表示经济增长与环境质量之间存在着 U 形关系，是与库兹涅茨环境曲线完全相反的关系；

(4) $\alpha_1 > 0$，$\alpha_2 < 0$，$\alpha_3 = 0$，表示经济增长与环境质量之间存在着倒 U 形关系，是典型的库兹涅茨曲线，当经济发展到一定程度后，经济增长将有助于环境质量的改善；

(5) $\alpha_1 > 0$，$\alpha_2 < 0$，$\alpha_3 > 0$，表示经济增长与环境质量之间的关系为 N 形，即呈倒 U 形+U 形，在经济增长的一段时间内与倒 U 形关系相似，但当经济进一步发展时，环境质量会随着经济增长而恶化；

(6) $\alpha_1 < 0$，$\alpha_2 > 0$，$\alpha_3 < 0$，表示经济增长与环境质量之间的关系为倒 N 形，即呈 U 形+倒 U 形，在经济增长的早期，环境质量会改善，但经济增长到一定时，环境质量会恶化，以后环境质量又会改善；

(7) $\alpha_1 = 0$，$\alpha_2 = 0$，$\alpha_3 = 0$，表示经济增长与环境之间没有联系。

用此模型来模拟山东省经济增长与环境污染水平之间的关系，利用表 7-9 的数据进行模拟，结果见表 7-9 和得到一组曲线组成的环境库兹涅茨曲线，见图 7-7 ~ 图 7-16。

表7-9 山东省1981~2007年环境经济计量模型估计结果（括号内为t检验值）

污染物	常数项	α_1	α_2	α_3	R^2	F检验	备注
全部废水排放	10.35 (17.28)	19.57 (7.11)	−8.46 (−3.03)	1.57 (2.20)	0.957	173.19	N形
人均全部废水	13.95 (18.83)	17.11 (5.03)	−6.78 (−1.97)	1.22 (1.38)	0.928	100.05	N形
工业废水排放	8.97 (24.18)	2.21 (1.29)	−0.12 (−0.07)	0.10 (0.23)	0.835	38.73	N形
人均工业废水	11.88 (23.87)	−1.66 (−0.73)	2.49 (1.07)	−0.42 (−0.70)	0.637	13.45	倒N形
二氧化硫排放量	1.46 (12.42)	2.08 (3.86)	−1.83 (−3.35)	0.41 (2.97)	0.416	5.48	N形
人均二氧化硫排放量	1.92 (15.04)	1.77 (3.04)	−1.74 (−2.92)	0.41 (2.68)	0.307	3.39	N形
烟尘排放量	122.7 (18.42)	−44.64 (−2.77)	5.85 (0.91)	0	0.605	18.38	U形
人均烟尘排放量	1.56 (21.94)	−0.77 (−4.46)	0.14 (2.05)	0	0.737	33.5	U形
工业固体排放量	0.26 (21.17)	0.34 (6.01)	−0.36 (−0.61)	0.01 (0.78)	0.986	575.6	N形
人均工业固体排放量	0.354 (29.38)	0.28 (5.19)	−0.01 (−0.23)	0.002 (0.147)	0.988	631.24	N形
综合污染指数	0.23 (4.72)	0.92 (4.21)	−0.72 (−3.24)	0.16 (2.96)	0.645	13.98	N形

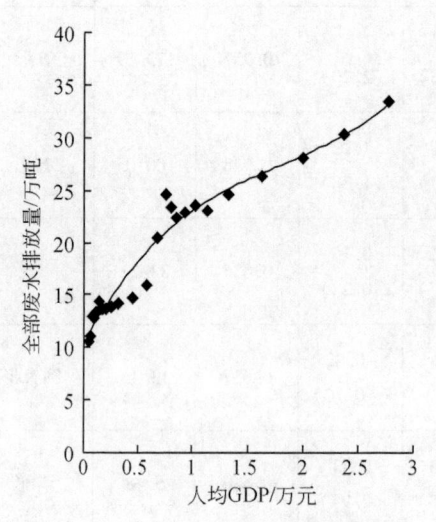

图 7-7 人均 GDP 和全部废水排放

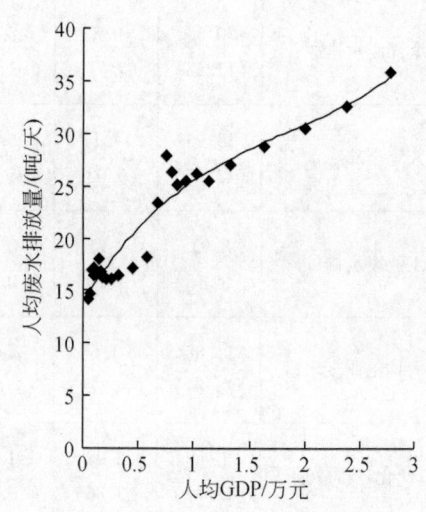

图 7-8 人均 GDP 和人均废水排放

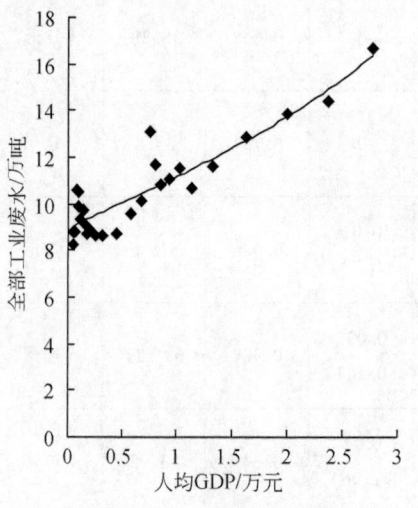

图 7-9 人均 GDP 和工业废水

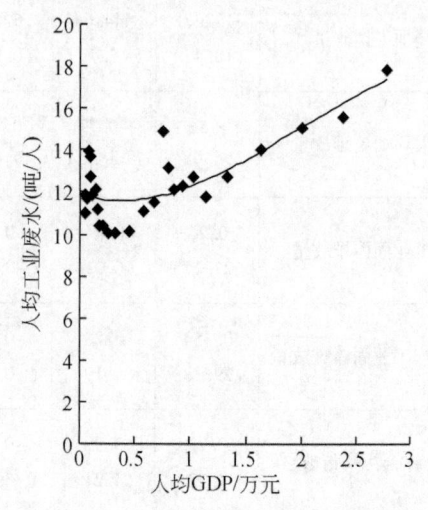

图 7-10 人均 GDP 和人均工业废水

| 第七章 | 经济增长和产业结构变动的效应分析

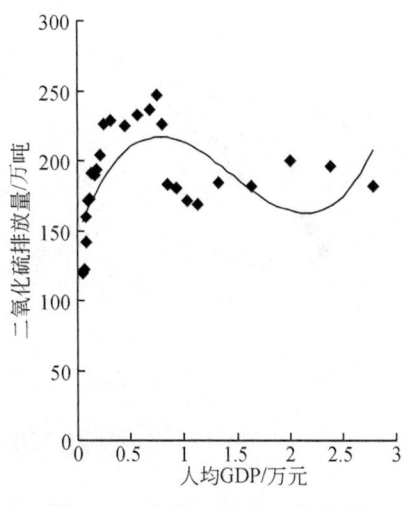

图 7-11　人均 GDP 和二氧化硫

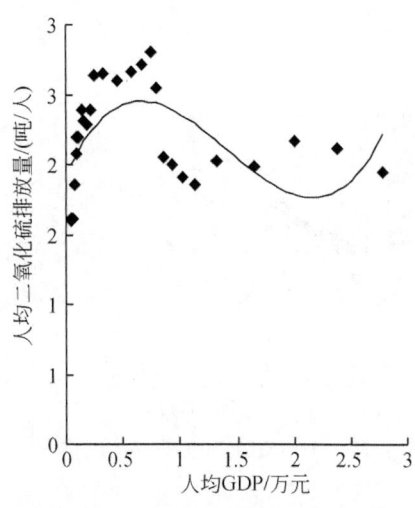

图 7-12　人均 GDP 和人均二氧化硫

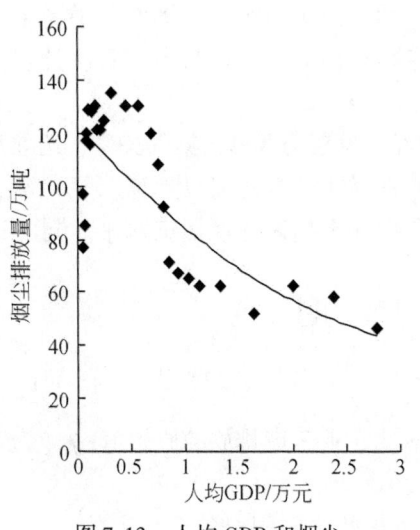

图 7-13　人均 GDP 和烟尘

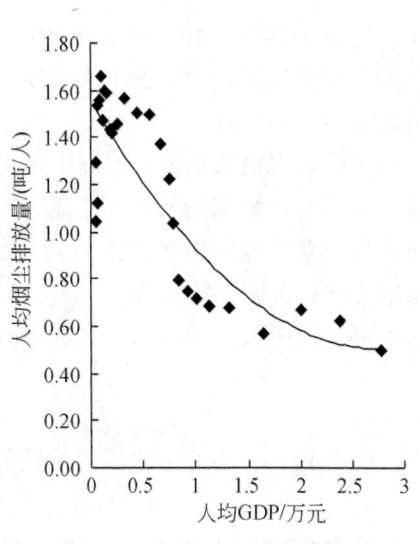

图 7-14　人均 GDP 和人均烟尘

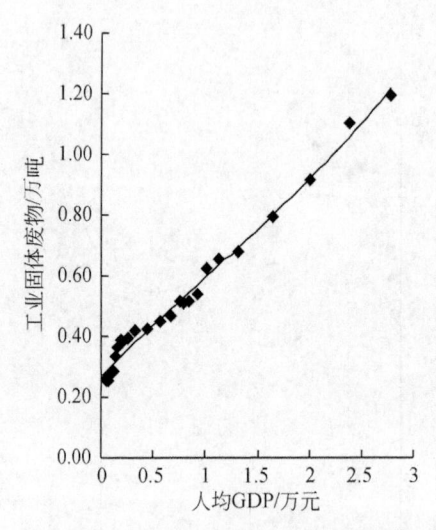

图 7-15 人均 GDP 和工业固体废物 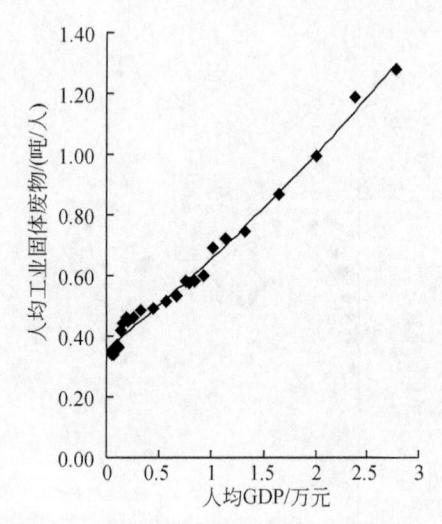　　图 7-16 人均 GDP 和人均工业固体废物

从图 7-7～图 7-16 中以及表 7-9 可以看出，山东省各污染指标与人均收入的增长表现出的特点差异较大。在所研究的 5 项环境指标的总量及其人均水平与人均 GDP 的关系型中，没有一个呈典型的倒 U 形关系，大多数呈 N 形，占总量的 70%，属 U 形的有两种，属倒 N 形的有一种，说明山东省经济发展中尚未出现发达国家和发展过程中的倒 U 形的环境库兹涅茨曲线，这与山东省所处经济发展阶段有很大的关系。

为了能客观地从整体上把握山东省的经济发展与环境污染的关系，选取环境污染的 3 个主要影响指标即工业废水、工业废气（本研究只计算二氧化硫、烟尘排放量）和工业固废排放总量建立综合指标来描述环境污染水平。同时选用无量纲方法进行同度量处理。

本部分选用极差标准化方法进行数据处理，其公式为

$$y'_t = \frac{y_i - y_{\min}}{y_{\max} - y_{\min}} \quad (i = 1, 2, 3, \cdots, 27) \tag{7-12}$$

式中，i 为年份；y'_t 为标准化以后的数值；y_i 为工业三废排放的原始值；$y_{\min}$ 为工业三废排放的最小值；$y_{\max}$ 为工业排放的最大值。

再根据下列公式计算出每年的环境污染指数 Y_i，其计算公式为

$$Y_i = \sum_{j=1}^{3} w_j y'_{ji} \quad (i = 1, 2, 3, \cdots, 27; j = 1, 2, 3) \tag{7-13}$$

第七章 经济增长和产业结构变动的效应分析

式中，Y_i 为第 i 年的综合环境污染指数；j 为污染物排放类型，y'_{ji} 为第 i 年第 j 种污染物排放量的权重值。由于废水、废气和固废对环境污染的污染程度不一，本部分参考王西琴（2005）采用的层次分析方法计算各指标的权重，分别是 0.27、0.41 和 0.32。最后计算出 1981~2007 年山东省环境污染指数，见表 7-10。以人均 GDP 为横坐标，综合污染环境水平为纵坐标得出的模拟曲线见图 7-17。

表 7-10　1981~2007 年山东省经济增长与环境污染水平

年份	人均GDP/（元/人）	环境污染指数	年份	人均GDP/（元/人）	环境污染指数
1981	472	0.0695	1995	5701	0.6008
1982	531	0.1241	1996	6746	0.6592
1983	611	0.1057	1997	7461	0.7284
1984	765	0.2616	1998	7968	0.6218
1985	887	0.3161	1999	8483	0.4558
1986	956	0.3606	2000	9326	0.4530
1987	1131	0.3418	2001	10195	0.4612
1988	1395	0.4440	2002	11340	0.4502
1989	1595	0.4418	2003	13268	0.5143
1990	1815	0.4368	2004	16413	0.5444
1991	2122	0.4626	2005	20096	0.6709
1992	2556	0.5288	2006	23794	0.7364
1993	3212	0.5716	2007	27807	0.7473
1994	4441	0.5623			

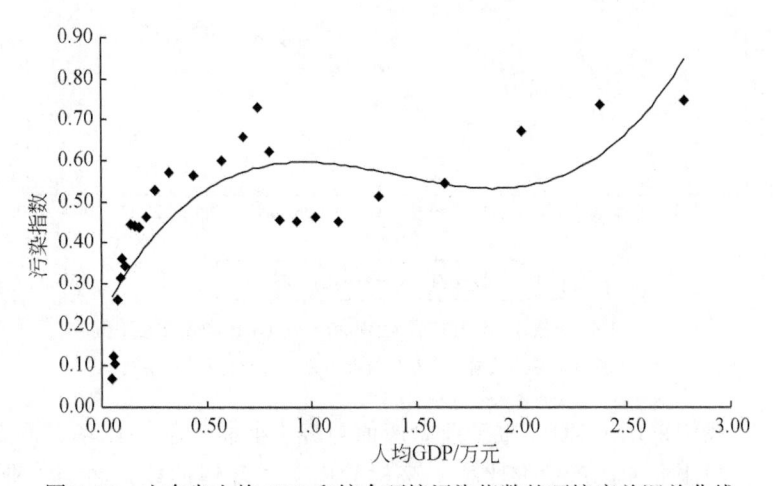

图 7-17　山东省人均 GDP 和综合环境污染指数的环境库兹涅兹曲线

与前边各单项指标比较可见，随着山东省人均收入的增长，环境污染水平总体上也呈波浪式发展，轨迹为倒 U 形+U 形即 N 形曲线。

三、山东省环境曲线的形成因素

形成山东省特殊的库兹涅茨环境曲线的决定因素是什么？首先，我们需要排除经济增长的周期变化对环境曲线的影响。如前所述，20 世纪 80 年代以来，山东省经济发展虽然也出现波动，但整体上看经济增长仍处在一个长期上升的时期，特别是 20 世纪 90 年代以来，从形态上可以判断，N 形的环境曲线不是由于经济周期的变化所致。

其次，我们考察了上述期间山东省 GDP 的总量和人均 GDP 增长率变化情况，见图 7-18。在 80 年除了 1989 年为负增长外，其他年份均为正增长；而 90 年代后则基本上呈现出缓慢递增的趋势。该形态基本上可以排除 N 形环境曲线来源于经济增长率的变化。

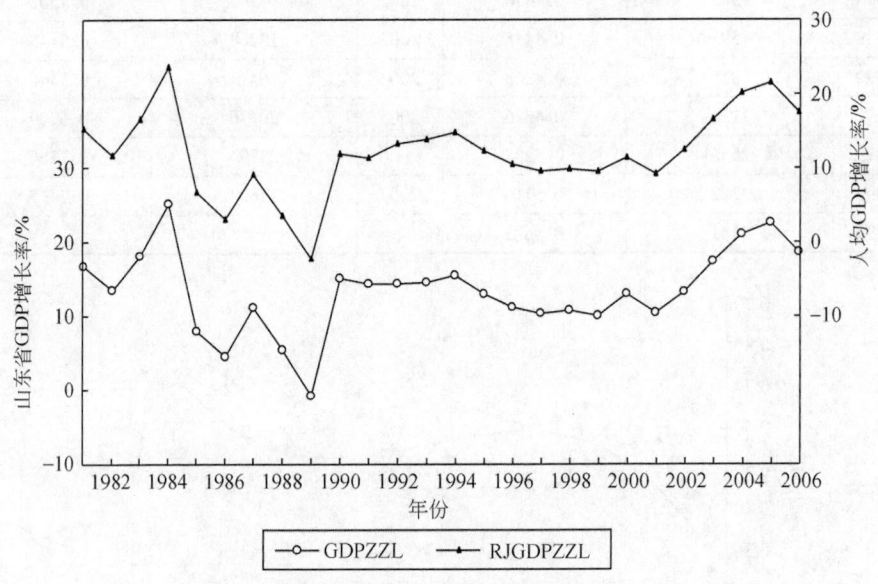

图 7-18　1981～2006 年山东省 GDP 和人均 GDP 增长率变化曲线
资料来源：根据《山东省统计年鉴（2007）》计算绘制

最后，我们采用了 ZQ（重工业总产值与轻工业总产值的比率）和 MS（制造业总产值与服务业总产值的比率）来检验山东省环境曲线是否与工业化进程中的产业结构有关。如图 7-19、图 7-20 所示，1981~2007 年山东省的人均 GDP 与 ZQ 呈 N 形关系，与 MS 的关系呈倒 S 形关系，但在人均 3000 元以后亦呈 N 形关系。

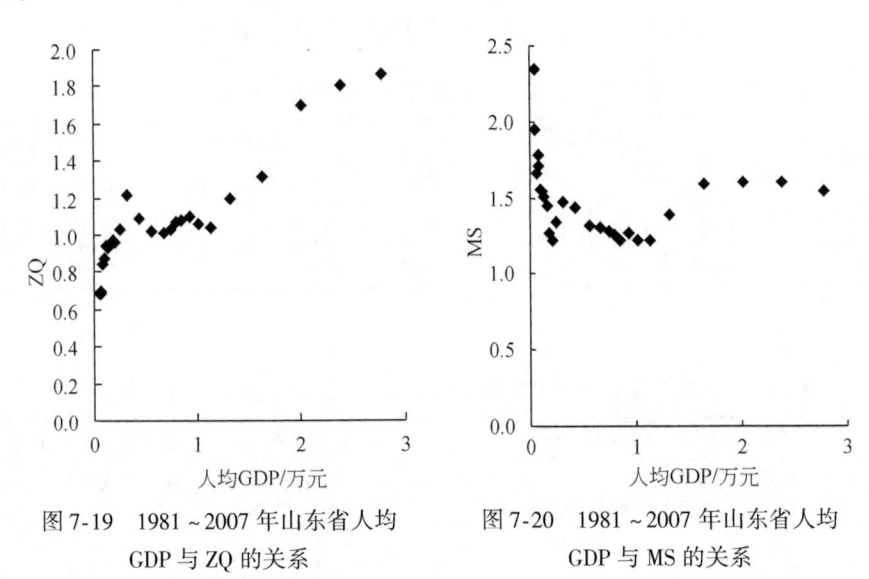

图 7-19　1981~2007 年山东省人均 GDP 与 ZQ 的关系

图 7-20　1981~2007 年山东省人均 GDP 与 MS 的关系

一般说来，重工业的污染排放量比轻工业的污染排放量大，在废气和废水的排放上尤其如此。如前所述，在改革开放初期，山东省的轻工业所占比重较高。从 20 世纪 90 年代开始，重工业增长速度明显加快，重工业比重于 1991 年超过轻工业后一直高于轻工业比重，特别是进入 21 世纪以来，山东省重工业化的倾向更加明显，2007 年重工业比重高达 65.07%，高出轻工业比重近 30 个百分点，山东省进入了重工业化为主导的新一轮增长周期。应当说，产业结构的这种变化与环境质量的再度恶化有着直接联系。从制造业和服务业的角度看，一般来说，制造业的污染物排放量比服务业大，制造业比重的上升，服务业比重的下降，即 MS 上升会导致工业"三废"排放量的增加。长期以来，山东省的服务业比重一直偏低，特别是进入 20 世纪 90 年代以来，服务业的发展与迅速发展的制造业相比明显滞后，从 1992 年到 2007 年，第三产业增加值占 GDP 的比重从 30.27% 上升为 33.42%，16 年仅上升 3.15 个百分点；而同期第二产业的增加值占 GDP 的比重从 45.48% 升至 56.90%，增加了 11.42 个百分点。服务业发展滞后且增长不稳定，与山东省 20 多年来环境质量的反复变动不无关系。

为了进一步验证结构因素的影响，本章分别把每百元 GDP 所产生的工业废水排放量、工业固体废物生产量和工业废气排放量（本书废气只包括二氧化硫和烟尘）作为自变量，以每百元 GDP 的 ZQ 作为解释变量，进行回归分析，结果如表 7-11 所示，不仅回归系数很高，而且调整后的 R^2 也很高，表明 ZQ 比率对三种排放物的变化均有很强的解释力。再以同样的方法，以每百元 GDP 的 MS 为解释变量进行回归分析，结果仍然显示出很强的正相关性，见表 7-12。

表 7-11　山东省工业"三废"排放量与 ZQ 的关系（以百元 GDP 为单位）

因变量	解释变量	R^2	Adjusted R^2	F 检验	Cofficients
百元 GDP 废水排放量	每百元 GDP 的 ZQ 比率	0.978	0.972	910.44	0.989（32.14）
百元 GDP 固体排放量		0.886	0.879	124.36	0.929（11.46）
百元 GDP 废气排放量		0.819	0.812	82.38	0.916（9.34）

注：括号内为 t 检验值，下同

表 7-12　山东省工业"三废"排放量与 MS 的关系（以百元 GDP 为单位）

因变量	解释变量	R^2	Adjusted R^2	F 检验	Cofficients
百元 GDP 废水排放量	每百元 GDP 的 MS 比率	0.968	0.961	692.19	0.978（27.56）
百元 GDP 固体排放量		0.862	0.856	107.89	0.934（11.26）
百元 GDP 废气排放量		0.825	0.815	79.45	0.906（9.15）

第四节　产业结构变动与城市化的关系

一、产业结构与城市化的互动发展考察

关于产业结构变动与城市化的互动发展问题，从库兹涅茨和钱纳里开始，国内外许多学者从不同的角度对其进行了分析，并考察了影响两者之间相互关系的一些因素。

最早注意到产业结构变动与城市化发展之间相互关联的是库兹涅茨和钱纳里。库兹涅茨虽然没有直接研究产业结构变动与城市化发展的关系问题，但在考察现代经济增长中的经济结构变动所导致的一些结果时，指出产业结构变动对城市化的影响是由产业的不同属性引起的。随着经济的发展，主导产业由农业向制造业和服务业为主转变，这种结构变动需要劳动力、资本投资和居住地点向城市转移，由此带动了城市化进程。同时，库兹涅茨在考察现代经济增长中作为经济结构变动内容之一的消费结构转变时还提出：消费结构的转变对产业结构变动和

第七章 经济增长和产业结构变动的效应分析

城市化的关系会产生影响。生产结构的转变使消费水平和消费结构发生变化，对在城市中发展起来的服务业和工业产品需求增加，城市中发达的娱乐、教育等满足了人们更高档次的需求，这吸引了众多人口搬迁到城市中，带动了城市化进程。然而，库兹涅茨只是间接提到产业结构变动与城市化间的关系，并没有再深入展开分析。

钱纳里（Chenery，1975）等在考察工业化进程中发展的"标准型式"时，对经济发展各个时期的产业结构变动和城市化发展的轨迹进行了实证分析，提出了产业结构变动与城市化相互关联的问题。他在《发展的型式1950~1970》一书中，对在不同人均收入水平上的城市化率（以城市人口占总人口比重衡量）和劳动力配置（以劳动力在三次产业中的份额衡量）进行比较时，发现两者的变动曲线有很大的相似之处，即城市人口在不断增加的过程中，工业和服务业中的劳动力份额也在不断增加。钱纳里认为两者之所以在变动上相似，是因为城市化与产业部门中的劳动力结构密切相关。在《工业化和经济增长的比较研究》一书中，钱纳里进一步指出：工业化与城市化密切关联，工业化过程即是产业结构变动过程，这是城市化现象的动因。因为工业化过程中生产结构的变动，会引起生产要素，如资本和劳动力等从农村向城市转移，即带来城市化现象。他着重分析了生产结构的变动对城市化的影响。此外，认为影响城市化的因素还有预期的收入与就业、政府支出的分配、其他社会因素等，但并没有详细考察这几种因素的影响，以及究竟哪种因素所起的作用更大。

在库兹涅茨和钱纳里之后，其他学者从聚集经济、人力资本状况、技术进步、经济政策等方面探讨了其对产业结构变动与城市化关系的影响。产业结构的变动作为推动城市化最主要的经济因素，聚集经济在其中发挥了相当大的作用。Davis和Hen-derson从聚集经济的角度考察了城市化与产业结构变动的关系。认为在一个国家的经济发展过程中，主导产业由农业转向工业和现代服务业时，劳动力也随之从农业转移到制造业和服务业。劳动力在部门之间的转移使企业和工人聚集到城市中，以获得生产要素聚集和人口集中的规模效益，于是促进了城市化发展。

人力资本状况也是联结产业结构变动与城市化的一个因素。Lucas（1988）最早强调人力资本的积累对于一个国家或地区经济增长的作用巨大。由于人力资本的影响，区域信息和知识外溢等促进了聚集在城市中的经济活动，也使城市成为了经济增长的发动机。同时，不同产业的发展会带来不同专业化的人力资本，不同类型专业化的人力资本在城市中聚集，使得区域知识外溢的外部性得到发挥，这种外部性被经济主体内部化后，促进了人口、经济资源向城市的聚集，成为推动城市发展的力量。金融、商业、教育等现代服务业对人力资本专业化要求较高，聚集了众多这些产业的城市在规模上明显大于传统制造业发达的城市。因而 Black 和 Henderson (1999) 提出人力资本通过影响城市聚集经济的发挥，成为连接产业结构变动和城市化的桥梁。

城市化与产业结构在互动发展中，技术进步对两者之间的关系也会产生影响。Murata (2002)、Davis 和 Hen-derson (2003) 都提到了技术在城市化与产业结构变动之间的作用。他们认为，在工业化进程中，技术进步使作为中间投入品的化学肥料、机械等在农业生产中大量使用，促使农业生产率提高，导致农业部门释放出大量的劳动力，正是这部分劳动力转移到城市中的工业和服务业，使城市化得以快速发展。

以上分析的一些影响因素，是作为一种内生的力量来影响产业结构变动与城市化的关系的。部分经济政策作为外生的因素也会对两者关系产生影响。Davis 和 Henderson 于 2003 年发表在《城市经济学杂志》的一篇文章中，考察了政治和政策因素对城市化进程的影响。他们指出政府实施的一些经济政策，如基础设施投资政策、价格控制政策、贸易保护政策等会对城市化产生影响，但这种影响是先影响到各产业部门组成的份额，进而间接影响到城市化的。至于具体如何影响，则没有展开分析。

此外，中国社会科学院"工业化与城市化协调发展研究"课题组（2002）还从总体上分析了产业结构变动对城市化的影响，认为产业结构变动影响城市化的途径是：生产结构变动首先作用于就业结构，就业结构发生变化再影响到城市化的发展水平。显然，这种思想或观点受到了钱纳里相关实证分析的影响。

二、产业结构变动与城市化关联的时序对应关系

关于工业化进程中产业结构变动与城市化发展的关联，国内有的学者从时序对应关系角度进行了考察。李培祥和李诚固（2003）将城市化发展分为三个阶段：初期阶段（城市化率在30%以下）、加速阶段（城市化率为30%~70%）、高级阶段（城市化率70%以上）。城市化初期对应于产业结构中农业占主导，工业次之，服务业比例最小的状态；加速时期产业结构特点是工业比重最高，服务业次之，农业最小；高级阶段则是服务业、工业、农业依次排列。这种分析以期显示出城市化发展各阶段产业结构与城市化间对应关系，但简单的叠加并没有说明两者在各阶段相互作用。

有些学者则将城市化和产业结构关联的时序对应关系放在工业化进程中来考

| 第七章 | 经济增长和产业结构变动的效应分析

察,对在工业化进程中各阶段推动城市化的产业动因进行了分析。在工业化初期,白南生(2003)指出,由于工业化启动和人均收入水平开始增长,人们对于需求收入弹性较低的食品的需求份额会逐步减少,因此农业在国民收入中占的比重下降,第二产业的比重上升。这一阶段主要是工业发展对城市化的拉动,尤其是轻工业、食品加工等劳动密集型产业。

到了工业化中期,随着人均收入水平的进一步提高和工业化加速推进,城市居民的需求结构变动很快,工业结构内部调整跟不上城市化所带来的各种需求,工业发展对城市化的推动力减弱。蒙荫莉(2002)分析了其原因是资本、技术密集型产业的发展,对劳动力素质要求提高,因而单纯依靠农村人口向城市转移已不能适应这种需要。胡彬(2000)还分析了一些其他原因:①工业由于聚集效应集中在城市,城市聚集度的提高带来一些成本诸如地价和工资水平的上升,当这些费用超过聚集经济效益时,企业倾向于搬出城市中心,导致对城市化的拉动减弱。②高新技术在现代制造业中的应用致使劳动生产率必然提高,从而对劳动力的吸收作用减弱,抑制了农村剩余劳动力向城市的转移。中国社会科学院"工业化与城市化协调发展研究"课题组(2002)也认为在工业化中期,产业结构变动与消费结构升级所起的作用超过了工业所具有的聚集效应,城市化的演进不只是主要由工业的发展来推进,更多的是和第三产业共同拉动。

在后工业化时期,现代服务业对劳动力强大的吸收能力促进了城市化的发展。随着工业化向深层次推进,制造业和服务业对劳动力的吸收能力都会因为劳动生产率的提高而减弱。刘小瑜(2002)认为第三产业对劳动力的吸纳能力减弱得比较缓慢。原因就在于信息技术及其产业本身以及由其推动的现代服务业在产业结构中的份额增加并占据主导地位,成为吸纳劳动力就业的主力军。姜爱林(2002)、成德宁和周立(2002)、蒙荫莉(2002)还专门分析了信息化对产业结构与城市化关系的影响,这种影响主要体现在:①信息技术、信息产业使城市内部网络化、一体化,使基础设施信息化和信息城市化,提升和整合了城市功能,使城市的聚集功能更强大,这些都直接带动了信息服务业、金融保险业等现代化服务业成为城市新的经济增长点。②信息化会使标准化、大批量的传统劳动、资本密集型制造业从城市中心向外扩散,在推动城市产业结构升级过程中,使城市规模扩大或卫星城市兴起,这些都促进了整体的城市化进程。

从上述对城市化和产业结构关联的时序对应关系问题的分析,可以看出后一种研究视角更符合实况,因为城市化和产业结构关联互动是在工业化进程中实现的。

三、山东省产业结构变动与城市化关系

(一) 山东省城市化水平的修正

迄今为止,学者们提出了多种不同城市化率的计算方法,这些方法大致可以分为单一指标法和多指标法。但从实践中看,最常用的还是用城镇人口占总人口的比重来表征城市化水平。

由于我国城乡人口统计口径发生过多次变化,而且我国各省市人口统计中划分城乡的标准仍延续非农业人口口径,这给正确衡量城市化发展水平,研究城市化水平及其与经济增长之间的关系带来困难。本节试图确定一个将统计年鉴的非农人口比重转换为较合理的城市人口比重的方程。

1990年"四普"对城镇人口统计的方法是:对设区的市采用区的总人口,对不设区的市和镇采用街道办事处和居民委员会的人口。分析表明,对设区的市基本上是偏大统计,对不设区的市和建制镇是偏小统计,偏大偏小互相抵消,总体上偏小了一点,但总量上基本能反映城市化的实际情况。山东省根据"四普"统计,1990年7月1日时点城市化水平为27.34%。根据2000年"五普"时期的城市化水平38.15%,按照非农比重与城市人口比重的等比例规律推算,1990年的城市化水平为26.62%,按照非农比重与城市人口比重的等差规律推算,1990年的城市化水平为30.04%,两个推算结果的平均值为28.33%,如果考虑到"四普"的时间是在1990年年中,28.33%的城市化水平值较之1990年的统计值略高,说明1990年的人口普查数据确实反映了山东省当时的城市化水平。

对历年山东省城市化水平的修正按照下面的方程进行:

$$\frac{SU_{2000} - SU_{1990}}{SUA_{2000} - SUA_{1990}} = \frac{SU_t - SU_{2000}}{SUA_t - SUA_{2000}} \tag{7-14}$$

式中,SU_t为t年的城市人口比重(城市化水平);SUA_t为t年的非农业人口比重,计算结果见表7-13。

表7-13 山东省非农业人口比重及修正的城市化水平 (单位:%)

年份	非农业人口比重	城市化水平	年份	非农业人口比重	城市化水平
1978	8.76	14.04	1981	9.95	15.64
1979	9.14	14.55	1982	10.33	16.14
1980	9.47	14.99	1983	10.72	16.66

续表

年份	非农业人口比重	城市化水平	年份	非农业人口比重	城市化水平
1984	12.26	18.71	1996	25.87	36.86
1985	13.22	19.99	1997	26.22	37.32
1986	12.59	19.15	1998	25.88	36.87
1987	13.25	20.03	1999	26.03	37.06
1988	16.32	24.12	2000	26.84	38.15
1989	18.13	26.53	2001	27.89	39.55
1990	18.73	27.34	2002	29.04	41.09
1991	19.33	28.14	2003	31.10	43.83
1992	20.52	29.73	2004	32.21	44.69
1993	22.00	31.69	2005	34.16	45.30
1994	24.03	34.40	2006	34.78	46.20
1995	24.94	35.62			

资料来源：表中的非农业人口比重来自于《山东省统计年鉴（2007）》

（二）山东省工业化水平的测度

关于工业化水平的测度，国内外学者没有统一的标准。有的学者采用霍夫曼系数代替工业化水平（王良健，2004）；有的学者采用第二产业中的工业增加值占GDP增加值的比重作为工业化水平；有的学者采用工业化结构指数（刘再兴，1989）；有的学者采用非农产业就业比重作为工业化水平。本书比较赞同杨青山的观点，即采用非农化指数来表征区域产业结构变动水平，亦即工业化水平，其计算公式为

$$FNHZS = \sqrt{A \times B} \times 100\% \tag{7-15}$$

式中，A = 非农产业增加值/GDP×100%；B = 非农产业从业人员/全部从业人员×100%。

据此计算出山东省1978~2006年的非农化指数变化，以此来分析山东省产业结构变动和城市化的关系，见表7-14。从表7-14可以看出，山东省的非农产业产值比重增加了24.5个百分点，非农就业比重增加了40.1个百分点，说明就业比重的变化对非农化指数变化的影响较大。

表 7-14　1978～2006 年山东省非农化指数变化　　（单位:%）

年份	A	B	FNHZS	年份	A	B	FNHZS
1978	66.77	20.8	37.27	1993	78.46	38.5	54.96
1979	63.78	21.0	36.60	1994	79.84	42.0	57.91
1980	63.57	21.2	36.71	1995	79.61	45.6	60.25
1981	61.85	21.5	36.47	1996	79.60	46.7	60.97
1982	61.03	22.9	37.39	1997	81.72	46.5	61.64
1983	59.64	22.3	36.47	1998	82.68	46.4	61.94
1984	61.80	29.6	42.77	1999	83.71	47.1	62.79
1985	65.32	31.5	45.36	2000	84.78	46.9	63.06
1986	65.94	33.5	47.00	2001	85.21	47.7	63.76
1987	67.80	35.6	49.13	2002	86.47	49.9	65.69
1988	70.30	36.4	50.59	2003	87.74	53.0	68.19
1989	72.24	35.9	50.93	2004	88.16	55.6	70.01
1990	71.86	36.0	50.86	2005	89.59	59.8	73.19
1991	71.18	35.8	50.48	2006	90.31	60.9	74.16
1992	75.66	37.2	53.05				

资料来源：根据《山东省统计年鉴（2007）》计算整理

（三）山东省城市化与产业结构变动关系

1. 城市化和工业化的平稳性检验

本部分依然采用麦金农（Mackinnon）临界值，根据样本数量取最大滞后阶数为 10，Δy_{t-1} 的最优滞后期 m 由 SIC 准则确定。

本部分对城市化水平 SU 和 FNHZS 以及二者的对数和一阶差分进行单位根检验。

运用 Eviews5.0，由 SIC 准则确定滞后阶数，SU 和 FNHZS 的检验结果见表 7-15。

表 7-15　山东省城市化水平与非农化指数等变量的平稳性检验

序列	ADF 统计量	检验形式（C，T，L）	P 值	1%临界值	结论
SU	0.0027	（C，T，2）	0.9506	-3.7115	非平稳
FNHZS	0.4836	（C，T，2）	0.9830	-3.6892	非平稳

第七章 经济增长和产业结构变动的效应分析

续表

序列	ADF 统计量	检验形式 (C, T, L)	P 值	1%临界值	结论
ln（SU）	-1.8798	($C, T, 2$)	0.3360	-3.7115	非平稳
ln（FNHZS）	-0.2936	($C, T, 2$)	0.9139	-3.6892	非平稳
ΔSU	-4.7178*	($C, T, 2$)	0.0009	-3.7115	平稳
ΔFNHZS	-4.3948*	($C, T, 2$)	0.0019	-3.6998	平稳

注：(C, T, L) 分别表示 ADF 单位根检验时的常数项、时间趋势和滞后阶数，上述变量单位根检验的滞后阶数均由 SIC 准则来确定

*表示在1%显著性水平上拒绝单位根的原假设，即在相应的显著性水平认为变量是稳定的

由表 7-15 可以看出，SU 和 FNHZS 的 ADF 均大于 1% 的显著水平的临界值，据此可以认为这两个序列是非平稳的。同理可得，经过对数处理后的 ln（SU）、ln（FNHZS）也是非平稳序列。但经过一阶差分后，ΔSU 和 ΔFNHZS 都是平稳序列，这也说明 ln（SU）、ln（FNHZS）都是一阶单整的。本部分重要的目的就是分别以 ln（SU）、ln（FNHZS）作为城市化和产业结构变动的指标，利用格兰杰来确定山东省城市化和产业结构变动之间的关联性。

2. 城市化和工业化的格兰杰检验

本部分依然采用式（7-5）进行城市化和工业化的格兰杰检验，选取 SIC 原则最优滞后期为 7，对 ln（SU）、ln（FNHZS）进行格兰杰检验，结果见表 7-16。

表 7-16 格兰杰因果关系检验

零假设	F 值	相伴概率	结论
ln（SU）不是 ln（FNHZS）的格兰杰原因	2.535	0.1214	拒绝原假设
ln（FNHZS）不是 ln（SU）的格兰杰原因	0.5305	0.7890	接受原假设

由此可见，ln（SU）是 ln（FNHZS）的显著原因，而 ln（FNHZS）不是 ln（SU）的显著原因。因此，在山东省，城市化是影响产业结构变动的主要原因，而产业结构变动并非是影响城市化的显著原因，二者不存在明显的互馈关系。这一结论与杨文举（2007）对中国城镇化与产业结构的关系研究得出的结论，即中国城镇化水平的提高带动了产业结构的优化升级，反之却不成立的观点一致。

在山东省乃至全国经济发展过程中，城市化水平的提高能够直接或间接导致产业结构的优化和升级，反之却不一定成立，这显然与经济发展理论和西方发达国家的发展经历悖论，究其原因，本书认为主要有以下几点：①中国经济增长和

产业结构优化的升级主要依赖于资本投入，技术进步更多地表现为劳动节约型技术进步，从而没有尽可能大地吸收中国的劳动力并将之真正转化为城市人口以提高中国的城市化水平；②在城乡隔离的二元经济结构的长期存在和中国传统户籍制度的影响下，虽然许多农业人口进城务工，直接或间接地（如在建筑业和服务行业工作）对中国产业结构升级起到了很大的促进作用，但是他们仍然是农业人口，从而出现农业人口从事工业、建筑业和服务业工作的现象，最终导致产业结构的变动对于城市化水平变动的促进作用被屏蔽；③中国尚处在工业化的中期阶段，第二产业比重整体而言在上升，而且在三次产业中占绝对优势，但其就业弹性低于产值比重仍然较低的第三产业，显然这也使得中国目前的产业结构优化升级对于农村剩余劳动力的有效转移还缺乏真正的带动力，对城市化的拉动作用还不是很大。

3. 城市化水平和工业化水平的回归分析

依据上述分析，以城市化水平 SU 为自变量，以非农化指数 FNHZS 为因变量，利用 Eviews5.0 软件进行回归分析，得到如下方程：

$$\ln(FNHZS) = 2.086 + 0.568\ln(SU)$$
$$(31.36) \quad (28.53)$$

$$R^2 = 0.9678, \text{Adjusted } R^2 = 0.9667, DW = 0.616, F = 814.05$$

上式括号内为 t 检验，可以发现各变量的系数都较显著。F 统计量非常高，说明解释变量和被解释变量之间的相关关系显著；但 DW 的值较低，有可能存在虚假回归，但在样本区间内变量通过了协整检验，所以回归结构是可信的。因此，山东省城市化水平每提高 1%，相应的非农化水平就提高 0.568%，可以说明城市化对山东产业结构变动影响还是十分巨大的。

第八章 结论、展望及其对策

第一节 主要研究结论

一、在借鉴相关研究成果的基础上，构建了山东省综合要素生产率计算模型并与全国比较

经济发展阶段不同，反映经济增长主要特征的经济增长方式（或模式）也将随之发生变化。经济学家常根据各种不同的标准划分各个国家或者某个地区在不同时期的经济增长方式。在这些标准中，最常用的标准就是依据经济增长中的诸要素贡献份额来划分，它是以现代经济学中的生产函数以及相应的经济增长因素分析理论为基础的。根据这一理论的分析，构成一国或一地区经济增长的源泉主要有两类因素：一是要素投入（包括劳动要素和资本要素的增加）；二是效益（综合要素生产率）的提高。在一国或一个地区经济增长中，如果要素的贡献大于效益提高的贡献，那么该国经济的增长是粗放型的，即粗放型经济增长方式；反之，如果效益提高对经济增长的贡献大于要素投入的贡献，则为集约型或为效益型经济增长方式。

（一）新中国成立以来，山东省经济增长的要素贡献大于效益提高的贡献，但不同阶段表现出不同的特征

本书采用模型法，分别求出了山东省1952~2006年、1952~1978年和1978~2006年三个阶段的生产函数方程。

1952~2006年，山东省经济增长的年平均速度为9.55%，其中资本投入的贡献率为70.72%，劳动投入的贡献率为11.98%，要素投入贡献度总计达到82.70%。可见山东省54年来的经济增长主要是资本投入的增加，综合要素生产率增长的贡献份额十分有限，不到四分之一，说明山东省经济增长属于典型的要素驱动型生产方式。

1952~1978年山东省经济增长的年平均速度为6%，其中资本投入的贡献率为91.88%，劳动投入的贡献率为15.72%。1978~2006年山东省经济增长的年平均速度为12.96%，其中资本投入的贡献率为61.25%，劳动投入的贡献率为10.30%，这一阶段的综合要素生产率的贡献率为28.45%，与改革开放前相比明显提高。

（二）改革开放以来，我国经济增长速度加快，综合要素生产率提高很快，区域差异明显，具有明显的起飞阶段的特征，仍属于粗放型的经济增长方式

1978~2005年，我国的GDP增长率为9.64%，资本投入年均增长率为12.66%，劳动投入年均增长率为2.38%，年均综合要素生产率为3.15%，综合要素生产率增长率与要素投入增长速度相比较为缓慢。从贡献度看，综合要素增长对经济增长的贡献度为32.65%，仍低于发达国家水平，资本和劳动力对经济增长的贡献率分别为52.52%和14.82%。

从各地区看，三要素对经济增长的贡献不稳定，经济增长的驱动力差异明显，没有一个地区完全进入综合要素推动型，没有表现出发展水平越高，综合要素生产率贡献率越高的格局，即综合要素生产率增长速度与区域经济发展水平之间并不具有明显的相关关系。

形成我国经济增长粗放型特征的原因是多方面的。从根本上说，我国目前粗放型的经济增长方式，是由我国国情特点、发展阶段以及由此所决定的工业化道路、体制模式共同决定的，有其一定的客观必然性。但笔者认为，我国改革开放以来出现的经济波动和通货膨胀，特别是2008年以来的金融危机等宏观经济不稳定因素，其表面的产生原因可能多种多样，而在各种表现的背后有一个根本的原因不能忽视，那就是粗放型的经济增长方式。

二、资本投入是山东省经济增长的主要推动力，外商直接投资对山东省经济增长的短期和长期效应明显，制度变迁对经济增长推动的空间较大

（一）经济增长和投资增长具有高度的相关性，投资效率对经济增长的贡献不明显

采用投入弹性系数等方法定量计算了山东省经济增长和投资增长之间的关

系。在所研究的 28 个年份中，只有 11 个年份的投入弹性系数小于 1。研究表明当年固定资产每增加 1%，可使山东省、江苏省和全国 GDP 分别增加 0.506%、0.424% 和 0.159%，说明山东省经济的增长对投资的增长具有较大的依赖性，这与国家宏观政策有很大关系。这种侧重资本要素投入的增长，随着投资扩张制约因素的强化和国内外市场竞争的加剧，势必遇到越来越多的困难，甚至难以为继。相对于投资规模而言，投资效率对经济增长的贡献不显著。目前，我国发达地区经济发展并不是因为投资效率高，而主要是因为投资规模大，而一些地区经济发展缓慢，主要归咎于投资规模小。

（二）外商直接投资对山东省经济的增长具有较大的贡献，短期和长期效应都十分明显

采用灰色关联度分析方法定量计算出的外商直接投资对经济增长的影响在所选要素中仅次于国内投资。对山东省 1984～2006 年进行短期效应和长期效应回归分析表明，当年外商直接投资和超前两年的外商直接投资对山东省经济的发展均具有显著的促进作用，超前两年的外商直接投资对山东省经济发展的长期供给溢出效应作用大于当年外商直接投资对山东省经济发展的短期需求拉动作用，这一点在我国东部沿海具有共性。这个结论有助于我们充分利用外商直接投资对 GDP 的短期需求拉动作用，更可以主要利用外商直接投资的长期供给创造和溢出效应。

（三）山东省制度因素对经济增长的贡献低于全国平均水平，尚具较大的制度创新空间

改革开放所带来的市场化和国际化对中国经济注入了强大的活力，对中国经济增长起了巨大的作用。这种制度创新的途径主要有两种：一是国有企业的战略重组；二是非公有制经济的发展。采用综合计算方法计算出山东省制度变迁的综合指数，在 C-D 生产函数方程中引入制度因素，计算出 1984～2006 年制度变迁对山东省经济增长的作用较大，但与国内学者研究的制度变迁对中国经济增长的贡献率 35.77% 还有很大的差距，说明山东省仍然具有较大的制度创新空间。

三、山东省产业结构的演进符合产业结构变动的一般规律，产业结构具有刚性作用，目前的结构仍将持续相当长时间

世界各国产业成长的规律表明，产业结构成长是一个不断修正的过程，其总的演变趋势是逐步走向合理化与高度化。

（一）山东省三次产业演进符合产业演进一般趋势的经典理论

产业演进一般趋势的经典理论认为，产业内部力量驱动的产业演进存在着一个相对完整、依次发展并推动整体推进的产业发展链条。新中国成立以来，山东省三次产业结构变动表现出以下特点：①第一产业产值稳步下降和第二、第三产业产值比重稳步上升，与发达国家和新兴工业化国家（地区）产业结构演进的规律一致。②第一产业就业比重快速下降和第二、第三产业就业比重稳步上升，但未呈现出第二产业就业比重下降的特点。③从总体发展态势看，产业结构没有经历"二、三、一"向"三、二、一"的重大转型，而且目前这种格局将延续相当长时间。

（二）工业化发展和工业结构演进与山东省所处发展阶段相一致，符合工业内部结构演进的基本规律

与全国一样，改革开放以来特别是20世纪90年代以来，山东省的重工业化进程明显加速，这种加速与改革开放前重工业化优先发展的策略不同，是国内居民消费升级、城市化进程的推进以及国际产业转移等多种因素综合造成的。对山东省来讲，资源和资本密集型重化工业的高速增长具有客观必要性。①高加工度化进程明显加快，加工制造业成为工业经济增长的主体。从1985～2007年各工业平均增长速度和所占份额的变化情况看，加工制造业的增长速度明显高出采掘业和原料工业，也说明加工制造业已经成为山东省工业经济增长的主体，符合工业内部产业结构变化的基本规律。②山东省工业内部结构演替基本上符合工业内部结构演进的基本规律，即历经劳动密集型、资本密集型再向技术密集型产业占主导地位的阶段演变，没有像珠江三角洲那样受外部力量的推动，产业结构呈现出超前性和反复性的特点，虽然山东省的技术密集型产业的比重较低，但传统重加工工业比重一直呈上升趋势，没有出现"超前现象"，这种内部结构的演替更有利于区域经济的发展。③山东工业的支柱行业并没有发生根本的变化，资源加

工型行业和劳动密集型行业等重化工业依然占主导地位,高附加值的先进制造业比重有所增加,所占比重依然较低,这一方面与产业结构的刚性有关,另一方面也与山东的资源禀赋和发展阶段有较大的关系。

四、山东省产业结构变动的受制于多种因素,产业结构变动的年际变化较大,产业结构转换方向基本符合产业结构转换的规律

区域产业结构是动态变化和不断发展的,合理的产业结构是在一定历史条件和经济社会条件下,在一定经济发展阶段的产物。一个区域要获得较快的发展,必须具备较强的产业结构调整转换能力。

(一)国家政策、消费结构的升级和城市化是影响山东省产业结构变动的重要因素

在现有资料的支撑下,本书采用主成分分析方法,定量计算了山东省产业结构变动的影响因素,即发展—消费因子、发展速度因子和城市化—产业结构因子。

产业结构的转换依赖于经济发展水平,经济发展水平高和增长速度快,则产业结构转换潜力大。消费需求结构的变动意味着市场消费的变化,企业在利益的驱动下,调整产品结构和投资方向,跟随市场消费的变化生产适销对路的产品,最终拉动产业结构的调整。城市化水平的提高,不仅改善了居民的生活水平,而且影响到区域产业结构比例,导致产业结构的变动。而对外贸易发挥扩大需求和资源配置的双重功能,通过初级产品进口和投资品出口,将初级产业的资源转化为对工业或重工业的投资,加速产业结构的变动。

(二)产业结构变动的年际变化较大,产业结构转换方向符合产业结构变动的基本规律

采用定量分析方法,计算了1953~2006年山东省产业结构变动能力。山东省产业结构变动能力的变化趋势与全国一致,说明山东省产业结构变动受制于国家政策。1953~1978年的变动系数波动较大,平均值为5.08,高于全国平均水平;1979~2006年的变动系数波动明显下降,平均值为1.40,依然高于全国平均水平,说明改革开放以来,山东省产业结构变动能力较改革开放之前低,同时变化幅度也降低。

采用定量分析方法，计算出山东省产业结构的转化方向，将产业结构变动划分为 8 种类型。其中属于第 I、V、Ⅶ种类型的（符合产业结构转换的基本规律）的共有 18 年，说明山东省大部分年份产业结构转换方向是合理的，是符合产业结构变化一般规律的。

五、产业结构变动对山东省经济的增长起到了明显的促进作用，产业结构变动对经济增长的贡献区域差异明显

产业结构变动是经济增长的必然结果，同时又是影响经济增长的重要因素。在现代经济增长中，产业结构和经济发展密切相关，产业结构的状况和经济结构状况共同反映一国的经济发展方向和发展水平，制约着经济发展速度。区域产业结构是影响区域经济增长的关键因素，产业结构的优劣是一个区域经济发展质量和水平的重要标志。正确认识和估计产业结构变动对经济增长的贡献，对于科学认识和理解现实的经济增长及制定促进经济增长的政策具有重要意义。

（一）产业结构变动对经济增长的贡献度较高，贡献率呈下降趋势

本书采用两种计算方法，分别计算了产业结构变动对山东省经济增长的总体贡献。

采用多部门经济模型计算出山东省 1953～2005 年、1953～1977 年、1978～2005 年产业结构变动对经济增长的贡献率分别为 31.13%、26.88% 和 16.57%，均高于全国平均水平，但呈下降趋势，大体上服从 Growth 函数。1953～2005 年山东产业结构变动对经济增长的贡献序列具有长、短波复合变动规律，相应地产业结构调整存在明显的阶段性和周期性等特点。短波周期平均为 1～3 年；长波波动主要有三次，平均周期为 16～19 年。

在生产函数模型分析中加上产业结构变动因素，计算出 1978～2005 年山东省产业结构变动对经济增长的总体贡献度为 14.54%，与多部门经济模型的结论接近，说明变形后的生产函数可以测度产业结构变化对经济增长的贡献率。

（二）产业结构变动对经济增长的贡献度区域差异明显，与区域所处发展阶段有关

山东省产业结构变动对经济增长贡献度的区域差异明显，与山东省各地市所处工业发展阶段基本一致。青岛、济南两地市经济发展水平较高，处于工业化中期阶段的中期，产业结构的刚性较大，产业结构变动不大，对经济增长的贡献度

相对较低；而菏泽、聊城、滨州等地经济发展水平较低，但发展速度加快，处于工业化中期的初期，产业结构变动剧烈，对经济增长贡献度较大。

六、第二产业成为拉动山东省经济增长的主要力量，传统工业对山东省工业经济的影响作用依然较大

（一）第二产业对山东省经济增长的贡献度最大

采用两种方法计算出山东省三次产业结构对经济增长的贡献。1979~2006年的28年间经济增长率呈现出很大的波动，这与三次产业贡献水平的波动有直接的关系。第二产业贡献水平与经济增长率在整个时间区间内呈现几乎完全一样的波动趋势，而且其贡献率均高于其他产业的贡献水平。第三产业对经济增长的贡献表现出比较稳定的状态。

采用刘伟模型计算出山东省、江苏省和全国三次产业结构对经济增长的贡献。随着经济的发展，第一产业对经济的贡献率逐步下降，而山东省下降速度高于全国平均水平而低于江苏平均水平；第二产业仍然是山东省、江苏省和全国经济增长的生力军，其中山东省第二产业贡献率的变化率最高；第三产业贡献率的变化率都呈上升趋势，但与江苏省和全国相比，山东省虽然增长速度较快，但对经济的拉动作用依然较小。

从细分行业计算结果看，第一产业仍然是拉动山东省经济增长的主要产业部门，但第一产业很难成为山东省经济持续增长的主要源泉。虽然工业的贡献度在下降，但它仍然是一个有效地拉动山东省经济增长的高效行业。对于第三产业，虽然其贡献度较高，但目前所占份额依然较低，对经济增长的拉动作用有限，但其发展空间较大。

第一产业（主要是农业）比重的增加有助于经济规模的扩大，但无助于劳动收入的增加和资本收入的增加。第二产业比重的增加，不仅会扩大经济的规模，而且还能增加资本生产的效率和减少劳动的生产效率，从而增加资本所有者的收入，减少劳动者的收入，进而扩大了资本所有者和劳动者之间的收入差距。第三产业比重的增加，有助于劳动收入的增加和资本收入的增加，也有助于经济规模的扩大，但在工业化进程中第三产业的比重应有一个限度，超过这个限度，就可能导致经济衰退，因此，第三产业的发展必须以第一和第二产业发展为前提，特别是在未来的几年内，山东省要使经济持续稳定增长，保持在全国的领先优势，必须在扩内需、调结构的宏观政策的指导下，继续加快工业发展。

（二）传统工业部门对工业经济增长的影响作用依然较大

在山东，最能有效地拉动工业增长的是纺织服装业、采掘业、机械制造业、食品加工与食品制造业，四工业部门在工业总产值中的份额每增加1%，对工业总产值增加的拉动作用都在1.5%以上。但采掘业在工业生产总值中的比重将下降，将很难成为山东省工业增长的主要来源。而纺织服装业、机械制造业、食品加工与制造在未来仍然是拉动山东省工业增长的主要来源，这种趋势将持续相当长时间。虽然交通运输设备制造业所占比重较低，电子工业的拉动作用较小，但其比重较高，从山东省工业结构演化的趋势看，未来这两部门将成为拉动山东省工业增长的潜力部门。

七、山东省经济增长的周期性波动比较明显，产业结构变动是影响山东经济波动的主要原因

从理论上看，增长周期与结构变动互为因果。增长周期是结构变动的一个重要原因，因为各产业增长率之间出现的差异、差异的大小和方向，随着周期发生变动，因而在总量增长中各产业的贡献发生相应的变动。另外，结构变动又是增长周期的一个重要原因，因为经济增长的扩张或收缩往往是某些产业率先加速增长或减速增长所引起的，而且产业结构严重失衡是经济增长由扩张转向收缩的一个重要动因。

采用定量分析方法剔除数据序列中的趋势部分，得到周期波动部分，并对周期波动指标和产业结构变动指标进行平稳性检验，运用格兰杰模型检验，得出1978~2006年山东省产业结构变动是影响经济波动的主要原因，而经济波动并非是影响产业结构变动的主要原因。

山东省1953~2006年经济周期波动与三次产业结构变动是紧密相关的。改革开放以前，山东省经济的"大起大落"式周期波动主要是由第一、第二产业结构的剧烈变动引起的；改革开放以来，原来的第一、第二产业变动所决定的经济周期波动形式逐渐演变为以第二产业为主导的第二、第三产业变动共同决定的经济周期波动形式，因此，山东省经济周期波动的稳定性得到不断提高。

八、产业结构变动影响山东省区域经济的差异，第二产业的区域差异成为影响山东省区域差异的最主要的因素

区域差异是一种客观存在。改革开放以来山东省的绝对差异呈持续加快扩大的趋势，而相对差异呈波动式扩大的趋势。

区域差异的变动与产业结构的演变关系非常密切，加权变异系数的分解方法能够很好地测算出不同产业部门对区域差异的影响程度。因此能够利用区域产业结构的变动研究区域差异的趋势。

从1978~2006年山东省各次产业内部差异对总体差异的贡献份额中可以看出，各产业对山东省区域经济总体差异的贡献具有如下特点：第一产业内部差异对区域差异的贡献份额最低且不断下降，进入21世纪以来，其年平均贡献率均在1%以下，这说明，第一产业内部差异对山东省区域差异变化的影响已经很小；第二产业内部差异对区域经济总体差异的贡献最大且处于波动下降状态。由于人均GDP中由第二产业所创造的增加值的比例很大，其区域之间的差异又较大，因而第二产业内部差异对山东省区域差异变化的贡献最大，虽然1992~2006年平均贡献率下降到41.72%，但第二产业仍然是三次产业中对区域差异影响最大的产业；第三产业内部差异对山东省区域差异的贡献呈缓慢上升趋势，第三产业内部差异对总体差异的贡献率由1978年3.26%上升到2006年的12.44%。随着山东省产业结构的调整，可以预见第三产业对山东省区域总体差异的贡献将越来越不容忽视，第三产业的影响将持续增强。

九、山东省经济发展与环境之间的库兹涅茨曲线并不明显，未来发展的环境压力将加大

经济增长和环境污染之间存在着密切的联系，根据经验数据得出的环境库兹涅茨曲线，描述了经济发展与环境污染之间的关系，即一个国家的整体环境质量或污染水平会随着国民收入的增加而恶化或加剧，当国民经济发展到一定水平时，环境质量的恶化或污染水平的加剧开始保持平稳进而随着国民经济收入的继续增加而逐渐好转，即倒U形曲线。

本书采用二次、三次方的简化型回归方程，定量计算了1981~2007年山东省经济发展和环境质量之间的模型：在所研究的5项环境指标总量及其人均水平、综合污染水平与人均GDP的关系曲线中，没有一个呈典型的倒U形关系，

大多数呈 N 形，占总量的 70%，说明山东省经济发展中尚未出现发达国家和发展过程中的倒 U 形的环境库兹涅茨曲线。

20 世纪 80 年代以来，山东省经济发展虽然也出现波动，但整体上看经济增长仍处在一个长期上升的时期，特别是 20 世纪 90 年代以来，从形态上可以判断，N 形的环境曲线不是由于经济周期的变化所致。

采用 ZQ（重工业总产值与轻工业总产值的比率）和 MS（制造业总产值与服务业总产值的比率）验证了山东省环境曲线与工业化进程中的产业结构有关。一般说来，重工业的污染排放量比轻工业的污染排放量大，在废气和废水的排放上尤其如此。从 20 世纪 90 年代开始，重工业增长速度明显加快，特别是进入 21 世纪以来，山东省重工业化的倾向更加明显，2007 年重工业比重高达 65.07%，山东省进入了重工业化为主导的新一轮增长周期。应当说，产业结构的这种变化与环境质量的再度恶化有着直接联系。而且随着人均收入水平的逐步提高，山东省部分污染排放量的变化出现反复，目前的环境污染状况仍处在高峰期，如果政府不重视这种现象，不采取切实有力的措施去扭转这一趋势，继续推进以环境成本来换取高增长的重化工业化战略，环境承载阈值极有可能被突破，进而转入不可逆的阶段。

十、城市化的快速推进加速了山东省产业结构的变动

城市是现代区域社会经济要素及产业的核心空间载体。现代经济学理论认为，城市发展的主体动因是新兴产业的不断出现，即产业结构的调整与优化是推动城市发展的核心动力，现代城市发展的过程是产业结构持续优化与升级的动态变化过程。

本书在对山东省城市化水平进行修正和构建非农化指数的基础上，用格兰杰模型分析了城市化和产业结构的关系。在山东省，城市化是影响产业结构变动的主要原因，而产业结构变动并非是影响城市化的显著原因，二者不存在明显的互馈关系。这一结论与国内学者对中国城镇化与产业结构的关系的研究得出的结论即中国城镇化水平的提高带动了产业结构的优化升级一致。

山东省城市化水平每提高 1%，相应的非农化水平就提高 0.568%，可以说明城市化对山东产业结构变动的影响还是十分巨大的。

| 第八章 | 结论、展望及其对策

第二节 主要创新点和研究展望

一、主要创新点

本书在前人研究的基础上，对山东省区域经济增长因素的贡献度、产业结构变动的影响因素及其与经济增长的关系，以及区域产业结构变动与经济增长的效应进行了探索性研究。

本书的研究有别于目前常见的有关经济增长和产业结构变动关系的研究成果。以往的研究大多停留在对经济增长和产业结构变动关系的测度上。而本研究则在研究二者关系的基础上，进一步探讨了经济增长与产业结构变动的区域效应。

本书的创新点主要集中在以下三个方面。

首先，从经济学视角对经济增长和产业结构的变动关系进行理论分析，采用生产函数模型分阶段对山东区域经济增长的影响因素进行定量研究，并从时间和空间两个层面对中国30个省区的经济增长要素进行了研究，剖析了山东省和全国经济增长因素时空演变特征。

其次，基于多种分析模型，探讨了山东省经济增长和产业结构变动之间的关系，尤其是在生产函数模型中引入产业结构变动指标，探讨了产业结构变动对经济增长的影响，并与其他研究方法相比较，得出了比较一致的结论。

最后，从四个层面分析了经济增长和产业结构变动的区域效应，特别是构建了产业结构变动对区域经济差异影响的模型以及探讨了区域经济发展水平和环境污染之间的库兹涅茨环境曲线，对指导山东省经济的可持续发展提供了理论依据。

二、研究展望

由于受到区域经济增长、产业结构变动研究本身的复杂性、数据可靠性的限制，本书所涉及的研究内容还有待深化，研究方法也有待进一步的拓展和改善。

（一）区域经济增长因素模型的完善

由于地区经济增长是自然、经济、社会多因素综合作用的结果，因此区域经济研究本身具有复杂性，多因素的复合影响无疑增加了区域经济增长影响因素定量计算的难度。首先，在影响因素的选取上，如何将影响因素细化，即如何将综合要素生产率细分，也就是将技术进步、规模经济、产业结构、政策法律、教育因素、随机因素等加入到模型中，由于某些指标无法科学量化，即使有一些指标可以量化，但是否能够真正反映其实质还需加以研究；其次，在模型中应加入自然资源、产业结构变动这两个因素，因为大部分发展中国家经济增长将同时面临资源约束和工业化带来的结构变动问题，在这种情况下，经济增长中的产业结构变动也许在很长一段时间都可能对资源和经济增长产生明显影响，但受资料的限制，自然资源因素无法加入；最后，数据的可比性问题，受统计资料的限制，长时间序列的研究资料的可比性就显得非常重要，虽然可以用一定的方法换算成可比价格，但对计算结果仍有一定的影响。

(二) 产业结构与经济增长关系及其优化模型的完善

虽然本书中采用了多种方法分析了产业结构的变动对经济增长的贡献，但二者之间的关系并非农用简单模型能代替的。

首先，无论是理论上还是实践中都缺乏一种能够准确、全面和细致反映产业结构变化的产业分类以及相对应的数据资料。目前普遍采用的三次产业分类过粗，传统的五大物质生产部门分类不全面，其他产业分类也存在一定的缺陷，为实证研究带来了很多困难。

其次，三次产业比重的合理范围问题。虽然三次产业结构变动对经济增长的贡献呈现出一定的规律性，但对于一个区域来讲，三次产业结构并不是一个简单的求和关系，而应是一个合理的比例问题，三次产业比例如何分配才能取得最佳效益，如何应对经济发展中的不确定因素，应是今后研究的重点问题。

最后，产业经济系统是一个动态演进的复杂系统，其结构的变化受需求、技术创新、投资决策的心理预期、政治和社会变革以及自然灾害和突发事件等诸多不确定因素的影响。产业结构优化是一种产业结构向理想状态变动或调整的过程，因此对产业结构演化的趋势及其合理结构研究将是未来研究的重点。

(三) 产业结构变动与经济增长的效应研究深度的拓展

产业结构和经济增长效应是多方面的，受资料的限制和本人研究能力所限，本书只从四个方面即产业结构与周期变动、产业结构变动与经济增长、经济增长的环境效应以及城市化与产业结构的互动关系方面探讨了产业结构与经济增长的效应，虽然得出一定的结论，但仅局限于表面，仅从数据层面分析它们之间的关系,尚未从深层次探讨它们之间的关系,如环境库兹涅茨曲线的验证受资料限制,时间序列较短,且仅局限一个量的指标而没有从浓度的指标分析,因此研究深度的拓展是下一步研究的重点。

(四) 进一步深化研究,加强理论探索

区域经济增长和产业结构变动是一个受多因素决定的复杂系统,而我国又是一个区域发展差距很大的国家,由于区域经济增长和产业结构变动的复杂性和研究内容的广泛性,加之作者学识、精力和水平有限,因此对区域经济增长和产业结构变动的耦合机制的研究还有待进一步深入,对理论的提升和总结还不够,虽然对山东省的研究具有一定的代表性,但区域不同、所处发展阶段不同其表现的特征极其不同。今后应拓展研究区域,加强对区域经济增长和产业结构变动起决定作用的主要因素进行分析,深入剖析区域经济增长和产业结构变动的相互作用机理,进行理论升华和提炼。

第三节 山东省区域协调发展的对策

对山东省来说,可持续发展的主题是经济发展,落后和贫穷不可能实现可持续发展的目标。要提高人民的生活水平,缩小地区差异,就必须毫不动摇地把发展经济放在首位。但经济发展必须与人口、资源、环境相协调。否则,经济发展难以持久,甚至威胁人类生存。因此,只有把经济发展与人口、资源、环境协调起来,才能实现区域的可持续发展。

一、转变投入结构,保持适度的经济增长

山东省凭借良好的投资环境和资源、劳动力和技术经济等优势,经济必须保持适度的高速持续增长。根据国家和山东省的经济形势,经济增长速度宜比全国高 1~2 个百分点。同时,经济增长必须与环境资源的支撑能力相适应,不能沿用单纯消耗资源和追求数量增长的传统模式,如何以最低的资源代价和最低的环境成本使经济以较高速度发展并保持持续增长,是摆在山东省经济发展面前的一个关键问题。

(一) 进行人力资本投资,提高劳动者素质

首先,加强对工业从业人员的技术培训。一方面要依靠社会教育水平的提

高;另一方面要依靠职业教育和在职培训。随着机器大工业的产生,劳动者的专门知识和技能主要是就职前的职业教育形成的,以后应该为适应科学技术的不断进步和工业结构的调整,对就业人员进行在职培训,实施继续教育。

其次,加强农村人力资本投资的力度。应该加强对农村人力资本投资力度,提高农村劳动力人力资本存量。加强农村人力资本投资要靠政府、社会和农民共同努力来完成。要进一步加强农村基础教育。基础教育是提高农村劳动力素质的主要渠道。要建立健全多元化的基础教育办学模式,多渠道筹集教育基金,不断改善基础教育的办学条件和提高农村教师待遇。

再次,大量培养高素质人才,为发展第三产业服务。从理论的角度讲,劳动力整体素质的提高必然促进第三产业劳动效益增加,并且它产生的作用将大于物质因素的作用,显示出知识、技术、智能对产业振兴的优势。著名经济学家舒尔茨认为,人力资本的投资收益率要高于物质资本的投资收益率。因此,加强对从业者及后备力量的教育与培养,将产生极明显的经济效益与社会效益。

最后,改革户籍制度,健全社会保障,消除对农民工的一系列制度歧视。户籍制度自1958年建立以来,就一直是阻碍农村剩余劳动力转移的"拦路虎",改革户籍制度,是消除我国城乡劳动力市场分割状况的必然选择。户籍制度改革的核心是消除户籍关系上的种种社会经济差别,真正做到城乡居民在发展机会面前地位平等,获得统一的社会身份。户籍制度改革的方向,应该是建立新的人口登记和管理制度,要建立对人口实行开放式管理的户籍制度。

(二) 进行物质资本投资,加强技术改造

人力资本与物质资本是社会资本的两种存在形式,体现为物质形式的资本为物质资本,体现在劳动者身上的资本为人力资本。一般地,劳动者的知识、技能、体力(健康状况)等构成了人力资本。或者说,人力资本是体现在劳动者身上的,以其数量和质量形式表示的资本。物质资本则包括投入生产经营过程的土地、建筑物、机器设备和商品存货等。

从长期看,虽然投资人力资本比投资物质资本更为有利,但物质资本的积累对于经济增长来说也是不可缺少的。物质资本的形成为经济发展创造客观的或物质的条件,而人力资本形成为经济发展创造主观的或能动的条件。前者体现于三次产业部门的基础设施、机械设备等的改善上,后者则体现于三次产业部门的劳动者科技水平的提高和劳动技能的增进上。较为完善的物质资本(基础设施、机械设备等)同具有较高水平的人力资本相结合,在具有较高的科技水平和劳动技能的劳动者应用充分的物质资本的情况下,才能产生较高的劳动生产力。而

且，人力资本所研究和开发的新技术又为三次产业的进一步发展创造新的技术条件。因此，经济发展的主客观条件同时具备并有效的结合，即物质资本形成和人力资本形成的有效结合，是实现经济增长模式转型的充分且必要的条件。

在经济增长模式转型的过程中，需要不断提高三次产业资本的形成比率。因此，从粗放型、数量型向集约型、质量型经济增长模式转型，最重要的是增加三次产业的资本投资，提高资本形成比率。其间，既要增加物质资本形成，又要增加人力资本形成。

二、优化产业内部结构，实现产业结构的升级

（一）山东省优化产业结构优化目标

国际经济环境的极大变化和国际产业转移出现的新特征对山东省产业结构调整的目标和方式提出了新的要求，即面对目前出现的国际产业价值链转移的新趋势，山东省产业结构的调整已不仅仅是对区域内三次产业结构的比例关系进行调整，而是必须结合区域产业发展的特点和优势，从产业发展的存量调整转向产业结构的质量调整。既要结合本地区产业的结构、功能和优势，又要在总体上与国际产业价值链的分工、协作保持一致。

目前，山东省正处于全面建设小康和基本实现现代化的重要战略阶段，同时也正处在工业化中期和城市化水平不断提高的重要历史时期，区域经济结构矛盾突出。对于山东省产业内部结构问题，主要是对区域内三次产业内部产业发展比例关系的调整。当然，在进行产业内部结构调整的过程中，所调整的标准和调整的方向必须本地化，不能舍本逐末，盲目和刻意地追求脱离本地产业发展特点的合理化和高级化；不能简单地将产业内行业发展的比例关系作为调整的目标，它只能作为地区产业内部结构调整的依据，否则，容易造成区域产业结构的人为扭曲，为以后积重难返的产业结构调整带来难度，对地区经济、社会和环境造成巨大的代价。

根据山东省产业结构的现状以及国际产业结构演进的一般规律，优化区域产业结构主要从三个相对标准划分的产业板块进行：一是对农业产业结构的调整。农业产业结构的调整主要是调整农业的生产结构和产品结构，尽快实现由传统农业向现代农业的转变，发展以城郊型农业、外向型农业、特色农业与生态农业为主要特征的优质高效农业。另外，要大力发展农产品加工业，提高农产品的加工深度，增加农产品的产品附加值，实现农村居民收入的迅速增长。二是优化工业

内部结构。实现区域经济集约式增长,就必须走新型工业化道路,减少区域内尤其是山东半岛城市群地区高能耗、重污染行业的比重;积极发展高新技术产业,实现区域内工业梯度的合理化;鼓励技术创新,利用技术创新和技术进步来实现区域传统工业技术结构和产品结构的升级换代,推动区域工业内部结构的合理化和高级化。三是加强对第三产业内部结构的合理调整。在不断改造传统服务产业的同时,大力发展现代服务业,提高生产性服务业和生活服务业在第三产业中所占的比重;加快发展金融保险业、咨询、广告、软件开发等新兴服务产业,利用国际分工所形成的服务产业价值链的转移,争取在某些关键领域实现从垂直分工序列向水平分工序列的转变。

(二) 产业结构优化的基本途径

1. 第一产业优化的基本途径

1) 更新农业结构调整观念,将工作重心转移到提高产品质量和市场竞争力上来

要调整山东省的农业产业结构,不能仅仅停留在以往加加减减的总量结构调整上,而是应该从国际国内市场的需求出发,结合山东省农业的生产条件,有规划、有步骤的推进农业产业内部结构调整。一是从区域经济发展的全局出发,加强对农业、林业、牧业和渔业生产结构的调整。根据山东省各地的资源条件和基础条件,培养地区农业的主导产业,带动地区内农业结构的调整。例如,青岛、济南、烟台等作为山东省的核心地带,外围县市可以将都市农业作为农业发展的重点对象,而鲁中、鲁北、鲁西南的地市则可以有重点、有选择、有差异地发展经济作物和畜牧业,推动地区农业产业化经营,增加农民的收入。二是要变"有形"调整为"无形"调整,把提高农产品的质量和市场竞争力作为今后地区农业产业内部结构调整的重点。以专用化、多样化的市场需求为导向,努力提高农产品的生产技术,降低农产品生产的成本,优化品种结构,大力发展优质专用农产品。同时,大力发展订单农业,促进玉米、小麦、蔬菜、水果和畜牧业生产的深加工和精加工,实现农业的区域化布局、规模化生产、产业化经营。另外,积极发展无公害农业、绿色农业,按照"简化、统一、协调、优选"的原则,制定农产品生产的品质标准和生产经营的技术规范,将农业的产前、产中、产后全过程纳入标准化的生产和管理过程,实现农业产业化经营全过程的质量控制。

2) 因地因市,优化种植业结构,保证粮食安全

虽然山东省农业生产的基础条件较好,但资源性矛盾依然突出,尤其是水资源和土地资源紧缺,对山东省农业的进一步发展构成了比较严重的制约。因此,

第八章 结论、展望及其对策

要调整农业产业结构，就必须对农业内部结构进行调整，而要调整农业产业内部结构首先就要对种植业结构进行调整。对于种植业结构的调整，一直存在不同的观点，其中一部分学者和政府领导坚持"以粮为纲"的种植业结构。其理由是中国人口有13亿多，一旦发生粮食紧缺问题，后果不堪设想。这种顾虑不是空穴来风，是可以理解的。也有部分学者认为，世界经济发展的历史表明，经济开放、民主的国家，从来没有出现过粮食恐慌的问题。只有在封闭自守、遭受外来封锁和侵略时，这种可能性才会发生。

《入世与中国渐进式粮食安全》一书的作者胡靖博士认为，我国的粮食安全可分为四个阶梯，第一级是最低安全线（生存性粮食安全）：每个公民每年至少应该拥有的粮食占有量为248.56kg（约250kg），是粮食安全最起码的出发点。第二级为灾害性粮食安全：每个公民每年至少应该拥有的粮食占有量为299.67kg（约300kg），它可以保证在粮食减产达到历史最低谷时（50年一遇）粮食仍然安全。第三级是营养性粮食安全：每个公民每年至少应该拥有的粮食占有量为360kg左右，这是粮食安全的经济警戒点，依据1985年出现的粮食产量下降及抢购风，当人均产量低于360kg时，国民经济系统可能出现紊乱。第四级是每个公民每年至少应该拥有的粮食占有量为400kg，这是联合国粮食与农业组织关于粮食安全的基本要求，也可以保障大多数公民的营养性粮食安全。

虽然2006年山东省人均粮食占有量为436.18kg，高于第四级安全水平，但长期以来山东省是全国产粮大省，1994年粮食总产量占全国的比重曾高达9.14%，对国家的粮食安全起着重要的作用。因此，山东省农业内部结构调整，应遵循因地制宜，切实抓好粮食生产，实行最严格的耕地保护制度，落实扶持粮食生产的各项政策，抓好优质粮食产业工程和国家大型商品粮基地建设，扩大优质专用粮食生产规模，提高粮食综合生产能力。在保证粮食安全的基础上，适当增加经济作物的比重，从而提高农民收入。

3）以"高、新、外"为特征，支持民营科技型加工企业的发展，走农业产业化之路

对山东省农业结构的调整，不仅仅是当地政府和农村居民的事情，还需要另一个联接市场与生产的组织，这个组织的作用相对于农村居民来说，主要是承担农产品的产后工作，提高农产品在国际国内市场销售的附加值。承担这个角色的组织应该是依靠参与市场经济活动获取最大收益的农产品加工企业和民营科技型农业加工企业。农产品加工企业可以避开农村居民生产经营分散、规模小、市场信息不通的劣势，利用其在生产加工方面的技术、规模和信息上的优势，提高农产品在市场上的竞争力，进而拓展地区农产品在国际国内市场的占有率。因此，

山东省农业产业结构的调整,应该把农业高科技龙头企业作为地区农业产业结构调整过程中的关键,充分利用现有农业产业化基础好的优势,在发展方向上突出"高、新、外",即档次高、规模大,围绕主导产业和拳头产品,集信息、生产、加工、贮运、销售于一体,成为农业产业结构调整的关键因素。不管是新上项目,还是改造老企业,都要注意发展高技术、高层次的农产品加工企业。大力发展外向型农产品加工企业,重点扶持面向国际市场、有出口创汇能力的龙头企业,对于生物工程、农业信息、节水灌溉等辐射和渗透力强的企业要优先发展。对种子、种苗、生物农药、生物制剂以及微生物肥料、饲料企业要加大支持力度;按照"支持现有的、培育优势的、鼓励改制的、吸引外来的、发展新办的"基本原则,因地制宜,进一步加大创新服务体系的建设,支持民营科技企业上档次、上规模、上水平;要加大农业科技体制改革的总体步伐,按照国际惯例为民营科技企业创造公平竞争的发展环境,加强政府与企业之间,部门与部门之间的政策协调与信息沟通,采取积极的手段支持科技型民营科技企业的发展;引导民营科技企业加快建立现代企业制度,明晰产权关系,向股份制方向发展,扩大企业生产经营规模;鼓励农民、企业与农业科研部门按照自愿、互惠原则,采取多种形式,建立科技型企业,开发农业科技成果,促进农业科技成果产业化和农业科技化。总之,通过支持民营科技型企业的发展,使之成为山东省农业产业结构调整和农业产业化进程中的积极力量。

4)建立和完善土地承包经营权依法流转的机制

要实现农业产业化经营,需要对现有的土地产权关系进行明确的界定。但是,我国目前正处在重要的社会转型时期,农村居民的生产和生活也都并未达到接受这种突然转变的程度,因此对土地产权重新进行完全的界定也就不太现实。在国家土地基本制度并未发生明显变化之前,坚持家庭联产承包责任制和统分结合的双层经营体制,按照社会主义市场经济的要求,遵循"明确所有权,稳定承包权,放活使用权,强化管理权"的原则,建立和完善土地使用权的合理流转机制,促进农业生产的规模化和专业化效益。合理的土地使用权流转机制,有利于农村劳动力资源的合理流动以及土地资源的优化配置。因此,要积极引导和完善土地承包经营权转移的管理。在土地流转中,要坚持农村集体土地公有制原则,不能改变土地集体所有制的性质;坚持自愿互利、平等协商的原则,协商一致,等价有偿,不能采取伤害农户利益的强制行为。要按照市场经济的规律,在土地流转中充分利用地租、税收等经济杠杆加强对土地资源使用的宏观调控,采取股份制、合作制等多种组织形式,实现土地资源与各种生产要素的合理配置。从区域内的实际情况出发,在充分尊重农民意愿的基础上,允许农民在承包期内，将其承包土地的使用权依法转包、转让和入股，土地流转的双方应通过土地流转合同或股份合作制章程，充分而明确地界定各方的产权关系。积极探索集体经济组织通过反租倒包或土地使用权入股等方式，把土地集中起来统一经营，前提是必须解决好原承包农户的口粮和土地收益返还分配的问题。建立健全相应的地方法规，执行好国家有关土地管理的法律和政策，使土地使用权的流转能够依法进行，切实保护农民的合法权益，使农村土地承包经营权依法、健康、有序地流转。

2. 第二产业调整的具体思路

随着区域经济一体化和自由化趋势的不断加强，区域产业结构的调整和优化也加快了行进的步伐。第二产业作为区域经济发展的基础行业，对整个区域经济部门的发展起着关键的影响作用。第二产业发展过程中的内部结构决定了工业化过程中工业各部门、各行业在社会经济发展中所占比例的大小，以及对其他产业的影响程度。其结构的合理化程度，对第一产业内部结构的调整以及第三产业的发展起着关键的作用。如果地区工业内部结构轻重比例失调，会影响社会再生产的继续进行；主导产业大而不强，缺乏市场竞争力，对区域相关产业的带动作用就得不到积极有效的发挥，对生产性服务业和现代服务业的发展就会产生市场需求上的制约，影响地区产业结构向高级化方向发展的进程。高能耗、重污染产业所占比重有增无减，以及传统工业所占比重过高，而代表产业发展方向的高新技术产业却仍处于初步发展的阶段，这在一定程度上对山东省第二产业的发展造成了极大的制约。

1）加快工业组织结构调整，形成专业化分工明确的组织生产体系

目前，山东省的工业企业普遍存在大而不强、技术水平相对较低、产品市场竞争能力不强以及出口结构不合理等问题，这与山东省还处于工业化中期紧密相关。但是，如果企业规模过小、行业集中度不高，就会极大地降低区域内企业产品和服务的市场竞争能力。没有足够的规模和实力作支撑，企业就没有足够的资金进行技术创新活动，制约了企业向国际国内市场拓展的深度和广度。同时，较低的产业组织结构，使得各地区产业之间的竞争异常激烈，但是，这种较低水平的市场竞争，并没有增强企业在市场中的竞争优势，反而让外资企业从中渔利，大肆收购和兼并一些行业的"龙头企业"，对国家的产业安全构成了一定的威胁。而地方政府为了维护本地区的既得利益，或者由于地方政府对外资企业有着特别的偏好，进而在企业的兼并与合作中，采取歧视性的政策，对国内民营企业的发展采取不公平的政策措施。这不利于区域内产业组织结构的调整，也容易产生对外资依赖过度的危险。因此，应该采取积极的政策和措施，加快区域产业组织结构的调整，从而形成专业化分工明确的生产组织体系。

首先，通过各地区政府之间的协调，确立各地区重点发展的支柱产业和主导产业，积极推进区域内企业之间的战略性改组，通过联合、兼并及股份制合作等形式，促进区域性企业集团的形成，从而提高行业集中度，增强企业的规模效应。另外，坚持以市场手段为主，尽量减少企业决策过程中的政府行为，通过市场机制形成大中小比例合适、专业化分工明确的企业组织体系。鼓励大型企业在产品生产技术方面的创新，通过产业协作的链条和专业化分工协作配套的生产体系，带动中小企业的发展，进而增强区域内企业的生产合作关系，提高区域内产业聚集所带来的外部规模经济性，促进区域内产品结构、生产结构、技术结构以及产业结构的优化和升级。

其次，从战略上对制造业的内部结构进行调整，对具有国际竞争优势的电子及通信设备制造业、化学原料及化学制品业、医药业以及装备制造业，进一步提高其生产技术水平和产品质量，增强企业产品和服务在国际国内市场上的竞争力。认真解决区域内企业"大而不强"、核心能力不突出、专业化水平低、规模不经济等问题，逐步促进资本和技术密集型产业向国际产业链的中高端环节发展，提高产品的国际竞争力。

最后，大力发展专、精、高、新的大中小型配套产业链和产业群，形成具有一定专业化程度的分工协作体系，从而提高行业内的市场集中度和产业配套能力。

2）发展循环经济，走低能耗、高产出的区域发展道路

目前，山东省正处于重化工业阶段，高能耗、重污染的局面在一定的发展时期内不可避免。但是，随着工业化程度的不断提高，这种局面并没有得到有效的控制，反而有越演越烈的趋势。这与地方政府追求数量优势而忽视质量优势的产业政策以及与追求地方经济高速增长的地区发展政策紧密相关。因此，必须转变地区经济的生产方式和增长方式，发展循环经济，走集约化生产、清洁化生产、低消耗高产出的发展道路。

首先，以集约化经营带动循环经济。由于山东省的重化工业企业较多，与国外同类企业相比，规模较小、离散度较高，所以高能耗、重污染也就越演越烈。

要降低区域产业高能耗的局面，应该走集约化道路，通过联合重组，优化产业布局，集中力量进行产业结构调整，形成资源共享、分工合作的共赢格局。特别是地区的金属和非金属制品业以及石化工业，通过全面推广余能、余压、余热回收利用技术，提高节能、环保和资源的综合利用水平，充分采用全面过程控制和综合治理的管理系统，实现生产过程各种废弃物的减量化、无害化、最小化和资源化。

其次，将技术引进与自主创新相结合，提高区域内工业企业的整体创新能力。不断加大对新产品的科研开发投入，尽快提高重化工业企业的技术能力和产品的市场竞争力。当然，在短期内提高山东省的整体创新能力和技术能力是不可能也是不太现实的。这就要求区域重化工业应尽快在一些"点"上形成较强的自主创新能力，突破国外先进技术的封锁，积极推进区域创新模式由技术引进向技术引进与自主创新相结合的模式过渡。

最后，建立和完善以企业为主的技术开发体系，加快新技术产业化发展的步伐。

3) 积极培育高新技术产业集群，加快区域高新技术产业的发展

要促进区域内高新技术产业的发展，首先，必须加强区域内政府之间的协调，从区域整体发展的高度，制定高新技术产业发展的战略和规划，确定区域内各行政单位高新技术产业发展的重点，加强共性、基础性关键技术和先进适用技术的联合攻关及推广应用。其次，确立企业的主体地位，建立和完善以企业为主体的科技创新体系，一方面政府必须建立公平的市场竞争环境，为企业的发展创造条件，使企业真正建立起现代企业制度，成为适应市场竞争需要的法人实体和竞争主体；另一方面要促进和鼓励大中型企业与高等科研院所建立开放和稳定的合作关系，通过成果转让、委托开发、共建技术开发机构等，逐步形成以企业为主体、高等院校和科研院所广泛参与、利益共享、风险共担的产—学—研联合的技术进步体系和创新机制，如近期山东省出台的高校教师可以到企业兼职，这一举措可以加快科技成果的转化，促进生产技术水平的提高。

总之，对于山东省工业结构的调整，必须从微观组织结构开始，形成专业化分工明确的生产组织体系，积极推进区域产业的分工与协作。同时，坚持以市场调整为主、产业政策引导为辅的工业结构调整路线，促进山东省高技术产业的发展，发展循环经济，走新型工业化的发展道路。

3. 第三产业发展的途径

现代经济中，增长最快的行业是服务业，现代服务业的兴旺发达程度已经成为衡量区域经济结构合理化和高级化程度的重要指标之一，发达的服务业已经成为现代区域经济发展的重要特征之一。如前所述，山东省服务产业总量不足，传统服务业和现代服务业比例失调以及市场化程度低等问题，已成为山东省服务产业发展过程中的主要问题。

繁荣发展服务业是提高山东省产业结构水平和经济整体素质的迫切需要。在未来发展中必须把发展服务业放到更加突出的位置，创新发展模式，完善政策措施，促进经济又快又好发展。全面树立和落实科学发展观，抓住体制和机制创新

这个关键；突出发展现代服务业和改造提升传统服务业；在生产性服务业、生活性服务业和新兴服务业上实现新突破；处理好膨胀总量与优化结构、增加投入与扩大消费、搞好服务与加强管理、发挥城市集聚效应与带动农村服务业发展四个方面的关系。通过加快推进工业化和城市化进程，充分发挥政府推动和市场拉动的作用，促进服务业快速协调发展，全面提高居民生活质量和国民经济整体素质。

1）进一步强化宣传，在全社会营造繁荣发展服务业的浓厚氛围

服务业发达程度是衡量一个国家和地区综合竞争力和现代化水平的重要标志。繁荣发展服务业不仅对扩大劳动就业、提高居民收入、增加财政收入等具有重要作用，而且是转变经济增长方式，有效化解资源环境约束，实现可持续发展的迫切需要。据测算，服务业每万元增加值用电量、占用资本约为工业的15%和60%，造成的烟尘、二氧化硫排放量不到工业的6%和7%；服务业增加值占GDP的比重每提高一个百分点，总能源消耗可下降1.1个百分点。因此，繁荣发展服务业是树立和落实科学发展观、增强经济整体竞争力、构建和谐社会的最佳方式。特别是大城市应率先转变观念，把发展服务业放在优先位置，有条件的要逐步形成以服务业经济为主的产业结构。

2）实现制造业与服务业的互动发展

制造业的快速发展需要服务业尤其是生产性服务业与之配套，二者是互动融合发展、相互促进的关系。因此，要围绕建设山东半岛制造业基地，以制造业的中间环节分离和两端延伸为突破口，一手抓先进制造业，一手抓现代服务业，分层次推进，分阶段实施，努力实现二者的互动发展和融合发展。要重点发展为制造业配套的生产性服务业，包括现代物流业、科技服务业、金融业、中介服务业和会展业。特别要重点发展现代物流业，通过剥离工商企业内部物流业务，培植一批专业物流企业；通过培育专业物流公司，发展一批第三方物流企业；通过推进物流园区建设，集聚一批大型物流企业，形成为制造业服务的物流集聚区。

3）积极改造传统服务业，大力发展现代服务业

发展山东省服务产业，必须坚决摈弃旧的地区经济发展模式，按照市场经济发展的机制和规律办事，给服务型的企业或机构以更大的发展空间和经营决策自主权。对于批发零售贸易及餐饮业等传统产业，要加强对行业内市场组织结构的改革，对于不影响国家安全却对国民经济的发展具有积极促进作用的行业，可以适当提高行业内的市场集中度，减少因市场过度竞争所造成的资源浪费以及由此所带来的国际服务企业或机构对现存国内服务企业或机构的威胁；积极扶持国内民营服务企业和集团的发展，加强行业自律，增强行业内企业的经济活力和国际市场竞争力。对于关系国计民生的服务行业特别是交通运输和邮电行业要采取区

别而又灵活的态度，制定合适的政策，降低市场准入门槛，使行业既能健康有序的发展，又能提高行业综合服务的水平和质量。

同时，要加强17地市区域内政府部门的协调，积极鼓励区域内现代服务业的发展。各行政单位应该根据各自行政区域内的特点和优势，展开错位发展。对济南来说，可以重点发展金融、保险、软件开发、现代物流等服务业，青岛则可以根据其资源特点及其经济优势，重点发展金融、会展、旅游、现代物流等产业。

总而言之，山东省应该首先加强政府部门的协调，促进服务产业发展的合理分工。对于投资少、收效快、效益好、就业容量大、与社会经济和人民生活关系密切的行业，以及对区域经济发展具有全局性、先导性影响的行业，应该积极地加以发展。另外，充分发挥各种市场经济活动主体的市场作用，形成多种经济成分共同发展的服务产业格局，共同促进区域经济的迅速发展。世界经济发展的事实表明，市场经济的发展和产业结构的调整，仅靠某一方面的力量是行不通的。必须充分调动各方面的积极性，国有、集体、个体、私营和外资经济有机的联合起来，才能增强区域内产业发展的生机和活力。只有在各种经济成分的共同发展与竞争中，才能提高服务产业的国际竞争力。同时，在改造传统服务产业，发展现代服务业的过程中，努力减少政府部门的直接干预行为，加强宏观指导，积极支持和鼓励国内服务机构及企业参与市场竞争，全方位、深层次地扩大区域服务业对外开放的力度，全面提升服务产品的水平和质量，走出地区范围的限制，打造国际性的服务品牌。

三、加快城市化进程，实现工业化和城市化的良性互动发展

山东的工业化同全国一样，不仅需要实现工业化与城市化的有机结合，即从时间上确定工业化处在什么样的发展阶段的问题和从空间上解决工业化在何处规模聚集的问题，并实现二者的有机结合，而且还要实现工业化、城市化和信息化之间的有机结合，以进一步解决靠什么来实现工业化的问题。因此，中国的工业化发展就应该走以信息化带动工业化和城市化的新型工业化道路。既然山东省原先走过的工业化道路没有相应带动就业结构的发展，阻碍了城市化的进程，那么，新型工业化道路应以解决就业为己任，在核心地区发展产业集群，推进城市化。

（一）走新型工业化道路，立足于解决就业

由于山东省人口众多，农民占劳动力的绝大多数，传统的工业化没有相应带

动就业结构的转变，资本积累不足、劳动大量剩余的状况仍然存在。因此，新型工业化道路应把解决就业放在首位。因为就业结构的工业化和非农化才直接带动了人口向城市的迁移和集中。

一般来说，发展劳动力密集型产业，非农产业的就业比重上升较快，对城市化的带动作用就较强；而发展资本密集型产业，非农产业的就业比重上升较慢，对城市化的带动作用就较弱。所以产业结构的变动趋势直接关系到工业化进程中城市化的速度。依靠投资拉动的就业尤其要注重增量投资的结构。有研究表明，大城市中每投资1万元，投入到工业部门可吸纳劳动力0.68人，投入到科研、文教、卫生部门，可吸纳1.16人，投入到商业、服务业可吸纳2.83人，后两个部门万元投资可吸纳的就业人数分别是前者的1.4倍和3.4倍。因此，新型工业化应注重发展劳动力密集型产业，在提高劳动生产率的同时，提高就业率，在制造业内部形成高新技术、传统工业、手工业合理的结构。

（二）发展产业集群，才能形成范围经济，促进就业增长的内生性

就业增长依靠的增量投资，是外生的就业；如果就业增长依靠的是产业之间相互提供的需求，则是内生的就业。内生的就业要依托产业集群。例如，美国硅谷的信息技术产业集群，意大利北部的皮革服装产业集群，印度班加罗尔的软件产业集群，台湾地区的计算机产业集群，浙江的轻纺和低压电器产业集群等。产业集群是当今产业组织发展的重要特征之一。产业集群的形成能够提高集群内企业竞争能力，促进地区经济的发展。

产业规模集聚所带来的各种正面的外部性，就是所谓的范围经济。例如，企业之间在生产协作、配套和专业化分工的基础上，形成一种综合型的生产能力，从而使所有的企业都能够受益；企业之间互为供应者和需求者，降低了运输成本，刺激资本进一步集中，这是内部性的范围经济。外部性的范围经济是由于产业的规模积聚，产生了服务需求，推动了服务业的发展，如建立市场机构、道路和公路等共同的服务设施；设立技术学校乃至大学，培养一支熟练的劳动力队伍；专门的设备维修服务和收集副产品的附属企业；集中提供资金和信息的交易所和专业化的咨询服务机构等。也就是说，产业高度规模集聚所产生的范围经济是服务业产生的基本原因。服务业发展能够增加社会就业，因为至少服务必须由人来提供，而不能靠机器。当然，服务业所需要投入的人力与制造业或农业所需要的人力有着质的区别，需要接受过较高水平教育的劳动者。这也就推动了同属第三产业的教育的发展。近年来，山东省中小城市通过集群发展，取得了明显的成效，促进了城市化的发展，如邹平的纺织产业集群、龙口的汽车零部件产业集

群、海阳的羊毛衫产业集群。

(三) 创新思维，以工业化带动城市化

从动态的角度来看城市发展过程，城市的资源供给会随着工业化的发展发生变化：首先是土地会变成稀缺的资源，制约着产业和人口的集中程度；因此，城市必须发展能够降低土地资源消耗的产业，服务业随之发展起来，随后人才取代土地而成为稀缺的要素。城市的土地价格和工资水平都会出现大幅度上升的趋势。

从需求演变的角度来看，工业化的发展使人们的收入水平迅速提高，在满足了基本的社会需求之后，产生了提高生活质量的服务需求；在工业化达到比较发达的水平后，又会进一步提出居住舒适性的更高要求。

把供求两方面的变化综合起来，可以发现城市发展的逻辑与产业结构演进的逻辑以及经济增长的生产要素结构性变化的逻辑基本一致。伴随着经济增长的不仅是产业结构的变化，即一个国家的经济结构会随着经济增长而由第一产业为主逐步演变为以第二产业为主，再演变为由第三产业为主的经济，还包含着推动经济增长的、起主导作用的生产要素的结构性变化。例如，在农业经济时代起主导作用的生产要素是土地；在工业化初期，是土地和劳动；在工业化发展的高潮时期是资本；在工业化发展的后期，即后工业化时期是知识。把这些时间分析放到城市这个特定的空间里，这些结构性变化其实就是城市发展阶段的变化，即城市从以第二产业为主向以第三产业为主转变中，推动城市发展的生产要素也由土地和劳动力向资本和知识转变，与此同时，城市的规模也逐渐由小变大。因此，在山东省处于工业化中期的现阶段，应发展制造业和第三产业服务业，从解决就业的目标出发，促进产业结构和地区结构的调整，为区域经济发展提供坚实的基础。

四、建立一个合理的区域空间结构，实现区域经济协调发展

(一) 山东省空间结构优化的价值取向

1. 社会价值取向：效率与公平兼顾

在宏观经济的空间均衡问题上，效率与公平似乎是一对难以调和的矛盾。区域"公平"的社会价值取向必然要求空间均衡发展，而区域"效率"的社会价值取向则要求选择条件优越的区域空间优先发展。我国在解决这一矛盾时采取的是阶段式策略。改革开放前的空间发展策略主线是均衡，贯穿于一种地方平均主

义的思想以体现区域公平；改革开放以后至"十五"期间，在"让一部分人先富起来"的思想影响下，借助于开放战略和沿海政策优惠等措施，沿海地区得到优先发展，经济发展的总体效率显著提高，但也导致了区域差异和空间极化现象日益彰显，区域间的不公平问题成为目前最突出的社会经济问题。因此"十一五"期间又提出了"五个统筹发展"的要求，以解决空间不均衡问题。实践证明，这种忽左忽右的空间政策不仅效果差，而且导致了社会资源的巨大浪费，其根本原因是没有按照区域空间结构演化的客观规律办事。

通过区域空间结构优化解决区域发展中效率与公平的矛盾是一条可靠的途径。空间结构的演化首先是低水平的均衡发展阶段，然后是空间极化阶段，随着区域发展水平的提高又逐渐走向均衡发展，整个演化过程呈倒U形。极化阶段以追求效率为主线，将区域内有限的资源投入到优区位，使局部空间迅速发展，目的是尽快培育区域的增长极。这时间的空间结构必然是核心—边缘结构，空间是非均衡的，空间开发的模式以点状开发和点轴开发为主。当区域发展实力增强后，空间结构由极化阶段转到均衡阶段，这一时期区域发展以追求公平为主，尽可能地促进区域协调发展。这一时期的空间格局是均衡的，空间开发的模式以网络状开发为主。

山东省目前尚未达到由极化到均衡的转化时期，区域差异仍在继续拉大，仍然以极化为主。因此，在确定山东空间结构重组的价值取向时，仍然应以效率优先为主、兼顾公平。空间结构优化意在进一步加快核心地区的发展，促进山东半岛城市群地区尽快发展成为都市连绵带，成为中国东部沿海乃至东北亚地区一个重要的节点地域，同时还应充分发挥核心地区的辐射扩散功能，努力促进边缘区域的共同发展，防止区域差异的进一步扩大。

2. 人地关系价值取向：构建PRED协调的节约型社会

构建节约型社会和追求PRED协调发展是我国21世纪社会经济发展的根本目标，区域空间结构的优化是实现这一目标的重要途径和手段。区域空间结构优化的目标是实现从宏观上重新整合区域空间资源，获取区域发展的协同力，通过高效率地使用空间资源使总投入最小而产出最优，避免重复建设和无效经济活动，最大限度地减少一个区域的经济活动给其他区域经济发展带来负的影响。通过区域空间结构优化所获得的节约是经济活动的微观层面无法实现的。通过空间优化达到实现社会节约的目标主要通过以下途径实现：①实现价值链成组布局模式，最大限度地减少产业和行业内的运输量；②大力发展物流业，减少无效运输；③构建紧凑型的城市内部空间结构和组团式的大都市连绵区。

（二）基于"点—轴"模式的山东省区域空间结构的优化策略

笔者认为山东省区域空间结构的优化应围绕提高山东经济的国际竞争力和可持续发展能力这一中心，突出"经济区域"原则，打破行政区划界限，按照区域经济发展的内在要求进行合理规划，优化省内区域经济布局；突出"城市核心"原则，发挥中心城市的辐射和带动作用，积极引导城市经济圈发展模式；突出"交通关联"原则，既要发挥交通网络对形成高效合理的空间发展结构的引导作用，又要根据空间结构合理化的要求优化交通网络；突出"双重协调"的原则，综合发挥政府调控和市场调节的作用，协调不同空间主体的发展利益；突出"生态优先"原则，合理界定各类生态功能区，严格加以保护等。山东省区域空间结构优化应依托现有交通干道，构建多层次的"点—轴"结构，按照发展极核、发展轴实施空间组织。

1. 保持适度的区域差异有助于山东区域经济的协调发展，也有助于区域空间结构的完善

区域经济发展差异之所以一直为各国政府、地区组织和社会各界所关注和重视，主要是因为它对一个国家或地区的经济、政治和社会发展等方面有着极为深刻的影响。适度的区域差异无论是对一个国家还是地区讲，都有一定的积极作用，对于山东省而言，主要表现在以下三个方面：①适度区域差异有助于生产要素的区域流动。由于差异的存在，在市场机制的作用下，资金、劳动力等生产要素逐渐向投资回报率高的山东核心地区流动，特别是劳动力的流动，一方面为边缘地区剩余劳动力创造了工作机会，增加了居民收入，积累了发展基金；另一方面，劳动力流向核心地区，有效地缓解了核心地区工资上升的压力，使其在劳动力密集型产业上保持较强的竞争力。同时，边缘地区的劳动力在发达地区获得了商业信息，开阔了眼界，为边缘地区创业提供了观念和信息。生产要素在流动中优化了山东省区域发展生产要素的组合，实现了资源的有效配置，提高了劳动生产率，促进了山东省经济快速增长和综合实力的不断提高。因此，区域发展差异产生的梯度差能够促进生产要素以物质流、资金流、技术流、信息流、人才流、劳动流的形式在东西区域间迁移、耦合、叠置和转换，推动山东省经济总量快速增长、整体实力全面增强。②适度区域差异可以激发边缘地区加快发展。适度的区域差异是社会经济发展的一种动力，也是欠发达地区的一种压力，迫使欠发达地区锐意进取，发挥后发优势，加快发展。从辩证的观点看，没有差距就没有发展。当区域间存在经济差异时，富裕的发达地区为边缘地区提供了一个示范榜样，促进边缘地区的政府和人民迫切希望缩小经济差距，向发达地区看齐，以加快其经济发展的进程，最终推动山东省经济高效、快速发展。③适度的差异有助于山东省产业结构的合理化和高度化。没有差异，便无所谓优势，从而就无所谓区域比较优势的发挥。核心地区利用人才技术优势，大力发展现代制造业和高新技术产业，使之成为具有国际竞争力的制造业地带。边缘地区利用资源优势，大力发展基础产业和农副产品加工业，这种产业结构的"位势"差为区域间的竞争与合作奠定了基础，使山东省的产业结构逐渐向合理化和高级化方向发展。区域经济发展的差异是伴随着社会经济发展过程必然存在的一种现象，各地政府应正视这一现实，把差距化为动力，提高本地区的区域经济发展水平。

2. 加快核心地区向纵深发展，密切核心地区与边缘地区的联合和协作

缩小地区差距，实现区域经济协调发展，不应以牺牲核心地区的发展速度为代价，而应更加注重核心地区特别是山东半岛城市群地区的发展，强化其"龙头"地位和示范作用，使其进行产业结构优化升级，更广泛地吸引和有效利用外资，建设半岛制造业基地，走向国际化经营，使跨国经营成为新的经济增长点。事实上，只有半岛城市群地区迅猛发展起来，才能逐步扩大其辐射能力和强化其"扩散效应"的发挥，积累更多的资金，才能更有条件支持西部地区的发展，逐步实现区域协调。

核心地区和边缘地区的联合与协作主要包括：①可以通过合资、合作、兼并、参股、控股、租赁、收购等形式进行跨地区的企业联合和协作，实现各类要素的优化配置。②在互惠互利、优势互补的基础上，实现核心和边缘地区之间的对口支援。核心边缘互助的主导方面在核心地区，因为从长远看，东部地区可以从西部地区的发展中得到发展自己的后劲。对口支援的重点应放在提供信息、先进技术、科学管理和人才引进方面，西部地区除资金短缺外，关键是人才短缺。西部地区要留住现有人才，吸引外来人才，鼓励技术、智力移民。制定"不求所在，但求所用"的灵活政策，以调入、特聘、返聘、借用、兼职、项目招聘等灵活方式，形成浓厚的尊重知识、尊重人才的氛围。③加快地区间的产业转移。地区间产业的合理有效转移，会极大地促进全省生产区域的合理分工，避免各地区争夺原材料、分割市场，充分发挥各地区的专业特色和优势。西部地区应发挥边缘地区有比较优势的产业的功能，有条件的地方可以在产业结构调整中"脱掉长袍直接穿西装"。

3. 启动内部活力，加速边缘地区的开发与发展

要加快边缘地区快速发展，实现山东区域经济的协调发展，就必须运用区域政策、产业政策、金融政策和财政政策等，构筑有利于边缘地区经济发展的宏观环境，增强边缘地区的自我发展能力，引导和推进边缘地区社会经济全面发展，逐步缩小核心与边缘之间的差异。从国内外新的环境与条件看，必须依靠发挥后发优势。就现实和潜在的优势条件分析，我们认为边缘地区可以转化为后发优势的条件有：①从自身条件看，一是资源丰富，包括煤炭、油气、旅游、土地、农副产品和劳动力等；二是我国南北联系的两大通道（京沪、京九铁路）均经过边缘地区，处于连南（长江三角洲）接北（环渤海经济圈）、东出（黄海）西进（中西部）的重要战略枢纽位置；三是学赶意识强烈，长期的落后、特别是与东部地区的明显反差，促使边缘地区已经迸发出穷则思变、大干快上的精神动力。②全省早就形成了"没有西部地区的现代化，就没有全省的现代化"的基本共识，而且近期出台了一些支持西部地区发展的一系列新措施、新政策，如基础设施建设投向"西移"等，政策的倾斜将会产生强有力的外部推动力。③当前人类社会生产力正处于一个变革的新时代，全球化加速，科技进步加快，知识经济勃兴，产业结构跃升，生产力布局转移迅速，加之先进国家和地区已经积累了的宝贵经验，因此，只要抓住机遇，充分利用一切有利因素，借鉴各种成功经验，边缘地区是有可能摆脱落后、实现赶超的。

农业仍是欠发达地区的基础性产业和优势产业，但发展传统农业是没有出路的，应以市场为导向，立足特色农业、高科技农业、农业产业化、农业信息化建设，为加快振兴边缘地区奠定坚实的基础。边缘地区的工业化水平较低，但工业化仍是边缘地区富民强县的重要途径，要大力推进工业化进程，对于有特色、有优势的产业，应根据资源优势、市场导向精选主导产业，立足高起点、高水平，并把生态建设和环境保护贯穿于加快推进工业化的全过程。

要严格控制边缘地区人口增长，大力发展科技教育，不断提高人口素质。只有严格控制人口增长，提高人口素质，才能解放思想、更新观念、树立市场意识、开放意识和自立意识，从根本上解决边缘地区的区域发展问题。同时，要加快城市化进程，尽快改变边缘地区城市化滞后的局面，提高中心城市的经济发展实力，充分发挥城市辐射带动区域发展的功能。

4. 加强重大工业项目和基础设施建设的区域性协调，优化区域产业布局

重大产业和基础设施的建设对地区经济的发展和空间结构的成长起着重要的作用，这也是加强核心与边缘区经济社会联系，实现一体化的重要举措，对于尽快改变边缘地区经济社会面貌意义重大。因此，应本着优化产业区域布局、拓展发展空间的原则，实现产业布局和基础设施建设的区域协调。通过重大工业项目和基础设施建设以及政策导向来调整和优化区域空间结构。现代化交通运输网络是区域空间结构的重要组成部分，它不仅构成了现代区域空间结构的重要骨架，而且对空间结构的形成与拓展也起着非常重要的作用。今后全省区域性基础设施的空间布局应在继续加大对半岛城市群道路交通建设的同时，更加充分考虑中、西部地区的发展，尽快形成贯通全省的现代化的大容量的交通运输网络。

五、树立科学发展观，建立资源节约型和经济"绿色化"的国民经济体系

山东省人口众多，资源相对量较少，然而资源的开发仍存在无秩序状态，使得无论是现实资源的代际分配，还是资源系统的演进对现有资源的替代都不能满足该区持续发展的需要。伴随着经济的发展，土地需求量急剧增加，耕地总量大幅度下降，耕地质量也开始下降。因此，建立全新的资源节约、高效利用模式，是山东省尤其是山东核心地区实现可持续发展的必然选择。要培育资源节约理念（包括资源的危机观念、人与自然的共生观念、资源利用效率的观念）、重构消费模式（如居住方式、交通方式、消费方式等）、充分发挥市场的调节作用，使大众的生活和行为与自然系统的内在规律和谐起来，尊重自然规律及其内在的价值并以此来规范人们的行为方式，构建信息时代新的文明发展模式。

经济的全球化在很大程度上形成以发达国家为核心的充分利用全球资源的全球性扩张行动，在贸易和环境上，发达国家与欠发达国家之间存在着严重的不对称性。因此，未来一段时间内，山东省的环境有可能要支付出更多的"生产成果"和承担更大的污染压力。因此建立"绿色"的国民经济体系，尽快将生态环境资源的损耗纳入国民经济的核算体系，是节约利用环境资源，提高山东可持续发展能力，实现环境安全的关键所在。

（一）合理利用利用土地资源，走内涵式发展之路

山东省人口众多，人均资源尤其土地资源稀缺，伴随着经济的快速发展，建设用地的比重仍保持快速增长的态势。因此，要加强对现有耕地的保护力度，实行严格的土地管制制度。

目前山东省处于工业化发展的中期阶段，城市仍然是工业的聚集场所，第三产业的大规模发展方兴未艾，未来一个阶段，城市用地规模快速扩大的趋势还将持续。城市既要发展又要控制，即城市的社会经济要发展，城市的人口和建设用地又要控制，尤其是城市建设用地更要控制。随着国家对农用地的管制力度的加大，城市对农用地的征用难度将加大。因此，盘活现有城市用地是控制山东省城市空间扩展的重要途径。盘活现有城市土地包括提高城市闲置用地利用率和提高城市建筑容积率，内涵发展，以减缓城市用地规模扩展的速度。从城市开发和经

|第八章|结论、展望及其对策

济发展的角度来看,城市用地必须符合国家的产业政策要求,城市用地的计划、选址、立项、环保等诸道程序都要充分考虑城市用地的供应量、财政预算、经济实力和社会经济发展战略。

(二) 正确认识环境库兹涅茨曲线在不同区域中的表现

过去十多年来,国外学术界对经济增长达到一定程度后将导致环境质量改善的原因一直存在争论。笔者认为,促使 EKC 进入下降阶段的主要原因是技术进步和经济结构变化所带来的高污染经济活动的转移,如高污染的重化工业向低污染的高技术产业过渡,工业经济逐步被服务经济所取代。然而,环境经济学家们在争论中达成一个共识:如果缺少公共政策的作用,结构转移并不足以保证经济增长必然伴随环境质量的改善(Magnani,2001)。

从长远来看,"高增长、高污染"的经济增长模式显然是不可持续的。但山东省 20 多年来经济的长足发展似乎与这种增长方式是密不可分的。一般地,如果高增长带来的收益大于高污染带来的成本,那么这种增长方式在短期内是可取的;但从长期的角度看,若持续的高污染超越了环境阈值[①],环境质量就会变得不可逆或逆转的费用极其昂贵。这样一来,再高的经济增长也无法弥补环境损失。从前面分析可以看出,随着人均收入水平的逐步提高,山东省部分污染排放量的变化出现反复,目前的环境污染状况仍处在一个高峰,如果政府不重视这种现象,不采取切实有力的措施去扭转这一趋势,继续推进以环境成本来换取高增长的重化工业化战略,环境承载阈值极有可能被突破而转入不可逆的阶段。

笔者认为,山东省今后的环境变迁在很大程度上取决于政府的政策取向。建议采取如下措施。

首先,政策制定者切忌盲目套用库兹涅茨环境曲线这一理论假说。库兹涅茨环境曲线轨迹并非是最优的。在存在生态阈值限制和环境保护与经济增长互补的情况下,较高峰值的 EKC(单位人均收入增量引起较高的自然资源枯竭和污染的程度)既不在经济上最优,也不在环境上最优,因为较好的管理可以使同样的资源获得更高的经济增长和环境保护。即可以通过较好的管理获得较低峰值的 EKC。因此,绝不能对环境污染听之任之,幻想经济增长会自然解决环境问题,

---

[①] 环境阈值又称生态阈值。环境的自净能力是有限的,根据物质不灭定律,超出环境容量的污染物质会累积在环境中,一旦超越环境不可逆阈值,就将失去解决环境与生态问题的可能性;生物多样性的损失和独特生态环境的破坏也是不可恢复的。一旦超过阈值,污染排放物与人均收入之间不再是倒 U 形的曲线,而是达到污染排放的最高点后不再下降乃至继续上升

坐等倒 U 形曲线拐点的到来。目前山东省仍处在工业化的中期阶段，环境恶化的曲线上升区阶段可能需要很长的时间才能超越。由于未来经济高增长和更清洁环境的限制可能难于抵消现实环境的破坏，在经济发展的早期就致力于控制污染排放和避免资源枯竭从经济上讲也是合理的，因为今天防治某些形式的环境退化可能比未来更加节省费用。

其次，山东省要实现经济与环境的协调发展，政府应该充分发挥公共政策的基础性作用，加大对环境保护基础设施的投资，加大环境监管力度尤其是对工业"三废"的治理力度，提高环境保护的技术标准，使之逐步与国际标准接轨。切实实行污染者付费等环保补偿机制，促进资源节约。尤其是对主导产业，如汽车、石化、钢铁、电力等资源环境敏感型产业，要通过税收调节机制和严格的环境标准促使其进行绿色技术创新，大力开发节能和低污染排放的新产品和新技术。

最后，大力推动知识型服务业、绿色产业、环保产业和循环经济的发展，以此作为未来产业结构调整的主要方向。未来由于资源和环境条件的制约，山东的重化工业发展将面临新的挑战，因此，适时调整产业发展战略，加快发展生产型服务业的资源条件和市场空间都很大，完全有可能实现产业结构演进阶段的适度跨越。只要政府切实转变政绩观和自身职能，为服务业发展创造一个适宜的制度环境，服务业就有可能成为山东省未来新的经济增长点，使山东经济真正走向可持续发展的道路。

参 考 文 献

白南生. 2003. 中国的城市化. 管理世界, 11: 85-93
曹斌, 李国平. 2005. 产业结构变动对经济增长影响的测度方法综述, 兰州商学院学报, 5: 72-78
陈秀杰. 2002. 山东区域产业结构系统分析. 曲阜师范大学学报 (自然科学版), 28 (3): 105-107
陈秀山, 张可云. 2003. 区域经济理论. 北京: 商务印书馆
陈征. 2001. 深化对劳动和劳动价值理论的认识. 高校理论战略, 6: 51-56
成德宁, 周立. 2002. 以信息化推动城市发展的战略思考. 科技进步与对策, 10: 3-5
褚保金, 杨颖等. 2002. 产业结构调整对江苏省经济增长的影响分析. 中国农村观察, 2: 45-51
崔功豪, 魏清泉. 1999. 区域分析与规划. 北京: 高等教育出版社
崔玉泉, 王儒智, 孙建安. 2000. 产业结构变动对经济增长的影响. 中国管理科学, 3: 54-57
党耀国, 刘思峰. 2004. 我国产业结构的有序度研究. 经济学动态, 5: 54-57
董本云, 李海峰, 许春燕. 2002. 吉林省产业结构转变与经济增长实证分析. 工业技术经济, 4: 42-43
樊杰. 1997. 近期我国区域经济增长的基本态势分析. 地理科学进展, 3: 8-15
方甲. 1997. 产业结构问题研究. 北京: 中国人民大学出版社
方勇. 2002. 长江三角洲地区外商直接投资与地区经济发展. 中国工业经济, 5: 52-58
傅晓霞, 吴利学. 2002. 制度变迁对中国经济增长贡献的实证分析. 南开经济研究, 4: 70-75
高更和, 李小建. 2005. 产业结构变动对区域经济增长贡献的演变研究. 地理与地理信息科学, (5): 60-63
高铁梅. 2006. 计量经济分析方法与建模 Eviews 应用及实例. 北京: 清华大学出版社
葛新元, 王大辉等. 2000. 中国经济结构变化对经济增长的贡献的计量分析. 北京师范大学学报 (自然科学版), 36 (1): 43-48
龚仰军. 2002. 中国焊接产业的企业类型与市场结构的目标模式. 上海管理科学, 4: 9-13
郭金龙, 张许颖. 1988. 经济变动对经济增长方式转变的作用分析. 数量经济技术经济研究, 9: 38-40
郭克莎. 2001. 结构优化与经济发展. 广东: 广东经济出版社
郭庆旺, 贾俊雪. 2005. 中国全要素生产率的估算: 1979—2004. 经济研究, 6: 51-60
何文章, 郭鹏. 1999. 关于灰色关联度中的几个问题的探讨. 数理统计与管理, 3: 26-30
何忠伟, 曾福生. 2002. 农村产业结构调整影响经济增长的模型构建与分析. 农业技术经济, (4): 12-16

和淑萍, 吴华安. 2003. 试析黑龙江各地区产业结构变动对其经济增长的影响. 哈尔滨商业大学学报, 5: 57-59

贺灿飞. 1996. 中国地区产业结构转换比较能力研究. 经济地理, 16 (3): 68-74

贺菊煌. 1992. 固定资产实际净值率的估算. 数量经济技术经济研究, 12: 31-34

洪阳, 栾胜基. 1999. 环境质量与经济增长的环境库兹涅茨关系探讨. 上海环境科学, 3: 46-52

洪银兴, 沈坤荣, 何旭强. 2000. 经济增长方式转变研究, 江苏社会科学, 2: 66-71

胡鞍钢. 2002. 未来的中国经济取决于TFP. http://www.people.com.cn/GB/jinji/36/20010516

胡彬. 2000. 从工业化与城市化的关系探讨我国的城市化问题. 财经研究, 8: 46-51

胡晓鹏. 2004. 三次产业速度、结构的分化与中国经济增长. 北方交通大学学报, 3 (1): 1-6

胡燕. 2005. 深圳产业结构变动对经济增长影响的实证分析. 价值工程, 6: 12-15

黄瑞宝. 2004. 山东省工业化进程分析. 山东科技大学学报（社会科学版）, 6 (2): 75-79

黄卫平, 彭刚. 2001. 经济发展. 北京: 中国经济出版社

纪玉山, 吴勇民. 2006. 我国产业结构与经济增长关系协整模型的建立与实现. 当代经济研究, 6: 47-51

江小涓. 2002. 中国的外贸经济对增长、结构升级和竞争力的贡献. 中国社会科学, 6: 6-15

姜爱林. 2002. 城镇化、工业化与信息化的互动关系研究. 经济研究参考, 85: 16-19

蒋昭侠. 2005. 自然垄断产业理论演进与规制改革. 兰州大学（自然科学版）, 33 (1): 93-98

蒋振声, 周英章. 2002. 经济增长中的产业结构变动效应: 中国的实证分析与政策含义. 财经论丛, 5: 1-5

金玉国. 2001. 宏观制度变迁对转型期中国经济增长的贡献. 财经科学, 2: 24-28

库兹涅茨. 1989a. 各国经济增长. 常勋译. 北京: 商务印书馆

库兹涅茨. 1989b. 现代经济增长. 戴睿, 易诚译. 北京: 经济出版社

李国伟. 2008. 产业结构与经济增长关系得实证分析. 北方经济, 7: 65-67

李继云. 2005. 云南产业结构与经济增长关系的实证分析. 工业技术经济, 24 (8): 90-91

李京文. 1998. 中国产业结构的变化与发展趋势. 当代财经, 5: 12-21

李培祥, 李诚固. 2003. 区域产业结构演变与城市化时序阶段分析. 经济问题, 1: 4-6

李双杰, 左宝祥. 2008. 全要素生产率测度的方法评析, 经济师, 5: 15-16

李小建. 1999. 经济地理学. 北京: 高等教育出版社

李小建. 2000. 经济全球化对中国区域经济发展的影响. 地理研究, 3: 2-10

刘满凤, 胡大立. 2000. 简析两个测算产业结构变化对经济增长贡献的模型. 江西财经大学学报, 2: 58-59

刘树成, 张平等. 2005. 中国的经济增长与周期波动. 宏观经济研究, 12: 15-20

刘伟. 1995. 工业化进程中的产业结构研究. 北京: 中国人民大学出版社

刘伟. 1999. 国有企业改革与所有制结构调整. 国际经济评论, 6: 34-37

参 考 文 献

刘伟．2005．转轨中的经济增长与经济结构．北京：中国发展出版社
刘小瑜．2002．城市化与产业结构．企业经济，11：18-19
刘元春．2003．经济制度变革还是产业结构升级——论中国经济增长的核心源泉及其未来改革的重心．中国工业经济，9：1-9
刘云锋．2004．辽宁省产业结构与经济增长实证分析．东北亚论坛，13（5）：80-83
刘志彪．2002．中国产业结构演变与经济增长．南京社会科学，1：1-4
刘志彪，郑江淮．2007．长江三角洲经济增长的新引擎．北京：中国人民大学出版社
鲁奇，张超阳．2008．河南省产业结构演进和经济增长关系的实证分析．中国人口资源与环境，18（1）：111-115
陆远权，姜栋．2007．重庆市产业结构变动与经济增长关系的实证分析．重庆社会科学，6：24-26
吕婷婷．2003．韩国经济发展及经验借鉴．世界地理研究，2：25-31
吕晓刚．2003．制度创新、路径依赖与区域增长．复旦学报，6：28-33
罗永乐，魏海涛．2005．湖南产业结构对经济增长贡献的地域差异研究．经济地理，25（4）：491-494
蒙荫莉．2002．城市化进程的动因分析．改革与战略，6：28-31
孟红明．2007．上海市经济增长与环境污染水平的关系分析．河南科学，25（1）：143-147
孟连，王小鲁．2000．对中国经济增长统计数据的可信度的估计．经济研究，10：3-13
倪永康．2005．山东省"十一五"经济社会发展战略研究．济南：山东大学出版社
宁晓青，陈柏福．2008．中国经济周期波动与产业结构变动关系的实证分析．中央财经大学学报，11：61-66
宁越敏，施惘，查志强．1998．长江三角洲都市连绵区形成机制与跨区域规划研究．城市规划，1：16-20
牛美灵，宋岭．2004．新疆产业结构与经济增长．集团经济研究，9：64-65
潘家华．1997．持续发展途径的经济学分析．北京：中国人民大学出版社
企业管理编辑部．1982．日本战后的经济发展与产业结构政策．北京：企业管理出版社
钱纳里，鲁宾逊，赛尔奎因．1996．工业化和经济增长的比较研究．吴奇，王松宝等译．上海：上海三联书店、上海人民出版社
任建兰，李红．2001．山东重工业化结构演进与区域经济可持续发展．人文地理，16（1）：79-82
沈洪满，许云华．2000．一种新型的环境库兹涅茨曲线．浙江社会科学，4：53-57
沈坤荣．1999．1978—1997年中国经济增长因素的实证分析．经济研究，4：15-25
舒元．1993．中国经济增长分析．上海：复旦大学出版社
斯蒂格利茨．2000．新的发展观：战略、政策和进程//胡鞍钢、王绍光．政府与市场．北京：中国计划出版社
孙尚青．1988．关于我国初级阶段的消费模式．财贸研究，9：3-8

孙希华, 霍绪成.1996. 山东经济发展与产业结构的关联分析. 山东师范大学学报（自然科学版）, 11（3）: 58-61
滕晓萌. 我国 1 月进出口跌幅创 10 余年来纪录 http://finance.sina.com.cn/roll/20090212/02155844810.shtml
汪丽红.2002. 经济结构变迁对经济增长的贡献——以上海为例的研究 1980～2000. 上海经济研究, 8: 9-15
王兵.2005. 经济增长中的产业结构变迁效应—广东的实证分析及其政策含义. 暨南学报（哲学社会科学版）, 2: 27-39
王光军, 张鸿鸥, 等.2007. 改革开放以来珠江三角洲工业结构的演变. 经济地理, 27（3）: 423-426
王洪芬.2001. 计量地理学概论. 济南: 山东教育出版社
王慧.2001. 山东省 20 世纪 90 年代产业结构变动研究. 地理学与国土研究, 17（1）: 25-29
王丽.1996. 八十年代中国产业结构变动分析. 中国社会科学院研究生院硕士论文
王良健, 范阳东.2004. 湖南工业化与城市化互动关系的实证研究. 财经理论与实践, 3: 110-114
王琴英.2001. 北京地区产业结构变动对经济增长的影响. 统计与决策, 9: 20-22
王西琴, 李芬.2005. 天津市经济增长与环境污染水平关系. 地理研究, 24（6）: 834-842
王小鲁.2000. 中国经济增长的可持续性与制度变革. 经济研究, 7: 3-15
王耀中, 李礼.2003. 湖南产业结构与经济增长关系的实证研究. 湖南社会科学, 5: 110-112
王章辉, 黄柯克.1999. 欧美农村劳动力的转移与城市化. 北京: 社会科学文献出版社
翁逸群.2002. 知识积累、经济增长与产业结构演进. 预测, 1: 37-40
吴庆春, 李帮义, 丁立波.2007. 基于主成份分析的江苏省各市区经济发展潜力评价. 价值工程, 9: 25-26
吴文丽.2002. 重庆产业结构与经济增长. 重庆工学院学报, 16（6）: 50-54
吴先华, 杨青, 郭际.2001. 武汉市产业结构变动对经济增长的影响. 统计与决策, 11: 37-38
吴亚娟, 李明东.2001. 四川省城市产业结构变化与城市经济增长的实证分析. 四川师范学院学报（自然科学版）, 22（9）: 282-285
吴玉萍, 董琐成, 等.2002. 北京市经济增长与环境污染水平计量模型研究. 地理研究, 21（2）: 239-246
夏丽丽, 闫小培.2008. 基于全球产业链的发展中地区工业化进程中的产业结构演进. 经济地理, 28（4）: 573-576
肖新平, 谢录臣.1995. 灰色关联度计算的改进及其应用. 数理统计与管理, 5: 27-30
徐宝英.2006. 安徽产业结构与经济增长的相关性研究. 安徽工业大学学报, 23（2）: 217-220
徐冬林.2004. 中国产业结构变迁与经济增长的实证分析. 中南财经政法大学学报, 2: 49-54
徐衡, 计志鸿.1995. 产业结构变动的分析方法探讨. 现代财经, 3: 20-22

参 考 文 献

徐家杰.2007.中国全要素生产率估计：1978-2006年.亚太经济,6：65-68

徐梦洁,夏敏,瞿忠琼.2003.江西省产业结构对区域经济增长影响的实证分析.江西农业大学学报（社会科学版）,2（2）：12-15

徐向艺.2007.劳动资本及产业结构变动在我国经济增长中的贡献分析.山东经济,6：19-23

徐晓虹.2007.外商直接投资对经济增长的短期和长期效应——浙江1983~2004年时间序列.经济地理,27（3）：376~377

徐延东,崔光磊,杨春等.2003.山东省产业结构分析对策研究.山东经济战略研究,3：16-19

徐永良.2004.嘉兴市产业结构与地区经济增长.嘉兴学院学报,16（2）：40-42

薛宁.2006.江苏产业结构与经济增长的实证分析.金融纵横,8：21-23

阎小培.1999.改革开放以来广州市社会结构变化研究.中山大学学报（社会科学版）,2：71-79

杨公朴,夏大慰.2002.产业经济学教程.北京：高等教育出版社

杨青山,李红英.2004.改革开放以来东北区城市化与产业结构变动关系研究.地理科学,24（3）：314-319

杨文举.2007.中国城镇化与产业结构关系的实证分析.经济经纬,1：78-81

杨晓光,樊杰,赵燕霞.2002.20世纪90年代中国区域经济增长的要素分析.地理学报,6：74-81

杨治.1985.产业经济学导论.北京：中国人民大学出版社

杨竹莘,韩国高.2007.黑龙江产业结构与经济增长关系的实证研究.工业技术经济,26（2）：62-66

叶依广,曹乾.2003.我国产业部门增长效应地区差异的实证分析.经济地理,23（3）：17-20

叶依广,陈海明.2002.江苏省产业结构对地区经济增长影响的实证分析.南京农业大学学报（社会科学版）,2：11-15

易纲,樊纲,李岩.2003.关于中国经济增长与全要素生产率的理论思考,经济研究,（8）：13-20

殷醒民.1995.制造业结构的转型与经济发展.上海：复旦大学出版社

余江.2008.资源约束、结构变动与经济增长——理论与中国能源消费的经验.北京：人民出版社

袁建文.2003.广东省产业结构的变动对经济增长的影响.广东经济管理学院学报,18（4）：10-13

袁晓虎.1998.江苏省产业结构与经济增长的实证研究.江苏统计,12：14-16

袁志刚.2006.中国经济增长：制度、结构、福祉.上海：复旦大学出版社

原毅军,董琨.2008.产业结构的变动与优化：理论解释和定量分析.大连：大连理工大学出版社

约瑟夫．熊彼特．1988．经济发展理论．北京：商务印书馆
臧旭恒，徐向艺．2007．产业经济学．北京：经济科学出版社
曾芬钰．2002．论城市化和产业结构互动关系．经济纵横，10：19-22
曾国平，曹跃群．2004．产业结构变动与重庆市经济增长的实证研究．西南农业大学（社会科学版），2（3）：26-29
曾五一，杨缅昆．1998．潜在总供给的理论分析与测算方法，中国经济问题，6：18-21
曾铮．2008．我国周期性波动对产业结构影响的变动研究．财经问题研究，4：46-51
张国红，冯暖．2004．产业结构调整与区域经济增长，11：173-175
张海燕，于辉．2005．吉林省产业结构与经济增长的关系．长春工业大学学报（自然科学版），26（1）：70-73
张辉鑫．2001．试析20世纪90年代福建省产业结构变动对其经济增长的影响．福建地理，16（3）：26-30
张捷，张玉媚．2006．广东省的库兹涅茨环境曲线及其决定因素——广东工业化进程中经济增长和环境变迁关系的实证研究．广东社会科学，3：17-23
张锦文．2006．西部地区产业结构变迁对经济增长影响的实证研究．温州职业技术学院，16（4）：21-23
张晓平．2008．改革开放三十年中国工业发展与空间布局变化．经济地理，28（6）：897-903
张玉明，张娜，王浩．2006．山东省产业结构演变与调整优化研究．山东农业大学学报（社会科学版），3：1-6
赵卓，孙燕东，曾晖．2003．GM（1，N）模型在产业结构分析中的作用．技术经济，5：8-9
郑玉歆．1999．全要素生产率的测度及经济增长方式的"阶段性"规律．经济研究，5：57-62
钟学义，王丽．1997．产业结构变动同经济增长的数量关系探讨．数量经济技术经济研究，21（5）：22-29
周一星．2004．山东半岛城市群发展战略研究．北京：中国建筑工业出版社
周振华．1988．我国经济发展进程中的基本特征及其超常轨迹，财经研究，9：10-15
周振华．1996．我国现阶段经济增长方式转变的战略定位．经济研究，9：3-8
朱孔山．2005．山东省主导产业的选择与发展．临沂师范学院学报，2：122-125
Albramvitz M. 1956. Resources and Output Trends in the United States Since 1870
Barro R, Xaviersala-I-Martin. 1995. Economic Growth. New York: McGraw-Hillinc
Caves D W, Christensen L R, Diewart W E. 1982. The Economic Theory of Index Numbers and Measurement of Input, Output and Productivity, Econometrica, 50 (6): 1393-1414
Cole M A, Rayner A J, Bate J M. 1997. The Environmental Kuznets Curves Environment and Developments Economics, 2 (4): 401-416
Denison E F. 1962. The Soruces of Economic Growth in the U. S. and the Alternatives Beforeus. New York: Committee for Economic Development
Duncan Black J. Vemon Henderson. 1999. A theory of urban growth, Joumal of Political Economy,

参考文献

107: 252-284

Farrell M J. 1957. Measureement of Productive Efficient. Journal of Royal Statistical Society, Part3, Serial A

George J Stigler. 1947. Trend in output and Employment. New York: Notional Bureau of Economic Research (MBER)

Grossman G M, Krueger A B. 1992. Enviornmental Impacts of North Amercian Free Trade Agreement Woodrow Wilson School. Princeton

Grossman G M, Krueger A B. 1995. Economic growth and the environment . Q. G. Econ, 110 (2): 352-377

James C Davis, J Vemon Henderson. 2003. Evidence on the political economy of the urbanization process. Joumal of Urban Economics, 53: 98-125

Kendrick J W. 1961. Productivity trends in The Unite States. New Jersey Princeton University Press

Magnani E. 2001. The Enviornmental Kuznets Curve: development path pr policy result? Environmental Modeling & Software, 16: 157-165

Paul Krugman. 1991. TheMythofAsia's Maricle. http: //web. mit. edu/krugman/www/myth. html

Robert E Lucas. 1988. On the mechanics of economic development. Joumal of Monetary Economic, (22): 3-42

Shafik N, Bandyopadhyay S. 1992. Economic Growth and Enviormental quality//Time series and Cross- Country Evidence Background Paper for World Development Report, Washington DC: World Bank

Solow Robert M. 1956. Technical: Change and aggregate production , Review of Economic and Staticsites

Vincent J R. 1997. Testing for Environmental Kuznets Curves within a developing country (Special Issue on Environmental Kuznets Curves) . Environment and Developments Economics, 2 (4): 46-52

Yasusada Murata. 2002. Rural- urban interdependence and industrialization. Joumal of Development Economics, (68): 1-34

后　记

　　2009年6月，我的博士论文"经济增长与产业结构变动的关系及其效应研究——以山东省为例"在北京大学经济学院通过答辩。以北京大学陈德华先生为主席，由睢国余、胡乃武、李左东、黄桂田等知名专家组成的论文答辩委员会对论文予以了较高的评价，并鼓励我对论文进一步修改，将成果出版，我备受鼓舞。按照专家的建议，我对论文进行了修改和完善，遂成本书。在本书即将付梓之际，心中百感交集，这是一份沉重答卷，虽还显稚嫩，也并不完美，但这其中包含了众多的关爱，谨向对本书的完成和博士研究生学习期间在学习与生活等方面提供帮助的老师、同学、家人和朋友表示衷心的感谢。

　　衷心感谢恩师刘伟教授。在攻读博士的4年时间里，刘老师在学习和生活上都给予了无微不至的关怀，无论是在课堂上，还是在平时的交流中，刘老师都细心地予以指导，及时指出问题和不足，不断提出新的思想和观点，引导我逐步走向学术的前沿。从学术论文指导到严谨治学的科研培训，从毕业论文的最初选题、论文构思、提纲拟定到论文的结构安排、文字修改和最终定稿，无不凝聚着恩师的大量心血。刘老师广博的知识、宽厚的胸襟和严谨的治学态度使我感受到了北京大学精神的精髓。恩师谆谆教诲终生难忘。

　　感谢北京大学所有给我授课和辅导的老师。感谢山东政法学院商学院的各位同仁。

　　感谢家人对我在攻读博士期间的关心和支持，尤其是年迈的姥姥在酷暑难耐的夏天和寒风凛冽的冬天的陪伴；感谢我的爱人，拖着沉重的身子为我校稿。本书也是献给我刚刚出世不久的女儿最好的礼物，希望她健康成长。

　　感谢所有支持我的人。

　　本书的出版，算是对自己过去几年学术研究的一个小结，其中不足和缺憾在所难免，恳请各位专家、同仁批评指正。我也深知今后的研究之路还很漫长，但我将继续求索下去。

刘涛
2013年5月于泉城